二〇一五年卷

貴州世居民族文献与文化研究

卢云辉 杨昌儒 主编

上海古籍出版社

图书在版编目(CIP)数据

贵州世居民族文献与文化研究. 2015年卷 / 卢云辉，杨昌儒主编. —上海：上海古籍出版社，2017.11
ISBN 978-7-5325-8610-3

Ⅰ. ①贵… Ⅱ. ①卢… ②杨… Ⅲ. ①民族文化—文化研究—贵州—文集 Ⅳ. ①K280.73-53

中国版本图书馆CIP数据核字(2017)第229952号

贵州世居民族文献与文化研究. 2015年卷
卢云辉　杨昌儒　主编
上海古籍出版社　出版发行
（上海瑞金二路272号　邮政编码200020）
（1）网址：www.guji.com.cn
（2）E-mail：gujil@guji.com.cn
（3）易文网网址：www.ewen.co
浙江临安曙光有限公司印刷
开本710×1000　1/16　印张15.75　插页2　字数266,000
2017年11月第1版　2017年11月第1次印刷
印数1—700
ISBN 978-7-5325-8610-3
K·2379　定价：58.00元

贵州世居民族文献与文化研究
（2015年卷）

目　录

黔域文化赋

贵州世居民族研究

中国少数民族戏剧文献与田野作业研究

◎ 黎　羌[①]

人类自从稽首诀别了人猿蒙昧时期、高举火炬迈过野蛮与文明的门槛后，就有了“诗言志，歌咏言，声依咏，律和声”（《汉书·艺文志》）的文化书写欲望。当借助天地自然神灵的感化，创造了“惊天地，泣鬼神”的音乐歌舞与宗教或世俗原始戏剧之后，即希冀使用划符文字将其记载下来以流传后世。这是勤劳、智慧、极富艺术天才的先民始祖给我们子孙后代留下的弥足珍贵的历史文化遗产。但是，因为太多的人间灾难、坎坷、不幸使之大量流失，使得后人只能在稀落仅存的文明废墟上挖掘、整理、研究。重新构建民族戏剧文化的大厦，显得格外沉重而有学术价值。

“兴于诗，立于礼，成于乐。”（《论语·泰伯》）在本世纪初，我们才通过民族出版社出版了《民族戏剧学》一书。在刚接触到此门正在孕育的新学科时，并没有感到一件新生事物出现所带来的社会效应，直到前年召开的全国性“中外民族戏剧学学术研讨会”上，当年为此书写序的文化部戏剧学权威曲六乙研究员又一次指出，民族戏剧学将会创立一门新学科，开一方研究中华民族戏剧文化的新时空。中国戏剧学学科设计者叶长海教授认为，民族戏剧学的推出将有力促进中外戏剧研究的进程。文化人类学著名学者徐杰舜教授则提出，此门学问成功地将民族学与戏剧学融为一体。接着则是国内许多报纸杂志与网站连篇累牍地发布消息与评论。2010 年 4 月 22 日，在《中国社会科学报》上所刊发的一组笔谈《戏剧人类学与民族戏剧学的名与实》中，笔者以《文化人类学与新兴的民族戏剧学》为题，全面、系统、科学地阐述了中国少数民族戏剧艺术与西方文化人类学的

① 作者简介：黎羌，本名李强，男，汉族，甘肃兰州市人，中国西域艺术研究会秘书长、中国戏剧家协会会员、中国少数民族戏剧学会理事。陕西师范大学文学院教授，中国少数民族语言文学、比较文学与世界文学、戏剧与影视学专业博士生导师，陕西师范大学中外民族戏剧学研究中心主任。

关系、功能与学术价值，并且指出研究中国少数民族戏剧文献与文艺理论的路径，以及深入探讨民族戏剧学原理与相关学术的田野考察方法。这些研究，对于弘扬中华民族优秀传统文化是一件非常有意义的事情。

一、研究中国少数民族戏剧的重要价值

回顾中国戏剧史，在中国封建社会时期，中华各民族民间戏剧一直不被人重视，不能登文人的大雅之堂，即便是20世纪初也是处于自生自灭的无学科状态。中华人民共和国成立之后，中华多民族戏剧研究的地位虽逐步提高，但仍被押解在文人案头，无法向前发展。如今只有重新回归本位，从人类学、民族学与戏剧学的交叉、边缘学科方能寻找到新的出路。

我们所倡导的民族戏剧学与文学研究拟从民族戏剧文化学、文学与艺术学角度进行审视，以及从戏剧历史、戏剧理论、剧作家与作品、戏剧比较四大领域进行研究。另外则在大处着眼于民族戏剧与自然科学、社会科学，诸如史地学、人类学、生态学、宗教学、心理学、美学等之间的关系研究，小处着手于民族戏剧与文学、音乐学、舞蹈学、曲艺学、工艺美术学、影视学等之间的关系研究。其中特别关注于民族戏剧与文学形式中的诗歌、散文、小说、讲唱文学、报告文学、影视文学、网络文学等的文化交流研究。

无论是在人类的原始社会，还是人类走过的奴隶社会、封建社会、资本主义社会、社会主义社会，乃至将来的共产主义社会，人的种群与族群总会有各种反映自身社会与精神生活的戏剧形式。民族这个重要称谓，以及民族文化、文学与艺术这个意识形态，总是要贯穿于人类整个历史，以及每个人的一生之中。那么，由民族学与戏剧学所结合形成的民族戏剧学的理论与实践活动，自然在其间起着重要的文化承载与传播作用。

笔者与中央民族大学的柯琳合著的《民族戏剧学》一书“内容提要”里写道：

> 人类从远古的氏族、部落、部落联盟、部族逐步发展到今天的民族，在此生物与文化伟大的演进历程中缔造了无数美不胜收的文学艺术形式。中华民族与世界各国土著民族所共同拥戴的民族戏剧，集人类物质与精神文明之大成，成为当今世界最令人神往与倾慕的文化典范。回首重温国内外颇具神韵的民族戏剧孕育、发生、形成、演变之历史，从中可形象地感受到方兴未艾的人类学、社会学、文化学、宗教学、民俗学、艺术学等众多学科带给人

> 们的深刻启迪与昭示。借助大量鲜为人知的历史、地理与民族民间之文化艺术珍贵资料，以科学、先进的西方文化人类学与传统、务实的中国古代文物、文献考据法相结合，穿过时空的隧道，拨开历史的迷雾，全面、系统地钩沉与梳理古今人类与各国、各民族戏剧的概念、定义、内涵、外延、性质、类别、功能、价值等诸要素；特别是以语言文字学及其文化比较学实证胡汉、华夷与周边国家民族戏剧的影响与传播，以及探寻宗教与世俗叙事文体嬗变为代言体综合表演形式之轨迹，可谓民族戏剧学的重大课题与学术贡献。①

文中初步阐述以中国少数民族戏剧为主的“民族戏剧学”的重要价值在于“重温国内外颇具神韵的民族戏剧孕育、发生、形成、演变之历史”和“实证胡汉、华夷与周边国家民族戏剧的影响与传播，以及探寻宗教与世俗叙事文体嬗变为代言体综合表演形式之轨迹”。这是此门新兴人文学科从小到大、从弱到强的宗旨与远大追求目标。只要经过长期坚持不懈的努力，想必将来有朝一日会像今天如日中天的“民族音乐学”与“文化人类学”一样，成为令人瞩目且枝繁叶茂的学术大树。

自从国内有人旗帜鲜明地推出“民族戏剧”这个学科名称，竭力提倡中华民族戏剧文化研究的先进方法论之后，已逐步让人看到其广阔的时空、坚实的基座、光明的前途。记得当年笔者在兴趣盎然地阅读到法国著名社会人类学学者安托南·阿尔托的著作《残酷戏剧——戏剧及其重影》，美国著名文化人类学家、普林斯顿大学高等研究院教授克利福德·格尔兹的著作《文化的解释》，日本东京大学著名戏剧史学家田仲一成的著作《中国祭祀戏剧研究》，爱尔兰都柏林大学中国研究院学者李岚的著作《信仰的再创造——人类学视野中的傩》，中国社会科学院黄育馥研究员的著作《京剧·跷和中国的性别关系》，中国戏曲学院傅谨教授的著作《草根的力量》，中国艺术研究院项阳研究员的著作《山西乐户研究》，南京艺术学院杨曦帆博士的著作《藏彝走廊的乐舞文化研究》等书籍之际，强烈地感受到创立此门学科的必要性与紧迫性。同时认为，在中外各民族传统戏剧文化的基础之上，民族戏剧学方法论的倡导不仅能极大地促进中国古典戏曲与地方戏的学术发展，而且会使中国传统戏剧的研究真正与世界戏剧学接轨。

尤其是中国艺术研究院何玉人研究员在《建立独特审美品格的民族戏剧学》

① 李强、柯琳著：《民族戏剧学》，民族出版社，2003 年版。

一文中的精彩论证："民族戏剧学概念的提出，是严密的、客观的和符合学科规范的，从字面上理解，中外民族戏剧就是研究中国的和外国的戏剧，研究中国各民族和外国不同民族的戏剧。从戏剧本体上说，就是研究不同国家、民族戏剧之间不同的审美表达方式。国家既是权力的概念，更是民族的概念、地域的概念和文化的概念，中、外民族戏剧就是不同国家、不同人文背景和不同地域风俗中形成的，具有不同艺术个性的、不同历史起源、发展道路和审美风格的戏剧。"①更是让我们对民族戏剧学学科与中国传统戏剧文学艺术研究的发展充满了勇气与信心。

按照中国的实际情况来看，民族戏剧学与中国少数民族戏剧研究有必要从民族学与戏剧学、文学与艺术学的关系做起。因此，对民族戏剧的文学性与戏剧文学的民族化的探寻是此领域研究的重头戏。关于民族戏剧学或戏剧人类学的文学属性或艺术属性，我们可从叶舒宪、易中天、容世诚撰写的《文学与人类学》、《艺术人类学》、《戏曲人类学初探》的有关论述中找到一些理论上的支持。

中国社会科学院叶舒宪研究员在著作《文学与人类学》中提到："我们从人类学家和文学家那里获得的认识是不谋而合的：文化他者是我们发现自身缺陷、破除自我中心主义的最好契机和最有效的帮助。"他结合西方著名学者卡洛斯·卡斯塔尼达、博尔赫斯等人在人类学与文学方面兼通的实例证明了这点："博尔赫斯的《种族志学者》可以看作是用小说形式阐发和转播人类学知识的尝试。尽管他本人并非科班的人类学专业出身，但其广泛的涉猎和跨文化经验使他足以胜任这项工作。" ②

厦门大学易中天教授在著作《艺术人类学》中提到，深入探究马克思关于"人不仅通过思维，而且以全部感觉在对象世界中肯定自己"的英明论断，会发现"原始戏剧的热门话题有三个，即人的生活、神的命运和民族的历史。""演戏就是演人生，看戏就是看人生。实现艺术本质的人类学还原，是艺术人类学最根本的任务。"这也是文学人类学与民族戏剧学的"最根本的任务"。戏剧文学与艺术是"为自我确证感的获得而创造出来的精神产品和观念世界"③。

新加坡大学容世诚教授的《戏曲人类学初探》建立了一种"从人类学文化行为，特别是仪式行为探索中国戏剧的研究思路。同时，笔者是站在一个戏曲研究

---

① 何玉人著：《建立独特审美品格的民族戏剧学》，《百色学院学报》2013 年第 3 期。
② 叶舒宪著：《文学与人类学》，社会科学文献出版社，2003 年版，第 85 页。
③ 易中天著：《艺术人类学》，上海文艺出版社，1992 年版，第 54 页。

者的立场，寻求与人类学、表演学和其他学科的专家进行对话交流，以达到中国戏曲的跨学科研究目的"[①]。该书作者是毕业于美国普林斯顿大学的香港哲学博士，利用自己学习的文化人类学与戏剧学知识，在东南亚华人族群的原始仪式、戏剧文化研究方面作出自己独特的民族戏剧学诠释。

为了民族戏剧学学科的创立与发展，数十年来我们为此付出了许多艰辛的劳动，在基层文化的调研、学术课题的申报、理论著述的编撰方面做过许多的工作与努力。笔者心里清楚，民族戏剧学这一庞大的文化系列工程并非是少数人一时半时能建成的，也不是仅靠在书房案头所写的几本书与几篇文章能完成的。实践证明，只有走出校园书斋，到广阔的社会基层与边疆地区各民族的生存地进行田野调查，才能摸清民族戏剧文化的家底，才能把好民族戏剧学的脉搏。

自 2006 年，我们领受教育部规划课题《中国少数民族实证与民族戏剧研究》以来，笔者与笔者的硕士、博士生们跋山涉水、披星戴月，历尽艰难险阻，走遍了祖国边疆的山山水水，进行访问并搜集了大量中华各民族戏剧文化的珍贵历史与现实资料，编写了数十篇有关中国少数民族戏剧的调查报告与学术论文。这才了解到古人为何沉浸于"太平处处是优场，社日儿童喜欲狂。且看参军唤苍鹘，京都新禁舞斋郎"（宋・陆游《春社》）、"若能觉其梦，且悟浮生如戏弄。若能智其识，渐悟狂知枉心力"（宋・晁迥《三悟辞》）、"浮生如戏弄"、"人生如戏"的特殊氛围，忘情于戏剧的大千世界，也理解到现当代人为什么沉醉在"木落秋高景色寒，菊花开放到长安。多情最是风流色，独向枝头弄管弦"（范紫东《为汉二黄题词・秋菊红叶鸟》）、"一群歌咏协宫商，曲谱新声乐未央。闻道桃园晚会开，霓裳仙子月中来"（李木庵《延安新竹枝词》）的戏剧歌舞之中。

"长风破浪会有时，直挂云帆济沧海"，学术创新体现在如何应对一门既传统又新兴的社会科学及其重要分支学科。新学科的建立与完善必须进行尽可能全面、系统、科学、规范的学术讨论。民族戏剧学是戏剧人类学的中国化，这在国内外都属首次，所产出的学术成果具有前瞻性、边缘性、交叉性、权威性，期待着逐一填补民族学、文化学、戏剧学等学科长期悬而未决的学术空白。

我们的学术尝试与探寻是为了促进中华多民族的优秀戏剧文化的发展，以及确立中国传统戏剧文学在世界戏剧文化圈的地位，力争做出应有的贡献。另

① 容世诚著：《戏曲人类学初探》"序言"，广西师范大学出版社，2003 年版。

外，则是逐步解决中国少数民族戏剧研究中存在的各种难题，积极梳理中华民族戏剧与传统文学之间的学术交往关系，探索人类戏剧艺术发展的客观规律，为新兴、年轻、富有朝气与传统文化底蕴的民族戏剧学搭设长期持续发展的学术平台。

二、民族戏剧学及其学科分类

论及中国乃至世界各民族的戏剧文化，我们可参考贾东海、孙振玉主编的《世界民族学史》"绪论"中的理论阐述："在我们生活的这个星球上，目前已有两千多个大小不同的民族。所有这些民族，由于各自的社会历史、地理环境、种族来源、语言系属、宗教信仰、经济类型、发展程度等的不同，其生产、生活方式和文化、习俗特征也各有异，而民族之间的相互关系或有关的民族问题也是异常复杂和十分突出的。民族作为一种普遍存在的社会现象，很早就引起人们的注意。"[①]诸如民族、民族文化、民族艺术、民族戏剧等，以及民族戏剧学等课题自然也牵扯到我们对中华多民族的自然与社会文化现象的分析，以及对此门学科与相关戏剧学分类的学术讨论。

在民族戏剧学的研究中，因为戏剧学处于民族学之下属，本着大小学科相辖管与相协调的科学逻辑关系，无论是国内，还是国外，其戏剧学都要多少借鉴与吸纳民族学的一些要素与特点，甚至包括些许形式与内容。"民族学"是法学门类的四个一级学科之一。在我国分类学中显示的"民族学"原本是一个以中国少数民族为主要研究对象的学科群，后来逐渐被扩展到对包括汉族在内的中华多民族文化研究的广阔领域之中。据有关专家论证，在西方学术传统中，"民族学"、"人类学"、"社会学"在基本理论上同义，只是各国研究有所侧重而已。基于此，我们研究的戏剧学也同时包括了许多人类学与社会学的有关文化、文学与艺术的学术成分。

民族学学科是以研究"异文化"和"他者"为己任的人文科学。顾名思义，民族学是专门研究民族的学问，包括研究人类历来所经历的氏族(Clan)、部落(Trihe)、部族(Trihe Nation)、民族(Nation)的物质与精神文化，其中自然要涵盖中国各民族与中外所有民族的戏剧文化。根据著名学者杨堃研究员的著作《民族学概论》中所阐述：

---

① 贾东海、孙振玉主编：《世界民族学史》，宁夏人民出版社，1995年版，第1页。

> 从民族发展史来看，从前一个民族类型发展为后一种民族类型都是一个飞跃，都是质的变化。它和社会发展史的分期和阶段，是基本一致的。惟各民族由于自然环境与历史条件的不同，又各有其特点和自己的特殊的发展规律。而民族学工作者的主要任务便是调查研究这些具体的民族形式及其发展规律。①

杨堃先生在该书中将民族文化分为三大类，即“一般地讲，民族学上所说的文化分为三个方面：1. 物质文化；2. 精神文化；3. 社会组织或社会结构”②。宋蜀华、陈克进主编的《中国民族概论》，将中华民族传统文化结构划分为基础结构（包括生态结构、经济结构、政治结构）和价值结构。同时又把文化功能与要素划分为六个门类：“衣食住行方面的生活文化；婚姻家庭和人生礼仪文化；民间传承文化；科技知识工艺文化；信仰崇尚文化；节日文化。”此类划分法与徐万邦、祁庆富在《中国少数民族文化通论》中的划分法基本相同。其中属于“精神文化”的“人生礼仪文化”、“民间传承文化”、“节日文化”③等显然与中华民族戏剧文化相通。

兰州大学著名学者杨建新教授主张民族文化四分法，将其“从四个方面来认识，即物质文化、精神文化、制度文化和行为文化”，其中的“精神文化”与民族戏剧文化有所关联，如“有形式繁多、内容丰富而且有很强教化功能和传承功能的说、唱、舞的表演和绘画、雕刻、塑造等艺术”。此外，国人较为生疏的“行为文化”，诸如属于“群体的，而且具有一定的规范和标准，如语言、文字、婚丧嫁娶、节庆民俗、宗教活动等等”④，这些民族文化活动也同样与中国各民族的文学艺术与戏剧文化密切相关。

按照民族戏剧的所属关系，此范畴的戏剧首先需要符合民族文化学的概念，并兼顾中外戏剧文学或艺术学的分类原则，而将其分为世界各个族群的戏剧文化样式。另外还有地理区域、国家地区戏剧的分类法，历史年代、文体特质等戏剧形式范畴的划分法。因为民族戏剧学与文化人类学的学术理念相一致，均以人本研究为中心，以群体与个体的人的文化研究为目标，以族别与国别为标志的

---

① 杨堃著：《民族学概论》，中国社会科学出版社，1984 年版，第 197 页。
② 杨堃著：《民族学概论》，中国社会科学出版社，1984 年版，第 252 页。
③ 徐万邦、祁庆富著：《中国少数民族文化通论》，中央民族大学出版社，1996 年版。
④ 杨建新著：《中国少数民族通论》，民族出版社，2009 年版，第 77 页。

人类戏剧文化的解读就是科研责无旁贷的中心任务了。

（一）族别戏剧，族别概念来自中国与世界各个不同民族，从大的方面我国民族惯称中华民族，或华夏民族，以及中国多民族，其中主要包括汉族与55个少数民族。当然也涵盖古今曾经存在的、消逝的、更改族名的、流涉境外的各民族社会共同体。这些民族都有本族群所创造的、并不断发展的戏剧表演形式，或称汉族戏剧，或称某一个少数民族，如藏、蒙、壮、回、傣、彝、满、维吾尔等民族戏剧。在国外则有斯拉夫、日耳曼、阿拉伯、大和、马来、高丽、吉卜赛、印加、犹太等民族戏剧。如此会合交融在一起，才形成中外民族戏剧文化的大格局。

（二）国别民族戏剧，是指不同国家主要民族的戏剧形式，国有大小，族有强弱，但所属戏剧没有高低之分。中国传统戏剧文化代表着中华民族的爱国卫家的向心凝聚力与时代精神。以国别名义而出现的戏剧样式，是一个国家的精神符号，是团结全社会大力弘扬民族优秀传统文化的重要载体。在世界各国都有代表本国文化水平的戏剧形式，诸如希腊戏剧、意大利戏剧、英国戏剧、德国戏剧、俄国戏剧、美国戏剧、西班牙戏剧、波兰戏剧、印度戏剧、泰国戏剧等。我国的代表性戏剧样式是昆曲或京剧，被尊称为“国剧”。

（三）地域民族戏剧，是以地域范围来划分的，像在中国以黄河、长江为界，习惯笼统地划分为北方戏剧与南方戏剧，也有在此基础之上新分出来中国西部戏剧、沿海戏剧、东北黑土地戏剧。以行政区域划分为西北、西南、中南、华东、华北、东北戏剧的，或是北京、上海、湖南、陕西、四川、山西、江苏、新疆戏剧的则更为常见。以古代地域划分的戏剧如中原、西域、关中、巴蜀等戏剧。也有根据祖国名山大川与自然景观为标志的戏剧形式，如黄河、长江、珠江、太行、岭南、天山、南海、大漠等戏剧。在国外则有亚洲、欧洲、非洲，或东亚、西亚、西欧、北美洲等戏剧，这些都是根据不同民族及其戏剧的流传而形成的文化现象。根据区域语言文字语系，亦可分为“雅利安语系戏剧”、“汉藏语系戏剧”、“阿尔泰语系戏剧”等等。

（四）民族历史戏剧，每一个民族都有自己产生与发展的历史，将这些动人的传说故事搬上舞台当众上演即成为可圈可点的历史戏剧。拿我国此类戏剧以历史年代划分，约定俗成形成春秋战国戏、三国戏、汉唐戏、明清宫廷戏、民国戏、抗日战争戏、新中国戏、新时期戏等。在国外，也根据各国各民族的历史，特别是以当时的国王，如查理、彼得、路易等命名戏剧，并且喜好以表现历史事件与历史英雄人物为戏剧题材。

（五）民族戏剧艺术，是指以艺术文体形式来审视中外戏剧，在中国古代有歌舞戏、杂剧、南戏、传奇等古典戏曲，在现代则有汉族与各少数民族传统地方戏，另外是国外输入的话剧、歌剧、音乐剧等。除了强调文学、艺术的质量外，较为关心的是民族特色的保持与发扬。在西方世界推崇的是富有民族风格的悲剧、喜剧、正剧、闹剧等，至于东方诸国，较为人们所知的如印度梵剧、日本歌舞伎、朝鲜唱剧、越南口从剧等，对其必须从民族文化的表现方面鉴赏，方能知其艺术价值。

戏剧艺术的存在是由其独具的文化特征决定的，并根据其形式来进行科学的分类从而凸显戏剧之特质。根据德国文艺评论家黑格尔的学术观点："戏剧艺术无论在内容上还是在形式上都要形成最完美的整体，所以应该看作诗乃至一般艺术的最高典范。"①对此观念，傅谨结合中国各民族戏剧进一步阐述：

> 中国戏剧当然也是这样一种综合艺术。就像世界上所有民族的戏剧艺术一样，国剧有着各种类型，多种艺术手段的综合运用。同时，当这些艺术手段被综合成一个艺术整体时，它的艺术内涵就超过了这种种艺术手段的总和。②

关于中国少数民族戏剧的类型与分类法，因为综合进更多的艺术手段，故显得更加繁杂与困难。过去，虽然许多专家学者做过许多有益的尝试，但是总是不系统、不完善和缺乏科学准确性，所得的结论也多在较浅层次，让人感到有些差强人意。

为中国少数民族戏剧的分类研究作过深入思考的曲六乙先生在新发表的《中国少数民族剧种的分类、内涵与界定》中，在他往日的思考基础之上公布了他的新的经验总结与学术见解：将中国少数民族戏剧分为三大类，六大项，41子项。三大类即现代戏剧类、仪式戏剧类、节日民俗剧。

"现代戏剧类"包含话剧、歌剧、戏曲和木偶剧。"话剧"包括维吾尔语话剧、朝鲜语话剧、蒙古语话剧、藏语话剧。"歌剧"包括维吾尔语歌剧、朝鲜语歌剧、蒙古语歌剧。"戏曲"包括藏戏、壮剧、蒙古剧、白剧、傣剧、傣族赞哈剧、佤族清戏、

---

① （德）黑格尔著：《美学》第3卷下册，商务印书馆，1979年版，第240页。

② 傅谨著：《中国戏剧艺术论》，山西教育出版社，2003年版，第23页。

彝剧、侗剧、布依剧、仫佬剧、毛南剧、苗剧、回族花儿剧、满族新城戏。“木偶剧”中只有一种，即壮族木偶剧。

“仪式戏剧类”包含傩戏和藏传佛教假面宗教舞剧。“傩戏”包括土家族傩堂戏、苗族傩堂戏、仡佬族傩堂戏、布依族傩堂戏、侗族咚咚推、壮族师公戏、仫佬族傩愿戏、毛南族傩愿戏、酉阳阳戏、羌族释比戏。“藏传佛教假面宗教舞剧”包括西藏羌姆、青海跳欠、内蒙差玛、跳布扎。

“节日民俗剧”包括撮泰吉、蒙古族好德格沁、土族纳顿假面舞剧、满族玛虎戏。

根据上述曲六乙先生关于中国少数民族戏剧分类的原则与观点：“第一类是少数民族剧种，指的是各少数民族自己创造的具有本民族个性特征、本民族艺术风格的戏剧。”“第二类是原属汉族创造的戏剧样式，如话剧、歌剧、舞剧、戏曲等剧种，反映少数民族历史与现实生活题材的剧目。”他还指出：“少数民族剧种和少数民族题材戏剧，是我国少数民族戏剧得以飞翔的两个翅膀。他们共同遵循以‘审美客体’为标志的界定理念，在创作实践中发挥了巨大的优势。”①

由此可以看出，曲六乙先生对中国少数民族戏剧的分类是本着戏剧的“民族性”与“题材性”原则来划分的。不过依照上述剧种简目，显然还应将其“宗教性”与“民俗性”作为必不可少的分类标准。另外，我们还可在此大前提下继续进行更细密的分类，甚至进行新的不同分类法尝试。比如在曲六乙先生的少数民族戏剧分类中，他认为藏戏系列还应该分为卫藏藏戏、安多藏戏、康巴藏戏、嘉绒藏戏、德格藏戏。但这样还显得有些简单和粗略，若参照常年生活在少数民族地区、深知藏戏本质的专家学者分类，可知还可将其划分得更加细致与科学。

藏戏研究专家刘志群主张将藏族戏剧划分为八个剧种，即白面具藏戏、蓝面具藏戏、昌都戏、安多戏、门巴戏、德格戏、木雅戏、嘉绒戏。而另一位藏戏专家刘凯则主张将藏戏分为卫藏方言藏戏、康巴方言藏戏、安多方言藏戏三大系统，从而再具体分为蓝面具藏戏、白面具藏戏、昌都藏戏、康巴藏戏、德格藏戏、安多藏戏六个剧种。他拟将门巴戏剔除，是因为认定此剧种为门巴族特有，与藏族无缘。

有幸的是，刘志群与刘凯两位著名专家经过多年争论商榷，又综合国内其他藏学家的考证与意见，最后达成了大致的统一，特列出如下藏戏剧种分类表。

① 《中华艺术论丛》(第9辑)，同济大学出版社，2009年版，第5、7页。

藏戏包括卫藏方言藏戏(或称西藏藏戏系统)、康方言藏戏(或康巴藏戏系统)、安多方言藏戏(或称安多藏戏系统)、嘉绒藏戏共四大类。

卫藏方言藏戏又包括白面具藏戏(内含宾顿巴、扎西雪巴、尼木巴)、蓝面具藏戏(内含香巴、江嘎尔、迥巴、觉木隆)两大类。

康方言藏戏又包括德格藏戏、昌都藏戏、康巴藏戏(内含道孚藏戏、甘孜藏戏、康定藏戏、理塘藏戏、巴塘藏戏)三大类。

安多方言藏戏又包括热贡藏戏(即黄南藏戏)、华热藏戏、甘南藏戏(内含阿坝藏戏、色达藏戏、果洛藏戏)。另外是嘉绒藏戏。[①]

上述的藏戏分类则深入了一步,学者将地域和语言的成分加进去,使之更加系统、全面,具有科学规范性。如果将藏戏分类研究再扩大到整个少数民族戏剧之中,则可出现某自治区、自治州、自治县、某省、地区、市、县、乡、村的民族戏剧。按其语言谱系则成为某语系、语支、语种,以及各民族方言戏剧品种。另外,还可以依据各民族的行业特点与戏剧题材来分类,诸如牧业、农业、工业、商业、行政业民族戏剧等,或社会、公案、婚嫁、行旅、征战、宗教、教育等方面的民族戏剧。然后按此子系统再细加划分,即可形成一个全面、系统、科学的民族戏剧学的庞大学术体系网。

古今中外,各国各民族都程度不同地有隶属于该国家人数较多的主体民族的富有标志性的戏剧样式,这是主流社会的、传统的、具有本国特色的戏剧艺术。另外,还有属于底层的、民间的、众多少数民族群落的戏剧形式。世界各国与各族文艺理论与表演艺术工作者都渴望有一个既能包括东方戏曲样式,又能涵盖西方戏剧形式的人类戏剧理论体系,这就是近年众多专家学者呼之欲出的"民族戏剧学"。近一百年来,中国各族文艺理论工作者前赴后继要创立的,无论是"中国戏剧学科"、"民族戏剧学",还是"华夏传统戏剧学说"、"中华多民族戏剧理论"等,都是民族戏剧学中极富特色的科研任务。

民族戏剧学非常注重理论与实践相结合的科学研究方法,在高度思辨的理论指导下提倡田野考察和个案实证,坚持采信经调查研究而获取的第一手资料。"戏剧学"是一门各种文学艺术交叉、多种文化学科融会的人文学科,在广义上有戏剧文化学、戏剧人类学、戏剧宗教学、戏剧民俗学、戏剧历史学、戏剧美学、戏剧

---

① 刘凯著:《藏戏剧种的提出、分歧与弥合》,《西藏艺术研究》1991年第1期。

心理学、戏剧观众学等，在狭义上则划分为戏剧文学、戏剧表演学、戏剧音乐学、戏剧舞美学、戏剧舞蹈学等。戏剧学与民族学结合之后，较强调戏剧的民族文化形式感，各民族的文学、艺术、技术属性，以及民族审美心理的研究与探索。

三、民族戏剧学田野作业与调查报告

民族戏剧学因为特殊的学科性质与学术范畴，所进行的科学研究，除了历史、地理、文化与文献资料的考证之外，非常重要的程序即为“田野调查”。此种学术词语来自英文“fieldworks”的中译，也有人翻译为“田野工作”或“实地考察”。这是“直接观察法”的实践与应用，也是研究工作开展之前，为了取得第一手资料的前置步骤，即所有实地参与现场的调查研究工作。田野调查涉猎的范围和领域相当广，举凡语言学、考古学、民族学、行为学、人类学、文学、哲学、艺术、民俗等，都可透过田野资料的收集和记录，架构出新的学科研究体系和理论基础。

根据中山大学文学院康保成教授所撰写的《中国戏剧史研究入门》一书介绍，西方一些从事原始艺术研究的专家学者对此非常感兴趣，“文化人类学家通过田野调查，从未开化部族那里发现了与巫术相同的原始戏剧表演形态，从而与戏剧史家殊途同归，印证了戏剧起源于巫术、角色扮演是戏剧的本质等理论。”另外他还发现：“田野调查的最大优势，在于打破了长期以来按惯例以时间顺序排列历史发展的观念，而代之以逻辑顺序排列历史，从而在一定程度上把活生生的原生态文化面貌呈现出来。”[①]因此，我们从事民族戏剧学田野调查时也须从此学科所规定的前期图文资料的准备、实地采访记录、原始资料的科学采集、综合整理分析等工作环节入手，进行深入细致的研究，使民族戏剧学田野调查在学科建设方面真正发挥作用。

（一）前期的图文资料准备

在现当代人文科学发展史上，“田野作业”被公认为是人类学学科的基本方法论，也是最早的人类学、民族学、社会学方法论。它是来自文化人类学、考古学、文化学的基本研究方法论，即“直接观察法”的实践与应用，也是研究工作开展之前，为了取得第一手资料的前置步骤。所有实地参与现场的调查研究工作，

---

① 康保成著：《中国戏剧史研究入门》，复旦大学出版社，2009 年版，第 204 页。

都可称为“田野研究”或“田野调查”。田野调查涉猎的范围和领域相当广，举凡语言学、考古学、民族学、行为学、人类学、文学、哲学、艺术学、民俗学等，以及宗教仪式与戏剧表演等，都可透过田野资料的收集和记录，架构出新的研究体系和理论基础。

实证性研究作为一种研究范式，产生于培根的经验哲学和牛顿——伽利略的自然科学研究。法国哲学家孔多塞、圣西门、孔德倡导将自然科学实证的精神贯彻于社会现象研究之中，他们主张从经验入手，采用程序化、操作化和定量分析的手段，使社会现象的研究达到精细化和准确化的水平。孔德自 1830 年到 1842 年出版了六卷本《实证哲学教程》，揭开了实证主义运动的序幕，在西方哲学史上形成了实证主义思潮。

实证主义所推崇的基本原则是科学结论的客观性和普遍性，强调知识必须建立在观察和实验的经验事实上，通过经验观察的数据和实验研究的手段来揭示一般结论，并且要求这种结论在同一条件下具有科学的可证性。根据以上原则，实证性研究方法可以概括为通过对研究对象大量的观察、实验和调查，获取客观材料，从个别到一般，归纳出事物的本质属性和发展规律的一种研究方法。

实证研究指研究者亲自收集观察资料，为提出理论假设或检验理论假设而展开的研究。实证研究具有鲜明的直接经验特征。田野调查与实证性研究方法方可矫正我们过去对民族文化、民族文学艺术，以及对中国少数民族戏剧在了解、认识、诠释上的偏差。以此为契机，在中华民族大量文献资料的基础之上，再通过田野调查对研究对象大量的观察、实验、调查和实证，获取必要的客观材料，从个别到一般，从表面到实质，归纳出事物的本质属性和发展规律。

笔者在数年的理论与实践中，得以实施与证明理论联系实践并且从事大量的田野调查的必要性与正确性。我曾十数次带领学生们与课题组成员到全国各地（基本是遥远、偏僻的少数民族边疆地区）进行田野考察，将辛辛苦苦收集来的宝贵资料撰写成文，后来收编于台湾花木兰文化出版社出版发行的《民族戏剧学研究与田野考察》[①]一书，其中有 22 篇调查报告。这让我心中多少有些激动与些许的成就感。

我由衷地感谢现在国家与政府对社会科学研究，以及弘扬中华民族优秀传统文化的重视。尤其是对形式多样、丰富多彩的少数民族文学艺术遗产的发掘、

① 李强著：《民族戏剧学研究与田野考察》，台湾花木兰文化出版社，2015 年版。

整理、研究加大了扶持力度。我虽然不是少数民族，但是跟随父母大半生生活、学习、工作在西北边疆，对那里的历史、地理、宗教、传统文化非常了解；如今又在高校从事本科生、研究生的戏剧戏曲学、中国少数民族语言文学、比较文学与世界文学的专业教学与研究工作，自然又增添了几份对中国多民族文化的热爱和敬意。

按照当年向教育部递交的课题申报书，我与课题组成员一致认为，要圆满完成如此宏大、繁复，既要继承、又要创新的全国性质的社科项目，必须要有先进的学术理念，并且要扎扎实实地深入基层，尽可能多地采集第一手资料。只有将高屋建瓴的理论知识与大量的、新鲜的实证材料完美地结合起来，才不会因循守旧、流于形式，辜负学校、教育部、学术界的殷切期望。才有可能以此为契机，逐步设计和构建中国少数民族戏剧文化与民族戏剧学的理论研究体系。

翻阅人类文明发展史，世界各地区、各国、各民族都经历过以音乐、舞蹈、诗歌、曲艺等合成的综合性艺术——“民族戏剧”来记载与诠释生活的历史。在中华民族的大家庭里，人数虽然少于汉族、可居住在神州大地大部分国土上的各兄弟民族，他们在缔造华夏乐舞戏剧文化、中西与中外戏剧文学与表演艺术交流的过程中，曾起到了相当重要的作用，建立过非常卓越的功勋。

然而由于历史上国内外文人学者对被贬称为“狄、羌、夷、蛮”四裔与“胡人、异族”的边疆少数民族的文化采取蔑视态度，以及长期“西方文化中心论”与“汉族文化中心论”干扰了我们对中国少数民族源远流长的传统文化的认识。另外，在世界范围内，被统治阶级与主体民族所忽略的具有原始性、地域性、民族性的大量传统文学艺术，杂糅融汇在庞大的、难分难解的正统文化体系当中，急切需要科学梳理。经过我们认真分析、论证、考察后，方感觉到对中国少数民族戏剧的研究不能单纯套用西方戏剧与中国汉族戏曲研究的固定模式，也不能将这种综合艺术肢截、分离开去机械地剖析其文化形态。而应该以先进的、宏观与微观相结合的文化人类学与民族学的实证考察，即理论联系实际的田野调查法，将此两种行之有效的科研方法相结合，才能有望把此门学科推向相应的学术理论高度。

我们要以中国传统的文献学、考据学等与西方的文化人类学、民族学、戏剧学、比较文学等各种学问相结合，以国内外民族音乐、舞蹈、文学、戏剧的丰富资料来佐证中华民族戏剧艺术在世界文化平台中所具有的学术位置与价值。首先是查询文献书刊等图文资料，因为中国少数民族在历史上缺乏文字、文学等方面的记载,数十年来经过大量专家学者实地考察、所采集而后发表的图书、绘画、照片、录像等资料,显得非常重要而有用。诸如,贵州少数民族《百苗图》的图文整理与个案分析就雄辩地说明搜集此类资料的必要性。

由清代嘉庆年间八寨理苗同知陈浩编绘的《百苗图》是中国古代以图像的方式表述西南边疆苗族的一本可称之为"民族志"的民俗文化图书,其中不乏描述此地民族乐舞戏剧文化的形象画面。其中绘有 85 幅图,另配有些许文字,人称《八十二种苗图并说》。此类珍贵图文资料在民族戏剧学田野考察前就必不可少。

我们在出发进行田野考察前还搜集到一些云南纳西族东巴象形乐舞图文,同样对研究与解读云贵高原的传统戏剧文化大有裨益。正如李丽芳、郝朴宁的著作《音乐图像学的文化学阐释》一书的叙述:

> 在东巴舞谱中,有些鸟兽变成诸神的坐骑,在跳某个神舞时便同时要跳这坐骑和助神禽畜之舞。如丁巴什罗以白马为坐骑,豢养着大鹏、飞龙、白羊三个畜禽;萨利伍德神的坐骑是白海螺大鹏鸟;朗九敬九神骑金色大象;格称称补神骑大脚赤虎;吐齿伏麻神骑斑鹿,八哇优麻神骑白牦牛,玛米巴神骑白马等。其实,究其本因,这仍是狩猎巫术歌舞的一种变形……东巴舞谱中大量存在的,看似毫无意义的鸟兽虫舞,实为新石器时代古纳西人之狩猎巫术歌舞的历史写照。

首先我与我的学生们及课题组成员在院资料室和学校图书馆查阅有关中国少数民族文化历史背景资料,以及相关论文著述、研究前沿动态,并收集和购买国内业已出版发行的中国少数民族文学、艺术、戏剧、戏曲方面的书籍与图册,组织大家仔细研读。然后派遣科研人员到全国各地的图书馆、新华书店、文化部门去搜集书刊杂志、图文资料,以求做好此领域的文献资料和文艺理论上的准备工作。

在较多地占有民族传统文化史料的基础之上,我们组织人力进行"全国各少数民族戏剧文化资料简编"的撰写,其中主要包括民族地理、历史、宗教、民俗、民族称谓、民族戏剧剧种分类、流传地区与分布、主要剧情简介、演出艺术形态、表演团体与民间艺人、科研现状与成果等。同时,初步完成了其中一部分少数民族戏剧艺术数据库的编写,诸如藏族、彝族、蒙古族、朝鲜族、维吾尔族、满族、白族、壮族、苗族、回族、傣族、侗族等民族，由此才谈得上有的放矢地拿着现成文献材料到边疆基层去核实、勘正，以及通过实地考察获得更多相关民间文化信息。

尽管在史书典籍、图书刊物中可获得一些中国少数民族的历史、地理、宗教、文化、艺术、戏剧方面的文字资料，但总的来说多为分散的、零碎的、过时的，甚至是错误的。只有通过实地调查才有可能补充、完善和修正。我们组织科研人员分别前去中南、西北、东北、华北、西南、华南地区一些省市自治区进行田野调查，并且于2007年秋季带着学生前去山西大同市观摩考察"第一届中国少数民族戏剧会演"，从而直观感性地认识了中国少数民族戏剧艺术的形态、文化特征与美学风格。功夫不负有心人，经过5年多以来多次深入边疆农村、牧区、村寨，与才艺超群的少数民族艺人接触、求教，我们陆续获得大量极有价值的相关历史与现实口碑资料。

再是通过大量的实地采访、记录、整理，陆续撰写出下列22篇田野调查报告：一、青海省循化县撒拉族"多依奥依纳"戏剧调查报告；二、甘肃省保安族民间传统艺术与戏剧田野调查报告；三、湖北、广西土家族、苗族、壮族、京族戏剧考察报告；四、内蒙古、辽宁地区蒙古族地方戏剧考察报告；五、青海省黄南、互助等地藏族戏剧与史诗田野调查报告；六、第一届中国少数民族戏剧会演与研讨会综述；七、甘肃、宁夏地区回族戏剧艺术实地考察报告；八、新疆维吾尔自治区少数民族戏剧历史文化调查；九、内蒙古二人台与漫瀚剧的实地考察报告；十、吉林省松原市扶余县关于满族新城戏的实地调查报告；十一、东北三省和内蒙古地区朝鲜族、蒙古族戏剧田野考察报告；十二、赴广西壮族自治区南宁、百色、田林调查壮剧田野报告；十三、云南省彝族、傣族、白族戏剧艺术田野调查报告；十四、甘肃省临夏回族自治州花儿与花儿剧考察报告；十五、赴天津、辽宁省沈阳考察满族说唱艺术报告；十六、新疆查布察尔锡伯族自治县汗都春调查报告；十七、云南彝族地区阿细人史诗与民间戏剧概述；十八、青海黄南地区藏传佛教与戏剧田野考察报告；十九、广西、湖南南部民族戏剧与傩戏田野调查；二十、贵州安顺、遵义地区少数民族与傩戏考察报告；二十一、山西晋北、晋中、晋东南宗教祭祀戏剧调查；二十二、甘肃、宁夏、青海少数民族戏剧文化调查。

令人欣慰的是，从中获得了大量在书本上得不到的珍贵资料，极大地丰富了我们所承担的教育部关于中国少数民族戏剧实证研究的库存，也同样激励我们对民族戏剧学的新的更高层次的学术论证。

（二）科学采集资料与实地采访记录

在进行田野调查之前，要全面搜集与调研对象有关的各项资料，除了与民族戏剧有关的资料外，还包括历史资料、地理资料和经济文化等方面的资料。据中国音乐学院杜亚雄教授在《民族音乐学概论》一书中介绍："历史资料包括与调研对象相关的村社史、地方史、民族史、经济史、文化史以及考古史发现等方面的材料。熟悉这些史料可帮助调查者在进入现场前了解调研对象的历史发展过程，有利于对调研对象进行历史性的分析和判断。地理资料指调研对象所涉及地区的地理位置、地形特征、气候情况、交通情况和自然资源等。这一方面对确定进行田野工作的时间有很大的帮助，另一方面也是为了更好地了解文化背景。经济文化方面的资料包括生产方式、生产水平、社会形态、婚姻制度、生活习俗、宗教信仰、语言文字以及与音乐经常发生联系的姊妹艺术，如美术、建筑、舞蹈、戏剧等方面的情况。"①杜亚雄教授的《民族音乐学概论》，虽然说的是民族音乐学，也同样适用于民族戏剧学田野调查。

田野调查过程中的科学采集资料与实地采访记录是一件非常有学术含量的专门学问。在此前要准备"调查提纲"，此为调查者在实地调查时根据调查目的、任务、对象编制的调查纲目。调查过程中要采取不同的调查方法，据美国人类学家贝利（Bailey.K）分析的"方法论"与"具体的方法"：

> 方法论与方法不同，后者在科学研究中是指研究的技术或收集资料的工具，前者是指研究过程的哲学，它包括作为研究理论基础的各种假说和价值，以及研究者用以解释资料和得出研究结论的准绳或标准。②

调查报告又叫调查研究报告，应该说后者是它更准确的名称。因为它不仅是调查的产物，更是研究的产物。调查报告主要功能是搜集情况，并通过对调查所得情况的深入研究，提出一定的见解。因此调查报告是根据某一特定目的，运用辩证唯物论的观点，对某一事物或某一问题进行深入、细致、周密的调查研究和综合分析后，将这些调查和分析的结果系统地、如实地整理成书面文字的一种文体。

---

① 杜亚雄著：《民族音乐学概论》，湖南文艺出版社，2002 年版，第 67 页。

② 宋蜀华、白振声主编：《民族学理论与方法》引《当代社会学的研究方法》，第 9 页。

田野调查报告的特点体现在四方面，即真实性、针对性、典型性和系统性。

（一）真实性。真实性是调查报告首要的、最大的特点。所谓真实性，就是尊重客观事实，靠事实说话。

（二）针对性。这是由具有很强的工作针对性所决定的。一般来说，一项调查研究工作，特别是大型调查研究，要花费较多的时间、人力和物力，不是随意组织进行的，而是针对一些较为迫切的实际情况，解决某些实际问题而进行的。

（三）典型性。典型性是指在调查报告的写作过程中所采用的事实材料要具有代表性，以及所揭示的问题带有普遍性。这种典型特点在总结经验和反映典型事件的典型调查中表现得尤为突出。

（四）系统性。调查报告的系统性或完整性是指由调查材料所得出的结论，必须是具有说服力，把被调查的情况完整地、系统地交代清楚。不能只摆出结论，而疏漏交代事实过程和必需的环节。总的来说，调查报告就是论证系统、逻辑严密，摆事实、讲道理，具有强烈的说服力，从而使之成为科学决策的可靠资料。

论及调查报告的类型，从内容性质分，有以下五种：（一）专题型调查报告。它是侧重某个问题进行较深入的调查后形成的报告。（二）综合型调查报告。它是以综合调查众多的对象及其基本情况为内容、作全面系统的调查和反映的报告。具有全面、系统、深入和篇幅较长的特点。（三）理论研究型调查报告。这是以学术研究为目的而撰写的报告，它以收集、分类、整理资料并提出问题、报告结论为特点。（四）历史情况型调查报告。这是根据需要以历史情况为对象进行调查而形成的调查报告。它可以供人们了解某一事物或问题的历史资料和历史真相。（五）现实情况型调查报告。它是以正在发生、发展的一些现实生活为对象进行调查后所形成的调查报告。

上述是一般调查报告的通行原则，按其民族音乐学或民族戏剧学的具体写法，肯定有所变通。但是调查报告的内容大体都少不了：标题、导语、概况介绍、资料统计、理性分析、总结和结论或对策、建议，以及所附的材料等文字。由此形成的调查报告结构，就包括标题、导语、正文、结尾和落款。

第十三届中国图书奖评选中，获得中国图书奖的《草根的力量》是一部研究民间戏剧活动的优秀学术著作，也是一部优秀的民族戏剧调查报告。它的研究对象，只局限于浙江台州地区近二十年的民间戏班。但是它涉及的问题远远超出了台州地区，远远超出了戏剧领域。通过多年细致的田野考察，作者傅谨教授揭开了中国当代社会真实可信的一角,在民间戏剧活动的描述和剖析中,折射出草根阶层在精神生活和情感生活领域的强烈渴求。它为我们的文学艺术研究、文化批评以及社会学研究提供了新的研究对象和研究课题。

从1993年开始,中国戏曲学院教授傅谨博士一直对台州戏班作不间断的跟踪研究,几乎参加了1993年以来台州地区、市举办的每次民间剧团调演活动。在这长达7年半的时间内,每年在台州从事一段时间的田野考察活动,前后访问了超过20个戏班的班主和数以百计的演职人员,搜集了大量口头谈话记录与书面材料,并且与台州市(原为地区)以及所辖的各市、县、区相关的文化干部,尤其是文化市场管理部门的政府工作人员保持长期而经常性的接触。2000年4月下旬至5月上旬,利用近一个月的时间,先后深入乐清市吴岙、樟北自然村和温岭市钓浜镇(现并入石塘镇)、石桥头镇、泽国镇等地,在温岭市青年越剧团、路桥实验越剧团等两个戏班进行更为深入的田野作业,并访问了相关人员。

该书出版后,颇获学术界好评,如著名学者金元浦评论:“傅谨的《草根的力量》是研究浙江台州地区民间传统戏班的,作者采取了当下学界正热门的社会学的‘田野’方法,花了整整8年时间,跟踪调查,据实记录。详尽地描述了台州戏班的历史、现状、内部构成、戏班内演职员的生活方式以至经济运作方式等。这种研究不是空对空的,而是实打实的,以历史的和现实的事实为依据。”李书磊著文说:傅谨“提包、雨伞行走在台州的田野,关注文化在民间实际的存在状态,关注传统与时尚的真实互动,将外在的文化现象变成人文学者亲历亲见的经验,他发现的事情、他提出的问题远出于书斋学者的思议之外,其风其采令人神往。文化研究由此而变成为一种可信的学术活动,‘五四’以来动辄空论大言的文化讨论方式由此得到了一种矫正。由于许多年来文化讨论的空疏已成积习,这种矫正就显得特别可贵。而且傅谨在面对‘他者’(农民)的文化时也表现出了足够的自我克制与自我约束”。这都是对坚持戏剧文化田野调查的理论工作者的褒奖。

在传统的历史文献研究法与田野调查的基础上,当今世界又通行更加行之有效的比较研究法。即以比较学的方法来研究所涉猎的文化艺术门类之普遍原理与客观规律,方可进一步在中国传统的历史文献与考据学基础上进行更为科学的比较文化学研究。

“比较的”(Comparative)这个词产生于中古英语之中,有人认为来自拉丁语“Comparativus”。英国著名戏剧家莎士比亚曾在《亨利四世》一剧第一幕第二场中借福尔斯塔夫之口谴责哈尔亲王时说,“你是一个最能胡乱比较的(most comparative）最可恶的少年王子。”比较研究方法可对应于民族文化、文学、艺术与戏剧，即产生比较文化学、比较文学、比较艺术学与比较戏剧学。综合当今国内外所通行的“比较文化学”的研究方法，一般采用平行研究与影响研究两种学术方法。用此方法来研究民族戏剧学，即能达到笔者在《中西戏剧文化交流史》中所述：

其一，“通过对两种互不影响的不同传统的文化系统进行研究，以寻找其研究对象共同或不同的规律。”

其二，“通过两种相互影响的不同传统的文化系统进行比较研究，以找出其共同的规律，揭示其间的矛盾和统一。”

另外则可进一步达到如下学术目的：“采取比较文化学中的诸如纵比、横比、同比、异比与同异比的学术类比法，以及平行或者影响研究的方法论，来寻找中西不同文化形式的异同特征，以及一般或特殊规律。从而较为客观、真实地勾勒出中国戏曲与西方诸国戏剧文化之间的交流历史。为日臻完善的中国，乃至世界人类戏剧文化交流史与通史提供重要的佐证。”①

纵览世界上蓬勃发展、富有前景的自然与人文学科研究领域，为了检验某种命题或归纳出一般的法则，都不同程度地使用着比较的方法，民族戏剧学也不例外。应该说，民族戏剧自产生之初起就是以异己的戏剧文化为研究对象的，民族戏剧的研究者在观察异己戏剧文化时，面对的异己戏剧文化是多种多样的，对这些多种多样的异己戏剧文化进行体识，自然地要使用先进的比较法。

实际上，在戏剧艺术的研究中已经有意无意地使用着比较研究法。如对一个单一剧种的描述，使用的概念、采用的视角和描述的对象等，不可否认地要以民族学知识为基础。而民族学的知识正是对不同社会文化比较研究的成果。由于不同对象的比较是在不同文化背景的基础上进行的，因而，学术界常把此种比较研究称为跨文化比较研究。在民族学的研究领域，跨文化比较研究可分广义和狭义两种。凡是对两种或两种以上的社会或文化进行的比较研究，称为广义跨文化比较研究；而狭义的跨文化比较研究则是指民族学家默多克等人建立和发展起来的，引入统计分析手段的具有全球普世意义和规模的跨文化比较研究。

（三）综合整理分析与学术研究

民族戏剧学，或戏剧人类学的研究成果大多数表现为书面文字记载的著述，

① 李强著：《中西戏剧文化交流史》，人民音乐出版社，2002年版。

或为篇幅较大的学术著作，或为字数较少、但充分体现了此学科田野调查结果，且具有高度真实性、科学性、实证性的学术论文。国内有些学者将其内容与形式分为“志”与“论”两大类别，并对此原理进行如下阐述：“‘志’与‘论’写作的目的不同，所以它们的特征也有所不同。前者要回答的问题是‘是什么’，后者要回答的则是‘为什么’，前者重在描述，后者重在论证。一般说来，要搞清楚‘为什么’首先要弄清楚‘是什么’。”[①]这就要充分依赖于专家学者在社会基层、边疆民族地区的客观、深入、细致的田野作业与调查研究结果。

民族戏剧学是传统科学基础之上建立的新兴人文学科，其学术论文同其他自然科学和社会科学的学术论文一样，是一种最能体现学科研究新成果，并能将之作出迅速反映的著述形式。此门学科所产出的成果既是科学思维和理性认识的结晶，又是提高科学思维能力和理性认识水平的科研基础。

由于不同的民族戏剧学论文所表现的是不同的科学研究性质和目的，由此而涉及与涵盖着不同的戏剧文化本体，有学者将此类学术论文的写作类型进行不同角度与领域的分类与研究。有人从民族戏剧学论文中研究内容的性质和目的入手，将其划分为描述性或史志性论文，以及阐释性或论证性论文；亦可从研究内容的时空范围入手，将其划分为“民族戏剧调查报告”、“民族戏剧史志”、“民族戏剧概述”、“民族戏剧专论”等文体形式。

1. 描述性论文写作

描述性论文主要包括民族戏剧调查报告与民族戏剧史志等，其文字表述途径主要通过客观描述的方式，来反映研究者所发现的戏剧事象实际存在。其论文一般只作戏剧对象“是这样”的客观表述，而不作戏剧对象“为什么这样”的论证解释。无论是戏剧调查报告、戏剧史，还是戏剧志，都是以陈述戏剧现象的若干存在事实为基本任务。

民族戏剧调查报告是一种建立在实地调查而得的工作资料和戏剧资料储存基础之上，使之清晰地显示出调查工作的时空范围、作业程序，以及所涉及戏剧事象、内容、形式方面的戏剧学著述。它是民族戏剧学工作者展示其调查研究成果的最基本的书面形式。

调查报告是专家学者实地调查结果的书面反映，因为民族戏剧调查的主题、对象、作用、方法的不同，以及社会群体在实际戏剧生活中体现出的复杂性、流动

① 杜亚雄著：《民族音乐学概论》，湖南文艺出版社，2002 年版，第 129 页。

性和变异性，而使调查报告的内容、形式和结构方面不尽相同。

戏剧调查报告主题的确立需遵循以下两条原则：其一，要把握所获戏剧事象材料的本质。调查者在所获的若干戏剧事象材料面前，要透过表面现象去看清戏剧实质，深入挖掘这些戏剧材料所具有的民族戏剧学内涵，从中提炼初具规模的、具有重要学术价值的，以及最能反映调查对象戏剧本质和规律的写作主题。其二，要体现浓郁的现实感和学术针对性。调查者所确定和提炼的主题、内容要明确，概念要清楚，要解决的问题要明晰可辨。同时还应当是目前学术理论界、文化舆论界比较关心的，或未受到人们关注的，但是对本学科建设和发展有着现实意义的重要课题。

民族戏剧调查报告的研究对象与领域非常广阔，具有一定的科学操作性。研究者因戏剧本体的特质、数量的能动作用与差别，需要站在客观、唯物、辩证的立场上来观察民族戏剧的群体与个体文化行为。所涉猎的戏剧对象主体之群体形式，是指一种包含若干戏剧对象个体，并集中表现所有个体戏剧行为共性和历史继承性的群体。按其组织规模与范围，可分为民族、社区、班社三个主要层次。

2. 民族，或称族群，是包含学术界通常所理解的原始部族、氏族、部落和现代民族等处于不同社会发展阶段的不同人类共同体形态。民族戏剧工作者在进行田野调查的过程中，只能在“共时性”的现代民族文化背景下，于“历时性”的逆向考察研究中，触摸原始、古代的各历史阶段民族共同体的戏剧事象。

无论是中国，还是东西方各国各民族，因在特定的语言、地域、经济文化生活和心理素质诸方面的制约和影响下，其民族传统文化之民族性格、民族特色、民族品格，以及民族文学、艺术、戏剧等都呈现出各自不同的文化形态。我们不能仅靠总体民族物质的宏观认识和抽象理解去开启民族戏剧文化的大门，而更重要的是要求研究者能亲身深入到民族戏剧对象的结构内部中去，观察民族群体的细部，对戏剧事象进行更为细致和具体的考察。

3. 社区，亦可称之为支系，是指现代民族内部不同自称或他称的，并在语言、地域和经济文化上具有某些特殊性的局部族群单位。各个少数民族因为分散在不同地域而形成若干大小支系，居住辽阔、人口众多而无自称支系的汉民族，则根据方言不同，按区、村、社等小聚居范围而形成不同的群体社区。

一个民族的支系群体或社区群体，既是该民族传统戏剧客体多样化风格和地域性特征的直接缔造者，又是这个民族戏剧文化客体共性的局部体现者。若干社区群体，或支系群体所创造的传统戏剧品种和戏剧风格的总和，即构成一个民族传统戏剧的全貌和总体特征，因而对此类民族分支群体的传统戏剧创造力及其所形成的戏剧事象的构成因素和规律的考察研究，一直是民族戏剧学研究对象主体的重点内容。

4. 班社，或社团，是指一个民族支系或民族社区内部被某一特定传统音乐实践活动维系在一起的共同协作操纵某类具体戏剧品种，并在组织结构上具有相对稳定性的微型社会群体。诸如民间歌舞班社、礼仪演唱小组、戏曲社团、地方戏自乐班等。他们生活在民族区域的最底层，于基层社会环境之中，培养人才，传承技艺，促进民族戏剧文学艺术的发展。

在世界各地，由个体表演艺术工作者所组成的戏剧文化社团，不仅生活在世俗基层，从事频繁的民间戏剧演唱活动，而且经常出现在庙宇、田间地头、院落演出。祭坛的宗教祭祀场面，配合巫师、法老、僧侣、主教等，敷演带有浓郁宗教色彩的小型戏剧。

民族戏剧对象主体中的个体形式，即指活跃在传统戏剧生活中的不同性别、年龄、身份和职业的各民族戏剧民间艺人、专业演员、戏剧作家、戏剧舞美、戏剧音乐工作者等。他们是构成民族、社区、班社等各个社会层面戏剧对象主体的个体成员。

戏剧调查报告的研究意义和作用具体表现在，其一是客观、真实地再现各民族社会戏剧生活的时代风貌，反映戏剧种类的现存状况及其文化底蕴。作为历史记录的宝贵资料，为提高人们对各民族传统戏剧内容、形式、内涵与外延的认识能力创造条件。其二是为了研究各民族传统戏剧，并探索其发展与演变规律，提供和储存科学的材料和实证依据，客观、准确地反映传统戏剧在历史与现实文化生态环境中的兴衰存亡，借助于调查报告而形成的理论著述，为相关文化部门发掘、保护、发展民族戏剧文学艺术制定政策和策略，提供具体事实和理论依据。

调查报告是专家学者经过田野工作用于总结，是反映调查研究成果的一种常用文体，其鲜明特色主要体现在资料性与学术性两个方面。一般有两种文体形式，一是记录式调查报告，二是综合性调查报告。记录式调查报告多用于反映报告人讲述的某一调查事象与主题；综合性调查报告是在搜集大量资料的基础之上，经过分类整理，分析研究所形成的科研成果。据中央民族大学著名学者宋蜀华、白振声强调："实地调查最重要的成果是完成调查报告，而实地调查记录的质量，对于完成调查报告有直接的影响，因而，在调查报告过程中，认真做好调查资料的记录是十分重要的。民族学实地调查方法是民族学研究的基本方法，是民族学发展的推动力。”[1]同样，实地调查方法也是戏剧学“研究的基本方法”，也是民族戏剧学“发展的推动力”。

爱尔兰都柏林大学中国研究院讲师李岚有一部著作《信仰的再创造——人类学视野中的傩》。作者在英国贝尔法斯特女王大学攻读社会人类学博士学位，在此期间她在中国黔东南铜仁地区德江县土家族深溪村寨做为时一年的田野工作，考察这里的傩堂戏文化。她在“绪论”开篇写道：“面对一个宗教信仰仪式，社会人类学家感兴趣的，并不仅仅是这个仪式本身的特征，诸如仪式的起源、定义、分类、传播与发展、表现形式等等，而是隐藏在这一仪式背后真实的社会事实，以及该仪式与这些社会事实之间的有机联系。通过这些联系，社会人类学家试图了解发明并且不断再创造一个信仰仪式的原因是什么，从而揭示人类从事社会——文化活动的规律。”[2]

此书共分十一章：绪论，对深溪村寨的人种学描述，祖先崇拜与傩，傩宇宙观，傩法师，许愿还愿，傩戏，国家意识形态与傩，党——国家政策与傩，文化开发与傩的商品化，余论：傩所面临的挑战。“傩戏”一章，是民族戏剧文化研究的中心章节，主要分为三节，即傩戏对社会规范的批评、超越、反叛，傩戏仪式群体的形成及其意义，傩戏的再创造。

李岚的《信仰的再创造——人类学视野中的傩》是一本试图运用当代西方人类学的研究方法探索中国传统思想信仰的著作。通过对一个具有几千年历史、融会了中国各种传统思想的宗教仪式的考察和分析，李岚提出了对中国信仰的一系列看法。她认为信仰并非一成不变的系统，而是一个不断再创造的过程。这决定了一个民族的信仰不可能存在一个所谓的断带。即使在深刻而巨大的社会转型时期，一个民族仍然不可能完全脱离原有的基础去重构它的思想信仰体系。旧有的思想信仰会受到社会变迁的挑战，但是，它只有被不断再创造，而不是被彻底抛弃。通过对傩这个个案的研究，李岚发现，中华民族形成自己独特的思想信仰体系的社会根基远远没有消失，这体现在现今中国的社会组织形态、人与人之间的关系，以及城乡之间千丝万缕的社会联系等方面。这说明无论一个社会变革的深度和广度如何，它不应该也不可能完全改变一个社会的个性特征。因此，与一个既定的社会基础相联系的民族思想信仰注定不会脱胎换骨。深刻

① 宋蜀华、白振声主编：《民族学理论与方法》，中央民族大学出版社，1998年版，第201页。
② 李岚著：《信仰的再创造——人类学视野中的傩》，云南人民出版社，2008年版。

的社会变迁必然迫使原有的思想信仰发生变革，但这一变革只会去除某些失去合理存在条件的信仰因素，吸纳一些新的符合合理存在条件的信仰因素。清醒地意识到这一点，在21世纪经济——文化全球一体化的进程中显得格外重要。

在《信仰的再创造》中，作者特别强调了能动的个体在再创造过程中的重要作用。她认为这一个体的能动性构成了信仰再创造的动力，它源于人基于利害计算做出的行为决定。因此，李岚指出，尽管以国家权力、意识形态、制度、政策等等为代表的社会结构对人的再创造具有不可抗拒的制约力量，个体并非完全被动地接受这一制约，个体不会让自己的创造力闲置起来。能动的个体在社会前进的过程中，不断根据自身利益的需求对各种各样的信仰做出选择，这一不断的选择形成了一个民族思想信仰不断再创造的河流。

根据西方人类学的研究方法，《信仰的再创造》基于深入细致的社会考察。按照社会人类学的术语，这样的考察叫"参与式观察"，即研究者不仅要前往被调查的人群中进行观察访谈，还要与被调查的人群生活在一起，参与他们的社会生活和实践，从而获得对被调查对象的真正了解。为了完成这一思想信仰的研究，李岚从事这样的参与式观察长达9个月，并在事隔11年以后，对这一地区的人群进行了回访。这样的考察使这一思想信仰的研究具有深厚扎实的第一手资料做基础。作者的基本观点的形成，来自对被调查对象的深入观察和体验。除此以外，根据中国社区的特点，李岚还主张跳出西方功能主义人类学派的局限，把研究对象放在历史演进的长河中，在运动中研究它的发展变化过程和规律。她强调，每一个在参与式观察中所看到的现象，不管看上去有多么微小，都应该与历史联系起来。而一旦我们这样做了，这一现象的不稳定性、变化性、趋于不完美性等特征就会立刻凸显出来，从而把社会变迁以及这一变迁对一个民族思想信仰的深刻影响展示在我们面前，进而帮助我们找出被考察对象的历史渊源和发展规律。

基于这样的研究方法，《信仰的再创造》不仅对国民的思想信仰问题作出了深入的分析、提出了独到的见解，而且还在傩仪式与民族戏剧的研究方面开辟了一个新的研究角度。正如李岚所言，面对一个宗教仪式，社会人类学家感兴趣的，并不仅仅是这个仪式本身的特征，诸如仪式的起源、定义、分类、传播与发展、表现形式等等，而是隐藏在这一仪式背后的社会事实以及该仪式与这些社会事实之间的有机联系。这一社会人类学的研究角度使傩仪式的研究超越了传统的思路，与国际同类研究接轨，达到了一个新的学术高度。

（四）论证性论文的写作

论证性论文亦称阐释性论文。民族戏剧阐释是建立在科学描述基础上的关于戏剧事象成因和因果关系的科学理论。正如C·恩伯与M·恩伯夫妇在《文化的变异》一文中所言："在科学上，理解就意味着进行阐释，因此，科学的主要目的就是获得可靠的阐释。"论证性论文不仅需要从形态角度和文化角度进行戏剧事象的模式分析，即把整体的、复杂的戏剧对象分解为各个元素，并对被分解的戏剧的各个部分和各个元素以及它们之间的相互关系进行理性的深化阐释，从而完成戏剧事象整体构成规律、类型和特质的模式化分析研究。另外，还需要根据情况对多种戏剧事象与类型进行总体性比较研究。此即科学、系统的"联系比较阐释"，或从历史角度，或从类型角度进行联系比较阐释。

历史的"联系比较阐释"的基本特点是通过不同的民族、不同的地区的某些历时性的戏剧文本、文献、文物与实物中相似或相异的纵向比较描述，逐步推论出其图文的历史形貌、联系、变异过程，进而演绎出与此戏剧事象历史相通的艺术规律。在比较学科来审视，可将其称之为戏剧历史影响阐释。

类型的"联系比较阐释"，即所谓的区域或平行比较阐释。其特点是通过不同民族、不同地区的若干共时戏剧事象及文本、文献、文物与实物中相似或相异的横向比较描述，进行戏剧多样化类型与戏剧分类学、变异学等学说研究。民族戏剧学专家在进行学术调查时，经常要在不同地区抽样调查，从中获取不同的"量度"识别其学术价值。

一般来说，田野调查报告的写作，或社会实践调查报告的写作要经过以下五个程序：

（一）确定主题，主题是调查报告的灵魂，对调查报告写作的成败具有决定性的意义。因此，确定主题时要注意：报告的主题应与调查主题一致；要根据调查和分析的结果，重新确定主题；主题宜小，且宜集中；与标题协调一致，避免文题不符。

（二）取舍材料，对经过统计分析与理论分析所得到的系统的、完整的调查资料，在组织调查报告时仍需精心选择，不可能也不必都写上报告，要注意取舍。

（三）在现有有用的材料中，要比较、鉴别、精选材料，选择最好的材料来支持作者的观点，使每一份材料以一当十。

（四）布局和拟定提纲，这是调查报告构思中的一个关键环节。布局就是指调查报告的表现形式，它反映在提纲上就是文章的骨架。拟定提纲的过程实际上就是把调查材料进一步分类、构架的过程。构架的原则是：围绕主题，层层递进，环环相扣。提纲或骨架的特点是它的内在的逻辑性，要求必须纲目分明，层次分明。

调查报告的提纲有两种，一种是观点式提纲，即将调查者在调查研究中形成的观点按逻辑关系一一地列写出来；另一种是条目式提纲，即按层次意义表达上的章、节、目，逐一写成提纲；也可以将这两种提纲结合起来制作提纲。

（五）起草调查报告，这是调查报告写作的行文阶段。要根据已经确定的主题、选好的材料和写作提纲，有条不紊地行文。写作过程中，要从实际需要出发，选用语言，灵活地划分段落。

在行文时要注意：结构合理（标题、导语、正文、结尾、落款）；报告文字规范，具有审美性与可读性（文章段落的条目观点）；通俗易懂。注意对数字、图表、专业名词术语的使用，做到深入浅出，语言具有表现力，准确、鲜明、生动、朴实。

我们从中国社会科学院文献信息中心研究员黄育馥的《京剧·跷和中国的性别关系》①一书可获知戏剧文化阐释的方法与内容。此书是她在美国哈佛大学学习文化人类学，后在日本御茶水女子大学获社会人文博士学位的论文的基础上修订的戏剧人类学著作，是民族戏剧学领域的重要著述。本书通过剖析京剧中的道具——跷在本世纪的兴衰过程，分析女性社会地位的变化及其成因。为运用现代人类学、民族学、社会学方法研究中国传统文化的代表作。

这是一部由三联书店出版的优秀的戏剧社会学著作。作者黄育馥女士是中国社会科学院研究员，1967 年毕业于北京大学西语系，八十年代赴美国哈佛大学进修，1995 年在日本获人文科学博士；从 1979 年起，专事社会学领域的研究，尤以女性研究为重点。社会学涵盖面很广，女性专题成百上千，何以作者选择跷功这个已被历史淘汰的戏曲技艺而进行专题研究，且其书能被列为“三联·哈佛燕京学术丛书”之一而出版呢？而将这一戏曲专题列入这么高的国际性学术地位，更值得注意。作者选择这一专题进行研究，有其自身的优越条件：其母黄玉华曾长期与李少春、袁世海、叶盛章合作演出，更是名剧《秋江》在国外的首演者；她本人则从小耳濡目染，对京剧极熟也极有感情。更重要的是，她的母亲及一些工旦的师伯、师姨们，都踩过跷，有的跷功极高。这使她对京剧的跷的兴衰存废以及它的技艺功能和长短甚为了解，从事此专题研究自有得天独厚的条件。作

① 黄育馥著：《京剧·跷和中国的性别关系》，三联书店出版，1998 年版，第 141 页。

为社会人类学学术专著，作者做了大量调研，访问了许多健在的老艺人(有的在访问之后不久就去世了)，研讨了中外大量文献资料，广征博引大量实例、图片和表格来示意，治学严谨，论述周密，成为研究民族戏剧文化的一个成功的范本。

黄育馥在此书的导言“研究的目的和范围”中指出：此项课题“拟从一个全新的角度来看京剧，即从社会学和性别研究的角度，把京剧作为一种社会文化现象，把京剧的历史作为一部了解中国两性之间关系变化的社会史来研究”。对中国具有民族代表性的“国剧”研究预计达到如下三个目的：“第一，对什么是跷做出具体而准确的描述。”“第二，从社会——文化的角度对 1902—1937 年跷在京剧舞台上的兴衰变化作出分析。”“第三，本书试图说明，跷所体现的美学标准和跷的主要功能随着时间的流逝而发生变化。”

在“研究的背景”中作者“拟从两个方面作出前人不曾作过的新的尝试：1. 从性别研究的角度看京剧；2. 对跷这一特殊的京剧道具进行社会学的分析，把在本世纪发生的与它有关的变化作为京剧界内性别结构变化的一种表现”。

在“论证的依据”中她拟定的研究图文依据有六方面：“1. 第一手资料，其中包括笔者访问年老和年轻的京剧演员、乐师、化妆师、剧作家、导演以及京剧界领导同志的谈话记录。2. 为从事此项研究而拍摄的照片或访问者提供的照片。3. 京剧艺术家们的来信。4. 19 世纪末，20 世纪初的官方文件或发表在报纸杂志上的文章。5. 清代以来出版的有关京剧史和戏曲研究的著作以及老艺术家回忆录。6. 国外出版的有关京剧的文献。”另外，还有三个附录，即“访谈记录和信函(摘要)；余玉琴和王瑶卿艺术生活年表；跷在京剧中的使用及相关历史事件对照表。”其中“访谈记录和信函”包括根据谈话录音整理的 6 个访谈录，即访问程玉菁、李金鸿、周金莲、赵德勋、秦雪玲、马玉秋老艺人的文字记录，其中有时间、地点、被访问者、采访者姓名、艺人年龄、性别、职业、行当、照片、简介、问话文字记录，以及术语注释。有两封书信，即张美娟和齐英才的来信，王荣增致李金鸿的信，亦有三人简介与书信内容，以及重要注释。“余玉琴和王瑶卿艺术生活年表”是两位相差 13 岁的跷功大师的年代、年龄、事件之对照表，后附“本表资料来源”与“注释”。“跷在京剧中的使用及相关历史事件对照表”，则设年代、社会事件、跷在京剧中的使用三个栏目，从中可窥视京剧跷功的演变历史及演出形式。

从上述课题设计的文字来看，黄育馥研究员深受美国与日本人类学学术方法的影响，所著《京剧·跷和中国的性别关系》一书是从中国社会学、民族学、戏剧学角度来审视已经流逝的京剧跷功艺术的历史与学术价值。

在"结论和今后的课题"中,作者富有感情地写道"如实地记述和科学地分析京剧中包含的传统文化遗产,是一项十分紧迫的任务和有意义的工作。之所以说它有意义,是因为京剧是一座尚有待于社会科学家去进一步开发的文化宝藏。本书只选择了围绕着跷这一小小的舞台道具发生的变化作为视点"。由此出发,她认为今后还有许多与跷有关的问题需要解决:"例如,在1937—1952年之间京剧界在踩跷表演中有无新的变化?人们,包括男女演员和观众,对待软跷的态度如何?20世纪初王瑶卿及其追随者的废跷与1952年以后的废跷有何不同?80年代跷在京剧舞台上重新出现的社会文化背景如何?公众对此作何反应?……这些都是在今后的研究中将继续探讨的问题。"

四、民族戏剧学田野调查学术成果

关于我国民族戏剧学田野调查所做的学术成果,较为突出的是教育部人文社会科学重点研究基地中山大学非物质文化遗产研究中心,该科研部门组织编写的"中国皮影戏的历史与现状"研究丛书与"岭南濒危剧种研究丛书"是近年中国传统戏剧实地考察的丰硕成果。如后套丛书中业已完成与出版的"正字戏"、"白字戏"、"西秦戏"等即为此领域提供了成功的范例。

另外是台湾"清华大学"的王秋桂教授策划并主持的"中国地方戏与仪式之研究计划",陆续编辑出版了九辑八十四种相关著述,其中大多数是民族戏剧学田野调查所做的学术成果。为此作出重要贡献的王秋桂,是台湾大学学士(1965),硕士(1969),英国剑桥大学博士(1978),历任台湾大学外文系教授、主任,美国哈佛大学访问学人,普林斯顿大学东方图书馆中西文书目专家,"清华大学"(新竹)中文系及文学研究所教授、人文社会学院代理院长、历史所及人类学所教授,墨尔本大学访问研究员,蒋经国国际学术交流基金会副执行长,玄奘大学宗教系讲座教授。现任东吴大学讲座教授,施合郑民俗文化基金会总干事,《民俗曲艺》总编辑。1991至2000年间主持"中国地方戏与仪式之研究计划",2006年7月起主持"历史视野中的中国地方社会比较研究:中国村落中的宗族、仪式、经济和物质文化"计划。主编《民俗曲艺丛书》(已出版83种),《中国传统科仪本汇编》(14种,已出8种),《中国诀罡秘谱汇编》(3种,已出2种),《中国节日丛书》,《中国民间故事全集》,《中国民间信仰资料汇编》等,其中涉及中国传统戏剧文化实地调查所获成果者诸如下述:

段明著《四川省酉阳土家族苗族自治县双河区小冈乡兴隆村面具阳戏》，王跃著《江北县复盛乡协睦村四社谌宅的“庆坛”祭仪调查》，毛礼镁著《江西省万载县潭阜乡池溪村汉族丁姓的“跳魈”》，王兆乾、王秋贵著《安徽省贵池市刘街乡源溪村曹、金、柯三姓家族的傩戏》，叶明生著《福建省邵武市大阜岗乡河源村的“跳番僧”与“跳八蛮”》，蒙国荣著《广西省环江县毛南族的“还愿”仪式》，王秋桂、庹修明计划主持《贵州省德江县稳坪乡黄土村土家族冲寿傩调查报告》，庹修明、杨启孝、王秋桂著《贵州省岑巩县平庄乡仡佬族傩坛过职仪式调查报告》，黄竹三、王福才著《山西省曲沃县任庄村〈扇鼓神谱〉调查报告》，王秋桂、沈福馨编《贵州安顺地戏调查报告集》，胡天成著《四川省重庆市巴县接龙区汉族的接龙阳戏》，于一、王康、陈文汉著《四川省梓潼县马鸣乡红寨村一带的梓潼阳戏》，徐宏图著《浙江省东阳市马宅镇孔村汉人的目连戏》，任光伟著《辽宁民香的考察与研究》，于一著《四川省芦山县清源乡芦山庆坛田野调查报告》，赵建新编著《陇东南影子戏初编》，庞绍元、王超著《广西省柳州师公傩的文武坛法事》，王秋桂、庹修明著《贵州省岑巩县注溪乡岑王村老屋基喜傩神调查报告》，皇甫重庆著《贵州阳戏(以罗甸县栗木乡达上村邓氏戏班为例)》，余大喜、刘之凡合著《江西省南丰县三溪乡石邮村的跳傩》，李怀荪著《湖南省黔阳县湾溪乡的观音醮和辰河木偶戏香山》，张子伟著《湖南省永顺县和平乡双凤村土家族的毛古斯仪式》，王跃著《四川省江北县舒家乡龙岗村刘宅的还阳戏》，郭净著《西藏山南扎囊县桑耶寺多德大典》，叶明生、刘远著《福建龙岩市苏邦村上元建幡大醮与龙岩师公戏》，任光伟、孙英著《东北汉军旗香的考察与研究》，张子伟主持发掘，向荣、陈盛昌整理《湖南省泸溪县辰河高腔目连全传》，张子伟、张子元著《湖南省花垣县排碧乡黄岩村苗族的椎牛祭》，胡天成著《接龙丧戏(重庆市巴县接龙乡刘家山合作社杨贵馨五天佛教丧葬仪式之调查)》，冯俊杰编《太行神庙及赛社演剧研究》等。

康保成教授在《中国戏剧史研究入门》一书中评介：此套丛书自 1993 年以来，“现已经出版九辑八十四种。本丛书从内容上可分为五大类，即调查报告、资料汇编、剧本或科仪(集)、研究专著和论文集。”“除了少数研究论著之外，本丛书主要可看成是关于仪式与地方戏的田野调查资料集成。对于如何从人类学、社会学角度从事戏剧史研究具有参考价值和资料价值。”①

① 康保成著：《中国戏剧史研究入门》，复旦大学出版社，2009 年版，第 204 页。

在进行中华各民族戏剧文化田野调查与学术研究时，很有必要汲取西方一些国家的文化人类学家的实地考察经验。如法国巴黎社会科学高等学院社会人类学学者庄雪婵的著作《逢场作戏》，此书对五种中国地方戏曲形式在民间的生存情况进行田野调查，它们是江西省东南部石邮村傩戏、四川成都望江剧团川剧、山西芮城黄河蒲剧、河北滦州皮影戏、北京京剧。她在此书"前言"中写到地方传统戏特殊的功能："成都望江剧团之所以重新演出《王灵官镇灵》，直接目的就是为了镇住剧院内外那挑起人际争端的鬼怪。因为鬼邪被镇住后，心境平和的观众们就会把安详带回家中、带给家人。"

江西省东南部石邮村傩戏仪式于正月初一"起傩"，正月初二至十六是"跳傩"，接着是"搜傩"、"圆傩"。另外书中写道："石邮傩包括了许多相互密切渗透的礼和戏。这种傩戏是围绕着两个主题展开的：'送吉祥'是其积极的'戏曲化'的一面，也是娱乐性的快乐的载体；而'驱鬼'则是其消极的一面，强调的是驱邪的礼仪。这两个方面相互联系并不对立。由不同但互为补充的元素构成的石邮傩戏体现的是一种完整的同质的体系，其首要目的是保佑村庄的和谐，即保佑家庭家族社会关系的顺畅。"庄雪婵在多次考察北京京剧票房与票友的情况后认为：

> 就像傩戏和川剧一样，京剧的票友团体中，总是和他们在一起；而不像江西傩戏或川剧之中的神只有在一些特殊的日子比如新年才出现。相对于"神"，"神仙"一词更有特殊意味，专指神化了的人。对票友来说，乐趣里也包含着礼仪，但他们把这种礼仪日常化、个人化了。[①]

她在"后记"中如此感悟："在我看来，中国戏曲，不管是这本书里描绘的哪一个剧种，都反映了中国社会一种持久和一致的画面。中国戏曲剧种的差异显示出中国戏曲的丰富性。在这纷繁的差异中，我这双西方的眼睛却看到了一种共同的规律，那就是礼乐关系的普遍存在。在我看来，在急速变幻的当代中国社会中，戏曲代表了一种永恒。"

在探索与研究从社会基层与农村、牧区所调查、收集的民族戏剧资料时，不能忘却对其作学术现状与理论上的识别与分析。民族戏剧史学与理论进入二十

---

① （法）庄雪婵著：《逢场作戏》，南京大学出版社，2009年版，第232页。

世纪末时，学术界努力将其学术研究视野向深层次拓展和趋于多元化，无论是戏曲、话剧、歌剧史学界都存在着许多必须解决的难题，都有着多学科建设和体系化的强烈追求。秦华生在《中国戏曲理论建设30年》认为新时期中国戏曲史学可分为两个阶段："一、奠基期（1979—1989年）"，"二、初建期（1990—2008年）"，并对所取得的戏剧史学成果与不足提出两点看法："其一，戏曲理论与戏曲创作有所脱节。面对丰富多彩的各戏曲剧种的创作和演出，戏曲研究队伍较为注重文本、概念，而对表演、导演、音乐、舞美及市场运营、新观众心态变化研究较少、较浅，凸显出戏曲理论人才队伍的知识结构问题。其二，戏曲理论界与当今思想理论发展大趋势有所游离，对社会转型期遇到的新问题，缺乏敏锐的反映和深入剖析，因而与迅速发展的时代有所疏离。"

胡星亮在《二十世纪中国戏剧研究的几个问题》中指出，20世纪中国戏剧研究的基本现状："第一，是较多注重话剧研究，较少关注戏曲及歌剧等的研究。第二，就话剧研究来说，较多注重现代，而较少关注当代。第三，就话剧、戏曲及歌剧的研究现状看，较多注重戏剧文学，较少关注戏剧舞台艺术。第四，就话剧、戏曲及歌剧的研究现状看，注重戏剧文学又较多集中在剧作家，而较少关注戏剧理论、观念、文体、形式、思潮、流派等的研究。第五，话剧、戏曲及歌剧的研究，又较多注重戏剧现象，而较少理论意识与理论的探索。第六，对20世纪中国戏剧，还较多注重话剧、戏曲、歌剧等的独立研究，而较少作为'大戏剧'的综合研究。"

傅谨在《20世纪中国戏剧史的对象与方法》一文中认为："20世纪中国戏剧史研究在对象与方法上长期存在严重的缺陷。现当代文学史和戏剧史无视本土戏剧的存在、成就和影响，使中国戏剧史出现一条巨大裂痕。陈白尘、董健主编的《中国现代戏剧史》，基本上只叙述从'五四'新文学运动开始到1949年的话剧历史。中国戏剧发展的历史仿佛在'五四'中断了，曾经在长达近千年的时间里作为中国民众最重要的文化娱乐方式的民族戏剧，仿佛已在一夜间为西方引进的话剧取而代之，而理解成话剧的引进与发展的过程，把剧种的分野当成现代性的分野，将本土戏剧排斥在现代化进程之外。假如我们翻开几乎任何一本《中国现代文学史》，立刻就可以发现，中国本土的戏剧样式——国剧似乎在一夜之间从文学版图中消失了。"

将中国戏剧戏曲与话剧两大类型人为地分离，对中国戏剧学科的建立与发展造成的负面影响必须矫正。在世纪之交回顾与展望百年中国话剧研究时，董健先生曾大声呼吁："话剧研究要补课！第一要补'现代意识'的课；第二要补科学的'戏剧学'的课;第三要补'戏剧史料学'的课。"他所主编的《中国现代戏剧总目提要》是第一次对中国现代戏剧剧目进行全面的搜寻、甄别与整理,作为迄今中国现代戏剧史料建设的第一大工程,在现代戏剧研究史上具有里程碑的意义,显示了现代戏剧研究的新进展,标志着现代戏剧研究跃上了一个新的平台。

但是因为他过于钟情于现代话剧,而轻视传统戏曲,受到一些戏剧理论家的批评,如在《艺术百家》中有一篇龚和德写的《谈董健先生对戏曲的形式歧视》,文章说:"董先生是中国戏剧现代化积极而又勇敢的推进者。但他的戏剧现代化理论是有缺陷的。他所勾画的中国戏剧从古代到现代的'链条'中,整个中国戏曲都是古典戏剧,一进入近现代,戏曲就在这根'链条'上断裂了,只有话剧才是现代戏剧。"认为虚拟"做假"的地方戏曲只能陪衬作现代戏剧的"文化遗产"[①]。

他在20年前发表的《中国现代戏剧史稿》"绪论"提出:"接受西方戏剧美学的影响,以更适于表现现代日常生活的写实手法取代旧戏中虚拟性和程式化的表现手法,以接近生活本来面貌的对话和动作取代旧戏的'唱、念、做、打',也就是说,以散文化的话剧取代诗、词、曲融为一体的古典戏曲。"这多少反映了中国话剧理论界与戏曲学界因观念上的分歧而导致中华民族戏剧研究的两股人马分道扬镳的深层原因。

而田本相主编《中国现代比较戏剧史》"绪论"却是另一种态度,他指出:"中华民族并不是一个保守的民族,在她的绚丽灿烂的历史文化艺术中,曾以其博大的胸襟和高度的胆识魄力,吸收并融化了外来文化艺术,丰富壮大了民族文化艺术的宝库。"并认为中国话剧接受史学的价值在于"在中国话剧的历史发展中,始终伴随着一个如何吸收借鉴外国戏剧的问题:是因袭、模仿、全盘照搬、食洋不化,还是有选择、有批判地吸收借鉴并由此导致创造性的转化。"他又说:"民族主体,也可以说是文化和语言的主体。对外来戏剧的民族化的改造,在戏剧语言的民族化过程中是相当艰难的,戏剧语言的转化,是最深刻、最细微、最内在体现着对外来戏剧形式的把握,也意味着话剧民族化的创造性转化。"实际上是在重复早在1939年张庚在延安鲁艺提出的"话剧民族化与旧戏现代化"的重大课题。

满新颖在《二十世纪上半叶中国歌剧遗存的历史问题》中也道出了对20世纪上半叶的中国歌剧史研究的深深困惑。他认为在此中国歌剧发展过程中最为重要的关键时期存在如下死穴:"一、对歌剧本质认识模糊;二、描红少、借鉴不

---

① 龚和德著:《谈董健先生对戏曲的形式歧视》,《艺术百家》2008年第6期。

够；三、缺少‘现代性意识’、存在‘同步错位’现象；四、思想性与艺术性不平衡；五、作曲家的原创力不足，主体意识弱；六、拼接思维利少弊多；七、歌剧发展需要理性的民族文化心态和真正的人文精神。”“上述弱点在延安时期的秧歌剧和其后的‘新歌剧’中表现最为明显，一旦某作品被政治环境认可或取得成功后，接着就会复制出大量缺乏艺术个性和生命力的歌剧作品。建国后一段时间里，背离歌剧规律的做法经过激烈论争，虽有所好转，也产生过一些好作品，但‘文革’刚开始，传统文化的劣根性就迫使歌剧提前窒息，使其寿终正寝。”

关于中国传统戏剧应该走的研究路径，可见廖奔在《东西方戏剧的对峙与解构》（上海辞书出版社，2007 年版）一书，其下篇“中西戏剧文化互渗二千年”专设“汲取西域”一章，在梳理中外戏剧交流的历史时指出：于中古以前，“西域乐舞与梵呗说唱对中原戏曲”影响非常大，“梵剧的东渐”、“西域戏剧”的输入为中国古典戏曲“一、准备了曲调曲律；二、准备了乐器；三、刺激了歌舞剧的发展；四、刺激了叙事文体和音乐结构的发展；五、直接提供了题材内容”。并指出：“中国戏剧的形成发展在世界上不是一种孤立的文化现象，它的过程始终贯穿着世界戏剧的文化对流与互渗。”[①]因此，探索中华民族戏剧的起源、流变与转型不能绕过西域、印度、波斯、埃及、希腊诸国的影响。

周华斌在《中西戏剧文化交流史》（人民音乐出版社，2002 年版）“序言”中倡导的“大戏剧”概念为我们研究中华戏剧指出一条新路，他指出：“对历史文化的研究，我赞赏‘走出书斋、再回到书斋’的学术途径。赞赏文献、文物、田野调查三结合的学术方法。至于戏剧史的研究，则崇尚‘大戏剧’观念，将戏剧当作一种文化，一种人类普遍存在的文化意识形态。”“戏剧的基本特征是‘扮演——通过扮演来叙事，来表情达意，来获得欢娱，来传播思想、观念、道德、文明。在专业分工不十分明确的人类文明的童年，诗歌、乐舞与戏剧交错的现象十分普遍。”康保成在《以开放的心态从事中国戏剧史研究》中昭示：“周华斌先生提出‘大戏剧’概念，认为广义的戏剧不仅包括话剧、戏曲、歌剧、舞剧、木偶剧、皮影戏等传统戏剧品种，也应包括电影故事片、动画片、广播剧、电视剧。我对此极为认同。”[②]事实上，只有持此种正常的、科学的态度才能面对中华戏剧文化研究这样的大课题。

中山大学康保成教授的《中国戏剧史研究入门》[③]一书虽然针对从事戏剧戏

① 廖奔著：《东西方戏剧的对峙与解构》，上海辞书出版社，2007 年版。
② 李强著：《中西戏剧文化交流史》，人民音乐出版社，2002 年版。
③ 康保成著：《中国戏剧史研究入门》，复旦大学出版社，2009 年版。

曲学学科的高校研究生，其实也同样适用于民族戏剧学学界的一般研究人员。

他首先提到，中国艺术研究院孙崇涛研究员在《戏曲文献学》①中从戏曲目录学、版本学、校勘学、编纂学的角度，将“宋元杂剧”、“元明杂剧”、“宋元明戏文”、“明清传奇”、“近现代地方戏”的目录、版本情况进行了介绍。再言及丘琼荪先生在《历代乐志律志校释·序》中的观点：“在意于了解历代音乐概况者，有志于研究我国音乐史、乐律史、乐制、乐器、乐调、民族音乐、域外音乐，乃至歌曲、舞蹈、戏剧、散乐、曲艺等等之兴亡隆替及其衍变流转情形者，请先于历代《乐志》、《律志》中求之。”②并指出：“中国戏曲目录不应该只是作家作品目录”，“它应该是容纳戏曲文学、剧种、声腔、表演、音乐、舞美、服饰、道具、理论、音像资料等”在内的综合目录。康保成教授认为：

> 宽泛意义上的戏剧文学史应该涵盖以下几大部分：1. 包括戏剧起源、形成诸问题在内的上古至宋代的戏剧和前戏剧形态演进史；2. 宋代以来迄于1949年，戏剧作家作品、戏剧论著及其他文献、文物资料中所反映的戏剧文学嬗变史；3. 对古代戏剧文献及戏剧理论的研究；4. 迄今仍在上演的京、昆及汉族各地方戏剧种、特殊剧种（如傩戏、傀儡戏、皮影戏等）和少数民族戏剧中的文学部分。③

关于搜集与田野调查有关联的戏剧资料之事，康保成花了许多笔墨：“整个戏剧史料，都应该包括上述各分支学科的内容在内。”可将“中国戏剧史料分为五大类，即：一、史书‘乐志’及其他音乐论著中的戏剧史料；二、杂剧、传奇及其他剧本中的戏剧史料；三、历代笔记、小说与地方志中的戏剧史料；四、碑刻中的戏剧史料；五、口述戏剧史料。”

“地方志中有大量的地方戏、傩戏、目连戏、皮影戏甚至文明戏、话剧的史料，为其他文献所不载。要研究地方戏和地方民俗，务必先要看当地的地方志。《荆楚岁时记》中有关傩戏资料的记载，大概是地方志与戏剧结缘之始。明代及以后的地方志中，有关戏剧演出的记载比比皆是。笔者撰《傩戏艺术源流》一书，曾较多地利用了地方志材料以辨明戏剧史上的一些问题。”

---

① 孙崇涛著：《戏曲文献学》，山西教育出版社，2008年版，第87页。
② 丘琼荪著：《历代乐志律志校释·序》，人民音乐出版社，1999年版，第9页。
③ 康保成著：《中国戏剧史研究入门》，复旦大学出版社，2009年版，第79页。

"口述戏剧史料可大致分为三部分，一是口述剧本，二是著名演员的回忆录，三是停留在老艺人脑中、口中，尚需深入调查采访的史料。""无论中外，戏剧都由剧本文学和场上表演两大部分组成。""顾名思义，所谓'戏剧文学史'，应当是戏剧文学的历史，它是整个中国戏剧史的重要组成部分。毫无疑问，戏剧文学首先应当包括作家作品。不过，'文学'和作家作品之间并不能画等号。何谓'文学'？这是一个颇有争议的问题。但是仅仅把文学当成是'书面著作'之一种却无疑是一种偏见，因为它排斥了口传文学。事实上，文学的产生要远在文字产生之前。"①

戏剧人类学或民族戏剧学，特别是中国传统戏剧文化研究，对此做出突出贡献的是日本著名学者田仲一成。他是日本学界研究中国戏剧的权威人物。自20世纪80年代以来，田仲一成关于中国戏剧的研究成果层出不穷，其中《中国祭祀戏剧研究》具有里程碑式的意义。另外还有《中国宗教与演剧》、《中国乡村祭祀研究——地方剧的环境》、《中国巫系演剧研究》、《中国演剧史》、《明清的戏曲——江南宗教社会的表象》、《中国地方戏曲研究——元明南戏向东南沿海地区的传播》、《清代地方资料集》、《东亚农村祭祀戏剧研究》等，如此多的与中国戏剧有关的理论著述，可知他对中华民族戏剧文化的感情之深。

田仲一成先生多年来对中国民间祭祀戏剧的深入研究具有广泛影响力，但他的《中国戏剧史》可能是个例外，在已有的众多中国戏剧史著述里，他的这部观点独特的新著并没有引起多少注意。当然，田仲先生自己对这部新著的学术价值一定是充满自信的，这几乎是他数十年潜心研究中国戏剧的理论归宿。对于他个人的学术生涯而言，这部新著的重要性不言而喻——《中国戏剧史》是一部提出了学术新见的著作，而不同于他此前更为人们熟知、更擅长撰写的那些材料湮没了见解的田野考察报告。在这个意义上，研究与评价田仲先生的《中国戏剧史》，即使是着眼于研究田仲一成这样一位有国际声誉的中国戏剧专家的学术思想的角度，也有其特殊的意义；讨论田仲一成的《中国戏剧史》，我们需要注意到，他提出中国戏剧起源于乡村的祭祀仪礼这一独特观点。而更重要的是，对这部《中国戏剧史》的评价，尤其是对他有关中国戏剧起源的核心观点的评价，可以加深我们对民族戏剧学学术建构方法的认识。

田仲一成教授治学中国戏剧多年，出版发表了大量与之相关的学术著作，做

---

① 康保成著：《中国戏剧史研究入门》，复旦大学出版社，2009年版，第77页。

出了令世人瞩目的学术贡献。对此，北京大学袁行霈教授总结其田野调查之功：

田仲教授注重田野调查，从现存的民间演戏活动中获取大量生动的资料，参考历史文献，细心地加以整理分析，为我们重现了活生生的普通百姓的演戏与观戏的场面。为此，他长期在中国南方和东南亚华侨社会中实地调查，搜集了许多珍贵的文字资料和图片。他的《中国戏剧史》也因此而不同于其他已经出版的同类著作，而面目一新。①

田仲一成先生在中国戏剧领域的学术成就，主要集中在他对以香港新界为代表的中国民间社会的祭祀戏剧的田野考察与研究，尤其是对地方宗族组织在这些与祭祀密切相关的戏剧演出中的重要作用的揭示。这些成果的学术价值已经得到充分肯定。但是当他以此为基础论证中国戏剧的起源，尤其是主张中国戏剧的发生应该从乡村的祭祀仪礼中去寻找时，就已经跨入了另一个领域，而在这个领域要想得出令人信服的结论，还需要更多的知识。

五、民族戏剧学著述学术论文

包括汉民族与各少数民族戏剧文化在内的中国戏剧戏曲学，作为一门新兴的人文社会学科以及文化人类学之重要分支，在近现代与当代学术研究领域中甚为活跃，颇令世人瞩目。自从二十世纪初，我国著名文艺理论家王国维编撰了《曲录》、《戏曲考原》、《唐宋大曲考》、《古剧脚色考》、《宋元戏曲史》等多种戏曲研究著作。“其中，《宋元戏曲史》是他在戏曲研究上的带总结性的最重要的著作。这些著作，开启了本世纪中国戏曲研究的风气，为建立中国戏剧史学作出了开创性的贡献。”②

陈寅恪先生在《王静安先生遗书序》中高度评价王国维先生在中国传统戏剧文化上的研究成果与独特、先进的学术研究方法：

自昔大师巨子，其关系于民族盛衰、学术兴废者，不仅在能承续先哲将坠之业，为其托命之人，而尤在能开拓学术之区宇，补前修所未逮。故其著

① （日）田仲一成著，布和译，吴真校译：《中国戏剧史》“序言”，北京大学出版社，2011 年版。
② 叶长海著：《前言》，载王国维著：《宋元戏曲史》，上海古籍出版社，2008 年版。

作可以转移一时之风气，以示来者以轨则也。先生之学博矣，精矣，几若无涯岸之可望，辙迹之可寻。然详绎遗书，其学术内容及治学方法，殆可举三目以概括之者：一曰取地下之实物与纸上之遗文互相释证，凡属于考古学及上古史作，如《殷卜辞中所见先王考》及《鬼方昆夷玁狁考》等是也。二曰取异族之故书与吾国之旧籍互相补正，凡属于辽金元史事及边疆地理之作，如《萌古考》及《元朝秘史之主因亦儿坚考》等是也。三曰取外来之观念，与固有之材料互相参证，凡属于文艺批评及小说、戏曲之作，如《红楼梦评论》及《宋元戏曲考》、《唐宋大曲考》等是也。此三类之著作，其学术性质固有异同，所用方法亦不尽符会，要皆足以转移一时之风气，而示来者以轨则。吾国他日文史考据之学，范围纵广，途经纵多，恐亦无以远出三类之外。此先生之书，所以为吾国近代学术界最重要之产物也。今先生之书，流布于世，世之人大抵能称道其学，独于其平生之志事，颇多不能解，因而有是非之论。①

著名学者郭沫若在1946年著文赞誉："王国维的《宋元戏曲史》和鲁迅的《中国小说史略》，毫无疑问，是中国文艺史研究上的双璧。不仅是拓荒的工作，前无古人，而且是权威的成就，一直领导着百万的后学。"②自此类理论著述之后，近百年中已有大量有关戏剧戏曲学方面的论著、辞典、图录、类书与论文出版发行与刊布。其中如留学德国的王光祈撰写的《论中国古典歌剧》即为民族音乐与民族戏剧研究成功结合的论著佳作。

王光祈1930年在德国柏林大学撰写的博士论文《论中国古典歌剧(1530—1860)》③的"绪论"中征引了苏里埃·德·莫朗的《中国现代戏剧和音乐》、阿尔顿的《中国戏曲》二书。他认为："以前，在中国，人们把Opera一词仅仅理解为戏曲的一种形式，即有演唱、有音乐的一种戏剧。纯粹的'话剧'从未有过。"为此他出注："在中国古典戏曲音乐中，对戏曲剧本的自然语调与词义和戏剧性的情节二者，人们更注重前者，除此之外，欧洲'歌剧'(Opera)这一名词适合于中国戏曲。因为中国戏曲尤其是与欧洲歌剧某些类似，它也试图把唱段、吟诵、道白和

① 陈寅恪著：《王静安先生遗书序》，载《海宁王静安先生遗书》，1940年长沙商务印书馆石印本。
② 郭沫若著：《鲁迅与王国维》，《文艺复兴》第二卷第三期。
③ 金经言译自德文(1981年)：《音乐学丛刊》1982年第2期，文化艺术出版社，1982年版，第127—170页。

乐队伴奏等统一在紧密的结构之中。”

他在“古典戏曲的发展及其特点”中写道：“中国戏剧同希腊戏剧一样是从巫祝与祭祀中发展而来的。中国最早的文献（公元前4世纪的《国语》）对此已有记载。但在舞台上演出有音乐的中国戏剧则以《代面》为伊始。以后产生了大量类似的作品，如《踏谣娘》等等，统治了整个中世纪的中国舞台。到了13世纪中叶才出现了真正的戏曲。尽管中国戏曲在元朝（1277—1368年）即在蒙古人的统治下有了其比较固定的形式，但是是否受到影响，目前却再也无法准确地考定了。自中国革命（1911年）以后，全国各地的‘音乐复兴运动’引人注目。自然，它也扩及至古典戏曲的领域，公众对此怀有莫大的兴趣。所有的演出，就我观看过来说，总是满座。”

经过比较研究他发现：“中国戏曲，甚至中国音乐几乎是单纯地被置于伦理道德的范围之中。如果我们把各国音乐发展分为三个阶段（即最初，音乐作为符咒，作为一种魔力，如我们今天在原始民族中仍能找到这类音乐那样；继之，音乐作为一种伦理道德，如它在希腊哲学家柏拉图和中国哲学家孔夫子的学说之中所显示的那样；最后，音乐作为一种美学作用，例如晚近的西方音乐），那么中国音乐正处于第二阶段，亦即伦理阶段。”“在中国，戏曲并不用于享受这一目的，而被看作诗教化的手段。甚至舞蹈艺术的重点也置于伦理的象征意义之中。例如，招手表示孝心，脚的某一特殊位置象征着忠诚等等。中国人民之所以与其他古老文明的民族，像巴比伦人、埃及人不同，能够至今延续不绝，也许就是这种伦理基础所产生的结果。”“在悲剧《一捧雪》中他写道：剧本系李玉（十七世纪中）所作。总兵戚继光是位民族英雄，他曾在三十年前打败了入侵满洲的日本兵。如此的一位民族英雄敬慕这位英勇的少女，在观众心目中自然造成了强烈的印象。”

他在“中国音乐美学”一章中写道：“在中国古代，伦理观念代替了音乐美学。众所周知，孔夫子（公元前551—前479）把他的整个学说都建立在礼和乐之上。按他的观点，要用礼和乐代替法律和宗权来统治民众。中国在唐朝（618—907）时，建立了一个多民族的、幅员辽阔的国家。当时，各种与中国的伦理观念相矛盾的外来音乐成分，即中亚的音乐成分侵入到中国的音乐生活之中。还成立了各种外来音乐的乐队，人们按其渊源称呼它们，以区别于纯中国乐队。”

论及中国传统戏剧文化研究较有代表性的论著诸如吴梅的《中国戏曲概论》、《元剧研究》，徐慕云的《中国戏剧史》，冯沅君的《古剧说汇》，谭正璧的《话本与古剧》，胡忌的《宋金杂剧考》，任半塘的《唐戏弄》，周贻白的《中国戏剧史长编》、《中国戏曲发展史纲要》、《中国剧场史》，王季思的《玉轮轩曲论》，董每戡的《说剧》，赵景深的《曲论初探》、《宋元戏文本事》，唐文标的《中国古代戏剧史》，张庚、郭汉城主编的《中国戏曲通史》，田本相主编的《中国现代比较戏剧史》，刘念兹的《南戏新证》，曲六乙的《中国少数民族戏剧》、《傩戏·少数民族戏剧及其他》，钱茀的《傩俗史》，叶长海的《中国戏剧学史稿》，康保成的《傩戏艺术源流》，谭帆的《优伶史》，周华斌的《京都古戏楼》，蓝凡的《中西戏剧比较论稿》，庹修明的《扣响古代巫风傩俗之门》、《巫傩文化与仪式戏剧研究》，姚宝瑄的《丝路艺术与西域戏剧》，顾峰主编的《云南歌舞戏曲史料辑注》，廖奔的《宋元戏曲文物与民俗》，李万钧主编的《中国古今戏剧史》，赵山林的《中国戏剧学通论》，刘志群的《藏戏与藏俗》，王胜华的《云南民族戏剧论》，郭净的《心灵的面具》，杨晓凡、马永康主编的《白剧风采》，胡健国的《巫傩与巫术》，谢柏梁的《中国当代戏曲文学史》，凌翼云的《目连戏与佛教》，曲六乙、钱茀的《东方傩文化概论》，陆中午、吴炳升主编的《侗戏大观》，王文章主编的《中国少数民族戏曲剧种发展史》，李悦的《当代少数民族戏曲》等。另外还有《中国大百科全书·戏剧卷》、《中国大百科全书·戏曲曲艺卷》、《中国戏曲志》、《中国戏剧年鉴》、《中国戏曲曲艺词典》等。

上述史书论著辞典以翔实的资料、丰富的例证、鲜明的论点，形象地勾勒出中国戏剧戏曲的历史发展脉络，以及中华民族戏剧在国内外传统文化体系中所占的重要位置。其中尤其是著名学者曲六乙、钱茀合著的《东方傩文化概论》①将中华多民族古老、奇异而又神秘的傩文化现象，进行全面、系统、深入的研究和探索，并且从非物质文化遗产的角度将其傩仪、傩舞、傩戏、傩俗、傩艺（技）等庞大的傩文化体系，扩展到越南、朝鲜半岛和日本，乃至以崭新的学术思维同欧美“类傩”进行具象的比较研究。这不仅填补了我国傩文化学科的空白，更把这个学科研究扩展到东亚和国际有关学界。

此书中的重要章节诸如“傩与目连戏”、“傩与喇嘛教‘神舞’”、“傩与萨满教‘跳神’”、“青藏高原的萨满遗风”、“敦煌傩——唐宋西北新生面”等将学术的触角伸向傩文化与中国少数民族戏剧之间关系的研究。而“中越韩日国际傩文化”、“欧美‘类傩’与中国傩的比较”、“希腊假面驱鬼民俗仪式”、“美国印第安和丕族‘可亲那’民俗活动”、“奥地利伽斯坦‘裴西特’民俗活动”、“西方的万圣节”

---

① 曲六乙、钱茀合著：《东方傩文化概论》，山西教育出版社，2006年版。

则将中外民族戏剧学的研究领域扩展到了全世界。

国内各种戏剧期刊如《戏剧月刊》、《梨园公报》、《剧学月刊》、《戏剧论丛》、《戏曲研究》、《戏剧》、《戏剧艺术》、《戏曲艺术》、《中华戏曲》、《戏文》等陆续发表了大量有关中国少数民族戏剧艺术形成与发展历史、形式与内容、传统形制、现实与未来等方面的论文，不断拓展人们对此门综合性艺术形式的认识。如今，戏剧戏曲学已经逐步从书斋案头走向广阔的历史与社会，国内外研究者日趋关注民族学、民俗学与人类学对其传统文学艺术之影响，并逐渐将学术研究之触角伸向广义之历史、地理、语言、文化、考古、宗教等，以及狭义之音乐、舞蹈、曲艺、杂技、美术等多层次、多侧面之交叉与边沿学科领域，这才使传统文献考据学、现代比较文化学与文化人类学有机结合并蔚然成风。

随着我国改革开放的不断深入，以及世界各国各民族戏剧文化交流范围的不断扩大，中国戏剧戏曲学已逐渐突破了过去纯粹从中原纯汉民族史书典籍查寻钩稽之旧模式，而将其置入中华多民族大文化的学术框架之中，予以探索其发生形态与发展演变的客观规律。逐渐规范到戏剧史学、戏剧作法学、戏剧音律学、戏剧表演学、戏剧批评学、戏剧文献学六大学术领域。在传统的戏剧史学基础上，专家学者把目光投入对戏剧戏曲的称谓、概念的界定，对中国戏剧的起源如“先秦说”、“汉代说”、“北齐至唐说”、“宋金元说”等，以及对中国戏曲诸如唐宋歌舞戏、宋元杂剧、明清传奇及地方戏的历史分期的研究。另外，则倍加关注戏剧艺术与诗词、小说、美术等，与音乐、歌舞、杂技、说唱等综合技艺以及宗教仪式、民间世俗文化之间关系的理论探索，继而又发展到对边疆各少数民族原始乐舞戏剧，如西域戏剧、藏戏、傣戏、彝戏、苗戏、侗戏、蒙戏、西夏戏剧、吐火罗戏等，以及宗教与世俗戏剧，如傩戏、地戏、目连戏、师公戏、祭祀仪式剧、佛道戏曲等传统文化遗产的综合性发掘、整理与研究。实质上，新兴的民族戏剧人类学应为微缩的文化人类学。

在历史上，我国与周边邻国各民族以及世界许多国家与地区都有着频繁的经济文化的友好往来，在此期间进行乐舞与戏剧艺术交流是必然的文化行为。世界上的三大戏剧体系（包括古希腊悲剧、喜剧、印度梵剧与中国戏曲）曾经因人类迁徙、征战、商贸、宗教传播与文化往来，而都有过直接或间接的文化接触与交流。以汉藏语系、印欧语系以及其文字语言所构成的东西方两大戏剧文化类型曾支撑着整个世界民族戏剧文学艺术的巨大时空，故在现实中对中西或者中外戏剧文化关系与交流史的研究探索在民族戏剧学中显得尤为重要与迫切。另外，则是对国内汉族与少数民族之间的戏剧戏曲学交流与相互往来的研究与探索更为必要与现实，因为居住在华夏神州四周边疆地区的各少数民族，特别是跨国、跨境民族是中西与中外民族戏剧文化关系史的不可或缺的重要文化中介与友谊桥梁。

虽然在二十世纪国内外有些许专家学者逐步认识到中国少数民族戏剧研究对建构华夏民族文化史与世界文化人类学的重大学术意义与价值，并身体力行在此方面作过一些有价值的资料搜集工作与介绍普及工作，但因为思想观念、思维意识与科研方法的不同，以及客观条件的欠缺，致使此方面的学术进展甚为迟缓，难以适应当前日益发展的民族文化交融与整合所带来的生机勃勃的社会文化需求。在当前全球化经济与世界文学艺术趋于大同时期，特别是世界文化遗产与人类口头和非物质遗产抢救与保护行动日益广泛的大好形势之下，非常迫切地需要我们继续解放思想、开阔视野，不断用民族学、社会学、宗教学、民俗学、文学、艺术学、戏剧学、民俗学，补充与扩展文化人类学与民族戏剧学的学术内涵与外延。

六、中国少数戏剧历史文化研究方法

在大量学术理论与实践中，笔者逐步认识到人类戏剧文化、文学、艺术的博大精深、源远流长。中国少数民族戏剧历史如同中国有史以来的民族文化大树一样根深蒂固、枝繁叶茂，对此需要从三个方面思考与设计总体框架与编撰方案，即由“中国少数民族戏剧文化地理”、“中国少数民族戏剧文化历史”、“中国少数民族戏剧文学艺术”三个层次与侧面进行探索与研究，才能逐步架构起厚重的、巨大的、符合历史时空原貌的戏剧文化宏伟建筑。

其一，我们首先要重视的是中国少数民族“民族戏剧文化地理”，此为空间概念。德国学者洪堡在《宇宙学：一个世界描述的纲要》中认为，人类赖以生存的地理空间是“和我们有关联的，我们生活经验的舞台”。[①] 英国学者卡罗尔认为地球表面是“地理学研究的本体”，它是由“岩石圈、水圈、大气圈、生物圈、人类圈”五个不同空间因素所组成，统称之为“地圈”。“文化地理”亦称“人文地理”，张文奎在《人文地理学概论》中指出：“人文地理学是研究地表人文现象的空间分布及空间差别，并预测其发展和变化规律的科学。简言之，人文地理学是研究人

① （德）洪堡著：《关于地理学和景观的十个原理》，《彼得曼地理通报》1957年。

类活动主要人文事象区域系统的科学。”其中主要包括社会科学中的经济、政治、文化、宗教、人口、艺术、民俗等，亦包括反映上述学科人文现象的人类民族戏剧。

无可争议，戏剧与中国文化地理区域密切相关。以传统文化的表现形态，对中国文化地理区域的划分，一般选取民族、宗教、生产经营和生活方式、风俗习惯及行为特征为划分标准，古代出现秦晋文化、燕赵文化、齐鲁文化、吴越文化、楚文化、蜀文化、蛮夷文化等平行共存的文化形态。中国少数民族戏剧文化同样是“多核”、多元的、具有明显的地区文化差异。自古以来我国存在着从沿海到内地至边疆的三大文化区域，自东向西依次更替、南北延伸，分别以沿海文化区、内地文化区、西部文化区，形成东、中、西三大文化梯度。另外，在古代中国，疆界并不是固定不变的，如秦、汉、唐、辽、元、清朝领土大为扩展，我们理应站在历史唯物主义的立场上对此广大领域的中国各民族戏剧历史进行记载。

其二，需要从时间概念角度对中国少数民族戏剧文化历史进行全面、系统的钩沉与梳理。中国历史可分为古代历史、近现代历史、当代历史三种历史地理概念。据白寿彝主编《中国通史纲要·叙论》中统计：“在远古时代，中国境内已分布广泛的人类活动。他们留下了原始生活的踪迹。元谋猿人，是中国远古遗存中所见最早的人类，距今约一百七十万年。这是现在所知中国历史上最早的年代。此后，举世闻名的北京猿人，距今约四五十万年。母系氏族公社的逐渐形成，距今约四五万年。父系氏族公社的出现，距今约五千多年。”[①]在此漫长的历史进程中，中国各民族戏剧文化的历史照样颇为久远，理当从中华民族戏剧文化源地、戏剧文化中心的转移、外来戏剧文化的撞击和融合三个方面来进行论证，以搞清其发源、流变的来龙去脉。

文化源地，乃是指稳定的文化产生于发散中心，它必须具有超出周边地区的文化形式和内涵，并同时具有巨大的文化传播力量。中国文化起源于黄河与长江两大领域，中国文化的两大类型，即以黄河中游仰韶文化为代表的北方类型和以长江下游河姆渡文化为代表的南方类型。中华民族戏剧文化的理论根基、风格特色与强大生命力正导源于此。在历史上，中国文化中心几经转移：北方作为中国文化的中心从奴隶社会持续到封建社会中后期，此后则渐次转移到江南地区。中国传统戏剧也随之南下扎根、繁荣于长江以南广大地区。但是不能忽略的是元明清以来，北方依然是全国政治、文化的中心。魏晋南北朝与五胡十六

---

① 白寿彝主编：《中国通史纲要·叙论》，上海人民出版社，1980年版。

国，同时也是民族文化的大融合、新型戏剧艺术综合体的形成时期。

外来文化的撞击和融合是造成中国戏剧蜕变的重要原因。古代中国，外域文化通过宗教为主体的各种形式传入中国，汇入强大的中华民族文化的巨流，导致中国传统文化的长期繁荣和发展。近代中西文化的冲突历史，实际上是一部在外来文化的强烈冲突撞击下的更新旧文化与重建新文化的历史。我们在记录新的戏剧品种诞生与发展的历史时，应该充分关注此种重要的历史现象。

其三，我们在上述地理历史文化的基础之上，才谈得上进行时空概念的中国少数民族戏剧文化艺术的追溯与摹写。戏剧作为人类最早创造的一种综合性表演艺术，它在人类发明文字与文学之前就广泛地存在与流传于民间山野。易中天著《艺术人类学》之"原始形态——戏剧"中论述：闻一多提出的远古时期"模拟式与操练式歌舞"即"相当于王国维之所谓'以歌舞演故事'者，格罗塞认为它'实为产生戏剧的雏形，因为从历史的演进的观点看来，戏剧实在是舞蹈的一种分体'"，对此"我们与其称它为舞蹈，不如称之为'戏剧雏形'。更何况，在原始时代，还有一种表演活动，是只是'模拟'和'表演'而无'舞蹈'的。我们不妨将这两种活动并为一类，称之为'原始戏剧'"①。只有将学术的触角延伸到华夏远古才有希望叙述清楚中华戏剧历史。

在历史上，不能忽略的是各种仪式文化因素影响着人类的一切活动，其中包括戏剧艺术在内的人类演艺活动。正如厦门大学彭兆荣教授在《人类学仪式的理论与实践》中指出："在某一个历史阶段，所谓的'戏剧'其实就是戏剧，或者说，二者存在一个对原始仪式的改变和变迁的轨迹：即从宗教仪式中的'宗教戏剧'到节日的'节日戏剧'，到'乡村戏剧'，再发展到'现代戏剧'。有的学者认为，节日演出是处于宗教仪式和真正戏剧的中间形态，属于'前戏剧'。可以认为，随着历史的发展、学术的精进，传统的知识分类和学科之间的藩篱显得过于刻板和狭窄。"②实际上，当华夏先民在劳动与生活实践中需要宗教仪式与文化娱乐时，自然而然应运而生创造出各种乐舞戏剧。我们对其原生形态戏剧样式不能以现在的眼光来衡量与挑剔，而应本着辩证唯物主义的观点来识别其发生的因子、元素、文化成分和背景材料。

经反复思考与论证，在笔者原来有关民族戏剧学研究的论文与论著的基础

---

① 易中天著：《艺术人类学》,《原始形态——戏剧》，上海文艺出版社，1992年版，第358页。

② 彭兆荣著：《人类学仪式的理论与实践》，民族出版社，2007年版，第165页。

之上，除了学科建设的层面，还需要对民族戏剧学进行理论思辨与学术操作方面的学理阐述与整合。特别是从戏剧文学的角度来审视已取得的民族戏剧文化探索研究成绩，并认真检点学科建设方面所存在的一些不足之处。对于民族戏剧学与中国少数民族戏剧文化研究的编撰思路，主要体现在课题拟突破的重点和难点上，拟突破的重点分为五方面：1. 对中国各民族戏剧起源的认定；2. 中国少数民族戏剧学科本体的界定；3. 对中国少数民族戏剧流播范围的考证；4. 对中国少数民族戏剧文化整合的阐释；5. 对中国多民族戏剧艺术交流的研究。拟突破的难点也体现在五方面：1. 在理论上延伸中国多民族戏剧历史；2. 在时空上扩展中国少数民族戏剧范围；3. 在形式上加大中国少数民族戏剧容量；4. 在文献上甄别中国多民族戏剧的误讹；5. 在世界上确立中国少数民族戏剧的文化地位。

论及对此学术课题的科研方法与计划需使用：1. 文献考证分析法，2. 历史文化分析法，3. 逆向历史研究法，4. 资料数据库，5. 田野作业法，6. 比较研究法，7. 跨学科研究法，8. 综合研究法等具体的研究方法和手段，特别是历史文化分析法、田野作业法和综合比较研究法。在研究的过程中，必须占据以下史学学科理论的制高点：在研究理论上达到具有思辨性的深度；在研究方法上达到多样化统一；在研究方向上达到宏观研究与微观研究的结合；在研究功能上达到重大史学应用；在研究的文风上达到生动、畅晓、严谨、情趣的结合。在总课题下面将科学设计数量可观的子课题，使之层层相辖、丝丝相扣、纵横交错、泾渭分明。

第一，文献考证分析法：中国是一个拥有几千年治史撰志传统的国家，所谓“六经皆史”、“诸子亦史”。不论是数量甚巨的正史、还是诸史中都有大批可供参考的戏剧文献资料，对此应该仔细甄别，详加考证与分析。治史首先是正史，即中国史部群书中的二十四史；但是其中充满了“大汉族主义”的传统。“内诸夏而外夷狄”，是春秋以来发生的一种狭义的种族思想。二十四史，有《魏书》、《北齐书》、《周书》、《北史》、《辽史》、《金史》、《元史》，皆系记录少数民族或以少数民族为中心之史书。正史以外的诸史有编年体、纪事本末，及通典、通考等。史部之外还有群书——经、子、集，诸如《易经》、《尚书》、《诗经》等《十三经》中的文字也可利用。

补充和订正正史，还必须求之于史学流派之杂著，如《山海经》、《世本》、《国语》、《国策》、《楚汉春秋》之类的古史，以及各民族各种文字记录，如碑铭墓志、宗教经典、家谱账簿等，都有重要的史料价值。至于少数民族古籍中如《蒙古秘史》、《蒙古源流》、《蒙鞑备录》、《满洲实录》、《西域图志》、《西夏书事》、《红史》、《青史》、《贤者喜宴》、《卫藏通志》、《勐泐古事》、《白古通纪》、《台湾生熟番纪事》等更是我们引证的宝贵参考史料。

第二,历史文化分析法:因我国学术界长年受“汉族历史中心论”与“欧洲文化中心论”的影响,忽略和缺乏对中华戏剧发展的正确认识和评价。即便进行中国传统戏剧史学的研究,也局限于孤立、古板的文字资料沿袭考证上,缺乏全局、系统、动态的历史分析法来探讨。而这种方法正为钩沉、澄清过去发生的事情提供了观察的对象和经验。通过历史证明过去和未来的戏剧发展能够证明理论是否正确,是否符合世界文化发展的潮流。历史需要多层次研究,此为新史学方法论的探讨,因历史是一个统一的整体,它的构成是多层次的,要一层层地发掘、概括、归纳,故需树立整体观念进行历史全面的考察。要从事物的运动变化相互联系的过程中进行分析,要一段段地去挖掘、考察、整理各朝各代各族时空中发生的历史事件。全面地辩证地考证主流与非主流的关系,牢牢把握“从个别上升到一般”的原则,此为治学的关键。对待中华民族戏剧纷繁杂乱的史料不能“只见树木、不见森林”,而应采取“以史带论”、“剧从史来”的正确方法客观、正确地去认识。

第三,借鉴逆向历史研究法:历史研究中的逆向考察,是近年新史学方法论问题。此为采用与历史时间顺序相反的方向进行考察,是从该事物以后的历史考察该事物,亦即从事物的未来、事物的流向、事物的结果,对事物进行考察。随着人类文明的发展,已经越来越证实这种“倒过来”的考察,在历史研究中有着不可替代的、重要的科学方法论价值。对于民族戏剧艺术缺乏文字记载,但可从大量历史背景资料与深藏地下的墓葬砖刻、壁画、实物,以及散落民间与山野的图文、岩画等中寻觅先民的戏剧活动的足迹。此方法其根据在于历史本身是在延续中发展的,后代历史保留着前代历史的遗产,发展了前代历史中的胚芽。

第四,利用资料数据库:历史是已发生的事,自然有孕育、发生、萌芽、产生、发展、兴旺、终结,再依次循环往复、周而复始,按照自己客观规律螺旋式延伸与上升。在各个历史时期存有大量有价值的戏剧信息资料,我们拟从国内现存的古文典籍、史志类书中尽可能全面、系统、详细地识别、考证、梳理有关中国少数民族戏剧产生、发展、流变的蛛丝马迹。并且通过陆续挖掘、整理、翻译不同民族的戏剧作品,进行富有哲理与思辨性的学术分析和研究。将每个历史时期的戏剧合成的种类,详细地做成学术坐标图与网络数据,从中方可分析中国少数民族戏剧的发生、流变、走向，以及荣枯兴衰的历史进程和预测未来发展的形势。

第五，坚持田野作业法："礼失而求诸野"，中国传统的民间采风与文化人类学的田野考察，为民族戏剧学的史学研究注入新的活力。通过分析文献资料进行理论研究，让科研工作者抓住重点与关键问题，前去民族民间调查研究，主要包括资料的搜集、整理、加工、归纳、比较等具体环节。在完成此课题的过程中，需要全面、系统地搜集、发掘、整理中国各民族历史与现实的传统戏剧与文艺理论遗产，并对其发生、演变、异化、整合的艺术客观规律进行科学的考据、分析、解读与研究。中国版图广大、民族众多，需要从民间采集和从文献古籍翻译大量有关戏剧艺术的语言文字信息。通过深入实地考察，直接采集不同地域的各民族历史与现实的传统戏剧资料的方法，并通过具体案例来补充文献的不足与纠正史学著述的错误，生动说明理论或者阐释中华戏剧文化交流和影响的历史事实。

第六，使用比较研究法：中国少数民族戏剧文化必定有深厚的土壤或坚实的基础，产生需有相应的条件，往往两种以上文化相遇必定会有接触、对抗、接纳、融合的阶段性曲折的路线与过程。在研究过程中，将不同民族、不同地区、不同国度的戏剧事项进行比较，从而找出各类事项之间的纵向的和横向的联系，探讨某一个民族戏剧形态产生、发展和演变规律的方法。民族戏剧艺术作为一种广泛的世界文化现象，在各民族中间一代一代的传承，有其地理、生产、民俗等原因，有一定的规律可循。同时，中西、中外戏剧艺术交流作为社会文化现象，它又是一个整体，通过相互比较，能更好地把握其客观发展规律。

第七，大力提倡跨学科研究：中国少数民族戏剧文化历史的编撰是一项规模宏大、结构复杂、脉络清晰、层次分明、联系紧密的巨大系统工程。因此在总体构架设计方面努力体现历时性与共时性、宏观与微观、描述性与阐释性相结合的理念。从建构跨地点、跨区域、跨学科的视野，重整不同枢纽点的特点，审视现有的相对还显得零碎但充满生命力的民族戏剧艺术文化体系，对汉民族和少数民族戏剧的对话性的互动和传播进行比较研究。利用戏剧学科的优势跨到其他学科研究和采用其他学科的研究方法用以研究本学科，以求最大限度地完善和加强中华特色的戏剧艺术理论。自二十世纪以来，中外专家学者以高涨的热情与严肃的治学态度，陆续编撰了成百上千的与中国少数民族戏剧密切相关的中国文明、文化、文学、音乐、舞蹈、杂技、服饰、建筑等史学著作，以及大量戏剧、戏曲、话剧、歌剧、木偶戏等方面的通史、专门史、断代史、史料汇编。我们应该充分利用跨学科研究所得的宝贵资料，并要高水平地甄别、更正其中的错讹。

第八，综合研究法：即借鉴民族学、历史学、地理学、文化人类学、宗教学、语言学、艺术学等先进学科手段，又沿用考据学、训诂学、文献学、版本学、图书学、统计学、阐释学以及制作文艺理论数据库等传统学科研究方法，对中国少数民族戏剧发展史、关系史与存在问题进行较为全面、系统、深入的研究。使之形成一个有着巨大历史地理容纳量的文化时空，从历史纵线与现实横线来最大限量地展示中国少数民族自古迄今的三大历史戏剧文化圈，即中原汉族戏剧文化圈、边疆少数民族戏剧文化圈、跨国民族戏剧文化圈，对人类遗留的丰厚财富，梳理清楚它们之间的文化、文学、艺术交融的深层逻辑关系。同时，在浩繁的历史文化文献中搜寻资料，在广大民族、民间地区进行田野调查，从案头与口碑中补充大量有价值的史料，高质量地完成此部规模宏大的民族戏剧学史方法论工程。

根据多年来国内外专家学者的科研成功经验，总结了上述各种方法与手段，我们付出诸多辛苦与努力无非是为了不断提升中国少数民族戏剧史学的品位。其结果是为了尽快填补中国戏剧文化体系中的诸多学术研究的空白；恢复古今中国少数民族戏剧原貌；提升中国多民族戏剧学术品位；促使中国少数民族戏剧艺术研究真正融入世界文化大格局之中。

鲁迅先生与郭沫若先生曾为中外跨文化交流与人类乐舞戏艺术写过两首诗，对我们研究中国少数民族戏剧文化大有裨益。鲁迅先生所写的《赠日本歌人，辛未散月送升屋治三郎兄东归》题记："歌人指剧评家升屋治三郎，后又书赠土屋文明"，说明是书是赠东瀛国际剧坛友人的诗："春江好景依然存，远国征人此际行。莫向遥天望歌舞，西游演了是封神。"看来东西方各民族戏剧历史的文化交流是一脉相通的。郭沫若先生的《观历史名剧梁红玉》诗，是观"国剧"有感而发，诗云："擂鼓传红玉，登场美绮琴。千秋同敌忾，一样感人心。"我们也借助二位文豪的诗情画意集字联句："擂鼓遥天望戏坛，千秋登场感人心。"衷心地祝愿中国少数民族戏剧论与田野作业法，即民族戏剧学的宏观与微观研究，在国内外早晚能成气候，并在热心人们的大力扶持下不断发扬光大、永葆青春。

安顺市西秀区周官屯堡傩雕艺术的传承与发展

◎ 秦发忠[①]

中国傩是中华民族最为古老的优秀传统文化之一，凝聚着中华各民族的宗教民俗信仰、文化符号以及艺术美学等内涵。周官屯堡傩雕艺术是中国傩雕的典型代表，2011 年被国家文化部评为“中国(傩雕)民间文化艺术之乡”。傩雕技艺是安顺屯堡人的一项传统手工绝活，在社会不断发展的今天，周官屯的这门绝活已打破“传男不传女，传内不传外”的传承模式，傩雕艺术作品逐步走向市场。在多元文化充斥的趋势下，周官屯傩雕艺术的传承如何？又将面临怎样的发展？笔者就以从事这门技艺二十多年来在传承发展实践过程中的特殊经历略谈体会，希望得到各位专家学者的批评建议，以助推安顺屯堡傩雕技艺的传承发展。

一、傩雕一词的起源

“傩”,《新华字典》(2003 年修订本)解释为：“旧指驱逐瘟疫的迎神赛会。”《汉语小词典》的解释是：“人们为了驱逐病疫魔鬼而举行的一种祭祀活动”，是中国传统文化中多元宗教(包括原始自然崇拜和宗教)、多种民俗和多种艺术相融合的文化形态，包括傩仪、傩俗、傩歌、傩舞、傩戏、傩艺等项目。傩文化从远古时期走到今天，在人们生活中有着一定的影响力。其直接目的是驱鬼逐疫、消灾纳吉，而内涵则是通过各种仪式活动以求达到阴阳调和、风调雨顺、五谷丰登、人寿年丰、国富民强和天下太平。目前，它仍活跃或残存于汉族和二十多个少数民族的广大地区，涉及二十多个省、自治区。随着社会的进步和不断变迁，人类不断

---

① 作者简介：秦发忠，男，汉族(屯堡人)，贵州省安顺市人。主要从事傩面具雕刻工作。中国傩戏学研究会会员，广西民族大学汉民族研究中心特约研究员，贵州省青年创业导师，贵州民族大学西南傩文化研究院特邀研究员，贵州屯堡文化研究会常务理事，安顺市傩雕艺术名家，安顺市西秀区屯堡傩雕协会会长。主要研究方向：傩文化、屯堡文化、地戏文化。

把文化推向新的领域。在不同的历史社会背景下，它从一个时期向另一个时期过渡，伴随着人类一步一步走到今天。贵州是傩戏较为集中的省份，汇集了撮泰吉、巫傩、地戏等傩戏种类。

傩文化源于原始图腾文化。殷商时期，傩成为宫廷上下的一种祭祀仪式活动，常有“黄金四目方相士”之举。唐宋以后，经济得到发展，文化得以繁荣，受统治阶级影响，傩逐步以一个族群、一个村寨或一个家族的形式存在于各个地区。明清以后，随着朝代的更替，宫廷傩文化大幅流变，渐渐废除。傩为富有家族和村落拥有，并延续流传。解放后，文化大革命把傩划为牛鬼蛇神的封建迷信，前所未有的打压风波殃及全国，全国各民族的傩文化难逃厄运，唯有偏僻落后的农村躲躲藏藏甚至用生命维护这种古老的传统文化。20 世纪七八十年代，中央提倡“百花齐放、百家争鸣”，文化得以复兴，傩文化重新浮出水面。

戏曲作为我国国粹之一，首度由文联发起并在全国展开空前的普查，以曲六乙老先生为主的一批专家发起并成立傩文化学术研究团体，1988 年由中国民政部批准，在中央戏剧学院成立中国傩戏学研究会。之后，相继在贵州、安徽、湖南等地成立傩文化研究中心。由于受文化大革命的影响，鬼神之说没有人敢去触及，只能是从戏曲的层面对傩文化展开相关的调查研究。随着专家学者的介入，有关傩的各种文化形态慢慢得到挖掘和保护。2009 年 11 月，为了展开新一轮西部大开发与贵州屯堡文化的保护、传承、利用，贵州屯堡文化研究会在安顺学院挂牌成立。以安顺学院院长李建军教授为会长的屯堡文化研究团队组建成功，展开了对屯堡文化的民族学、历史学、艺术学、人类学等学科的深入研究。

当傩的戏剧形态得到研究之后，各民族的各种傩形态得到展现。傩面具作为傩文化的道具最先代表傩文化融入市场，被喻为傩文化的象征。从傩面具的造型大小、上面的符号就能基本辨别是哪个区域哪个民族的傩。如果大概了解其所在的民族剧种，也不难分辨剧本中的人物面具，并能窥视出每个面具的人物性格特征，了解通过什么夸张表现手法刻画剧中的人物。而从面具的材质和符号以及刻画技艺展开研究，不同的时期、不同的材质、不同的符号代表一定的民俗语义，不同的刻画手法代表不同的时期，据此我们不难判断其出处和年代，从而从另一个层面揭开傩面具在傩文化中的地位和作用。因此，傩面具是傩文化的载体，是傩文化中的重要组成部分，是人们在生产生活中娱神娱人的工具，也是他们对鬼神战争、习俗信仰态度的重要标志。没有面具就没有古老的傩文化，也不会有关于傩的各种戏曲形式，因此，我们说傩面具是“会说话的木头”。

当各民族的古老傩文化呈现在观众面前，除了活态的舞步动作和配套的服饰之外，最引人注目的还是头上的面具。它的古朴、狰狞、凶悍、腼腆、可爱，在民间艺人的刻刀下表现得活灵活现，栩栩如生。结合传统傩面具在傩文化中的功能和作用，人们认为它是驱灾纳祥的守护神。随着人们生活水平不断提高，傩面具除了祭祀仪式的用途外，甚至有人从它的审美艺术去研究、去探析，深深被它的古朴艺术所吸引，为它后面的文化故事所陶醉。文化艺术界的同仁们为之倾倒，并开始花钱将其请进居室，除了希望受其护佑外，还可以享受它给人们所带来的艺术情怀和文化熏陶，傩面具开始从道具观赏转化为艺术商品融入市场。

在市场的导向下，在不同市场、不同消费群体的需求下，傩面具开始从规格上变化，而后又从创新上逐渐变化。民间艺人在市场的驱动下，创作出了傩柱、傩扁等傩艺术作品。1990 年，旅游之风吹进贵州大地，傩面具艺术逐渐扩大影响，走进黄果树旅游市场，各界人士便把傩面具销售作为生财之道，傩面具销售逐渐形成一条产供销模式。为了适应市场，艺人们又创新了傩笔筒、工艺笔、画桶等傩艺术品，前来订购的各界人士和生意人连绵不断。随着市场的不断扩大，各级政府开始关注这一文化艺术。2001 年，笔者首度对众多傩艺术品进行总概命名，把傩面具艺术雕刻称之为“傩雕”，但是，始终未能真正产生共鸣。2005 年，在首届屯堡文化学术研讨会上，有幸认识徐杰舜教授，在他的关心和帮助下，得以有幸参加在中南民大召开的第三届人类学高级论坛，并在徐教授的指导下，写了《我的“守土”实践》，傩雕——这个傩面具艺术雕刻的简要命名，算是被第一次记录下来。2006 年，为配合刘官中学到贵州省教科所去争取《民间美术进课堂》的项目而提交相关资料时，再度提及此词。2007 年，笔者组织成立傩雕协会，在区民政局正式批准成立，从而傩雕这一词得到正名，纳入史册，后来在各级媒体和学术研究以及互联网的统一称谓下，傩雕逐渐成为中国傩文化的一个关键词，并产生着深远的影响。

二、周官屯堡傩雕艺术的传承发展史

周官隶属于贵州省安顺市西秀区刘官乡，位于乡所在地的北面，距离省城贵阳 67 公里，安顺市区相隔 47 公里，是典型的屯堡文化历史文化村寨。全村人口 2 189 人。凤阳汉装大袖子、尖尖鞋，错综复杂的屯堡石头巷，原始古朴的地戏文化，这些六百多年前的明代遗风是屯堡周官固有的文化标志。不过，这些都不足为奇，让人叹为观止的更是这个村的面具雕刻，整个村几乎每家每户都会雕刻面具，都做面具雕刻，这在中国大地上是极其罕见的。周官雕刻的面具除了演出使用的道具外，更多的是家居饰品、旅游工艺品，雕刻内容广泛，面具造型繁多，工艺精湛。这都向人们彰显出周官是一个名副其实的面具雕刻之乡、中国傩雕之乡。

周官的面具雕刻源于明代，周官人世世代代传承至今。从“调北征南”、“调北填南”到现在，这门手艺活已经传存了近 700 年的历史，而有关周官的雕刻历史并无相关记载，只有流传在民间的“二十四把小雕凿”故事，在后人的意念和印象中传说。清朝时期的面具雕刻工匠要数二窝老者、胡五公(原名胡开青)、胡志厢最为有名，实际上在此之前他们的祖辈胡朝佐就已经会雕刻。进入民国时期，胡氏艺人又有秦朝安、胡少南、胡继先、胡玉文，当时胡氏雕刻工艺绝不外传，在其家族中也是传男不传女。

胡氏雕刻工艺第一个外传秦朝安，后来秦朝安又传给胡永发、秦发忠、秦廷达等,从而打破了胡姓关门点灯雕刻不外泄的传统。

20世纪八十年代以前,民间艺人主要是给屯堡村寨做地戏演出面具,他们为了自身的生计,遵循一定的行规,以先到者为主,各自带领自己的人占领一定的区域村寨。比如20世纪七十年代地戏文化复兴后,胡少南一家占领普定安顺一带,秦朝安一队占领旧州一带,胡玉文一队占领双堡、东屯一带,胡继先很少出去,市场都受到一定限制,因此到现在都是单脉相传,这种地盘关系持续了很长一段时间。当然,由于亲戚关系,每个占领的地盘范围内也有穿插。如,旧州苏吕堡的后来就是东屯的罗景阳做的,九溪的四马投唐面具是胡玉文之子胡永辉做的。

这样的祖传关系一直保持了很久,直到解放初期秦朝安打破了世俗观念,将雕刻技艺开放发扬,不分男女老少,不分姓氏,相互学习,相互探讨,营造了一个互进的良好氛围。秦朝安第一个外姓收徒恰是胡姓的胡永发。一直以来,傩雕是民间艺人赖以养家糊口的生存技艺,因此,几百年来,傩雕艺人一直遵循着"传内不传外,传男不传女"的模式。在以前,民间艺人们主要还是从事耕作,农闲的时间给地戏队伍雕刻演出的道具面具,额外挣取点油盐钱。改革开放后,周官雕刻的木雕面具打破闭门造车的僵局,从单一的道具用途转化为市场商品。得到文化界、艺术界人士的认可,给这门艺术创造了一个良好的发展空间,整个周官屯胡、秦、周、杨、鲍、李、金、凌等姓的很多年轻人都学会了这门独特的传统雕刻技能。

一九八六年,日韩学者到周官屯进行考察,接着上海师范大学的陈玉兰、陈建新教授夫妇带学生到贵州写生,发现了周官的雕刻,于是认识了秦廷兴、秦廷达兄弟二人,说这是人类的艺术瑰宝,大城市里面很多人不知道我们国家还有这门传统的手工艺术,然后介绍秦廷兴、秦廷达兄弟带上作品去上海推销。结果带去的作品,刚到上海就被艺术界人士一抢而空,回来后,他们加班加点赶制,尽管如此,还是供不应求。不会雕的人们也学着收购,并前往北京、南京、徐州、杭州、合肥等大城市推销,于是邻居们和附近的乡镇村寨因为各种亲戚朋友关系,特别是旧州镇的圆宝寨,本乡的刘官村、下新寨、大黑村、小黑村、高福村、大寨村,东屯乡的半山村等村寨,因为与周官的姻亲、姑表关系,很多年轻人加入到傩雕的传承队伍中。

收购傩雕作品的除了本地的生意人,还有很多贵阳、安顺的人们也加入到傩雕生意的队伍中。特别是1989年第一届中国蜡染艺术节在安顺举办以后,前来订购的生意人都是事先给钱,然后民间艺人再生产。傩雕艺术逐渐发展成为不拘一格的雕刻,艺人们根本来不及创作,随心所欲雕制,只要变成傩雕作品,就有人抢购。很多收购的人根本不懂什么文化和艺术，只管傩雕作品的大小，以规格和数量来计算价格。如此一来，民间艺人不再重视文化底蕴的传承，只在乎每天的收入，粗制滥造的传承就是必然的结果。收购的人群，很多都是借高利贷作为资本，茫然运到大城市去销售，在人生地不熟的地方，有的还不会说普通话，完全是没有目的的四处碰撞，结果不管能否销售，每天的吃住总要开销，当预备的钱用完，只要有人沾手，他们就已经顾不上什么，只好低价出售，有的甚至一个都卖不掉。怎么办，回来要还高利贷，没有还款能力怎么办，他们只能逃亡在外，不敢回家。1996 年，在长期销售后，傩雕作品在很多大城市出现饱和态势，销售价格和数量逐渐下滑。1998 年，亚洲金融危机波及傩雕艺术作品的销售，从而影响到傩雕作品的生产。产品没有人要，民间艺人只好放下手中的刻刀。任何事项都有一个大浪淘沙的过程，傩雕艺术也不例外，剩下来的只有既能雕刻又懂得一定文化艺术以及销售的区区几个人。到 1999 年，几乎所有的人都改行，从此放下手中的刻刀。这一年，笔者的一个上海朋友（周新民）到贵州旅游，前来看望我，并叫笔者给其哥哥在贵阳团坡桥新购的新房设计雕刻装饰，我带上胡发云、杨艳红等 12 人到贵阳雕刻。工程圆满完工回来后，大伙叫笔者带领他们一起雕刻，为了传承傩雕艺术文化，也为了生计，1999 年 7 月笔者用自己多年积累的 4 000 元积蓄开始购买原材料，借用老的屯堡石墙作为天然屏障，塑料薄膜替代石板，在巷子里搭起了透明的简易生产厂房，办起了雕刻作坊，全身心地投入到屯堡傩雕文化的传承和发展中。

当时的傩雕艺术品主要销往上海城隍庙和台湾市场。2001 年，穗黔物流落户安顺，我们的傩雕艺术品基本都是从这个渠道发出。陆陆续续的发货，引起了物流公司经理王仁武的兴趣，他介绍笔者认识义乌的油明海老板。联系上油老板后，对方要求笔者先寄一部分样品过去，结果，样品寄过去一个星期，对方就接了几个外贸单，叫笔者抓紧组织生产。这样一来，很多周边民间艺人要求到笔者作坊工作，从而使得很多民间艺人重新拿起手中的刻刀，回到傩雕文化的传承发展上来。2004 年，上海华东理工大学的朋友有意推进傩雕艺术的发展，跟笔者合作在贵州注册“飞先傩文化艺术雕刻有限公司”、“上海傩雕艺术外贸责任有限公司”，再度增招民间艺人，统一对外销售，后因本地的傩雕经纪人无序竞争，导致合作方高薪挖走民间艺人而宣布解散。2005 年，第一届中国黄果树瀑布艺术节成功举办，同期召开首届屯堡文化学术研讨会，掀起了傩雕艺术传承发展的高潮。2006 年，第一届“多彩贵州两赛一会”举办。安顺市委在深圳文博会上招商引资，经区旅游局联络，广基博旅文化实业发展有限公司跟笔者合作，意在做大做强傩雕艺术产业，后因对方不诚信导致笔者倾家荡产。好在所有民间艺人都不愿放下手中的刻刀，不要工资也要坚持跟随笔者将傩雕艺术传承发展下去。天无绝人之路，张家界大庸府城董事会伍星星主席率队找到笔者，制作了大庸府城的中国首个民营非物质文化遗产馆的藏品，加上零散的销售，从而稳住了傩雕艺术队伍的传承；也因此铸就了今天的傩雕艺术发展。2009 年，举办“中国贵州安顺首届地戏大赛”，此后的几年，文化活动绵绵不断，给民间艺人搭建了施展才艺的舞台，从而挖掘出了地方乡土人才。2006 年，《非遗法》出台，安顺地戏成功申报并纳入首批国家级非物质文化遗产。之后，安顺木雕（傩雕艺术）、唱书等成功申报为省级非物质文化遗产，周官屯堡傩雕艺术得到了有效的保护、传承。

随着各级党委政府的重视，傩雕艺术得到大力宣传，为了更好地传承和发展周官屯堡傩雕艺术，为了整合文化资源和人才资源、增加民间艺人收入，2007 年笔者组织成立了傩雕协会，意在采取“协会＋公司＋雕刻厂＋艺人”的发展模式，引导公司、雕刻厂、民间艺人根据旅游及各类市场需求进行大胆创新，增加民间艺人和周边农民的收入，目的就是要形成抱团发展。为此，我们还统一了商标，抢注了地戏柱、傩柱、傩公、傩母等几十个傩雕名称的专利，组织傩雕艺人参加省市区各级举办的“能工巧匠大赛、旅游商品设计大赛”，涌现出秦发忠、胡科伟、胡发云、陈关红、鲍坤、周明等一大批年轻的民间艺人，多次获得省市区多个奖项和“黔中名将”、“黔中名创”等荣誉称号。然而，自 2007 年协会成立以来，前来调研考察的政府部门、单位、学术团体机构连绵不断，而协会本身就是民间组织，没有工作经费，全靠个人出资，长此以往，庞大的接待开销和会员的不理解迫使笔者悄然隐退，导致原刘官傩雕协会名存实亡。

2011 年，周官被文化部评为“中国（傩雕）民间文化艺术之乡”。2012 年，国家针对微型企业实行“三个十五万”扶持政策，周官傩雕相继成立组建了 2 个合作社和 60 余家傩雕小微企业，傩雕艺术作品从单一的戏曲产品拓展到民族饰品、根艺、家居饰品、工艺品、旅游商品、古饰装饰装潢等，傩雕作品远销海内外各个市场。

为了挖掘傩雕艺术后面的文化底蕴，2005 年以来，在有关专家学者的关心和帮助下，笔者自费参加各种学术会议，近距离跟专家学者交流和学习，认真听取专家学者的意见和建议。为了帮助传统文化和技艺的传承，通过深入挖掘文化内涵来增加傩雕艺术的文化附加值，撰写了《周官屯的面具，每一张都有性格》、《安顺地戏面具文化符号的原始意义》、《“脸子”：雕出来的屯堡文化》等几十篇有关屯堡傩雕和安顺地戏的学术论文，在《中国文化报》、《中国社会科学报》、《中国社会的文化转型》等报刊和书籍上发表，真正做到、做好了把文化艺术与传统技艺有机融合，不仅传承了文化，还提升了傩雕产品的文化附加值，为傩雕技艺的传承发展注入了新的活力。

为了培养傩雕艺术人才，为傩雕传承培养后备军，带领民间艺人合理借助各方力量和资源，开办了“农村劳动力转移培训”、“傩雕艺术技能培训”、“残疾人就业培训”等培训班，长期不分民族和区域开始免费带徒，为传承傩雕艺术提供了强有力的人才保障。受经济影响，结合傩雕艺术的传承实际，传承发展是一个漫长的过程，甚至需要艺人一生的时间和精力去呵护，很多年轻人不愿意学习，从而使得这门有特色的传统技艺面临传承危机，制约了傩雕艺术产业的发展。2011 年以来，笔者从实际出发，创新了传承培训模式，在培训对象上不再是单一的针对年轻正常男性，考虑到人才流失严重和传承面临危机的双重压力，也考虑到一个残疾人往往就是一个家庭的负担，从而把培训对象扩展到屯堡妇女和残疾人这两个相对弱势的群体，教会他们一项技能，增强他们的自信心和自强心。中央电视台、上海电视台、贵州电视台、人民日报、辽宁日报等多家电视台和新闻媒体相继对周官傩雕艺术进行专题报道，加大了周官屯堡傩雕艺术的宣传。中国科协、国家文化部、省市区领导多次考察调研，傩雕艺术品也相继被国家文化部、中国非物质文化研究中心等单位部门珍藏。

2006 年以来，几乎每年都有通过提案等多渠道、多形式宣传呼吁，如《关于修建傩雕艺术一条街的建议》、《关于扶持民间组织健康成长的建议》等等。2013 年 6 月 15 日，“周官傩雕一条街”旅游规划发展项目通过专家评审。多年来，虽然有这么多乡土人才做基础，取得了这么多的殊荣，有这么多单位领导重视，周官的傩雕艺术几起几浮，但实际结果基本还是原地踏步，甚至出现人才流失严重的局面，没有从根本上做大做强。为什么会出现这种情况？这个问题值得我们去深思。毛泽东主席说，“没有调查就没有发言权”，也就不了解不知道传承发展中的问题。根据调查，总的来说，主要是重视力度不够，考察的单位多，实质性出谋划策和政策帮扶的少；传承的人多，懂得传承和利用发展的人少；研究的人多，结合实际把研究成果转化为发展举措的少；宣传的口号多，实质性政策的落实少；文化内涵丰厚，却没有对外销售的傩雕艺术销售市场。

三、安顺周官屯堡傩雕艺术的传承、发展和思考

傩雕艺术的产业化是一个跨行业、跨部门的新兴产业，其发展既需要其他产业的支撑，又对传统的一、二、三产业有广泛的渗透和提升作用，当前的傩雕艺术尚未形成良好的内部联动和外部联动机制。傩雕文化艺术与旅游产业融合不够，还未形成上下衔接、左右互动的文化旅游产业链。文化旅游产业没有与特色傩雕艺术产业发展进行有效整合，不仅导致文化产业附加值低，也导致经济整体效益较差。

近年来，各级党委政府也重视屯堡文化的保护、传承、发展与利用。但是，在大环境的趋势下，受体制、界别、学科门类、话语权等各种因素影响，傩雕艺术的挖掘、保护、传承虽然取得了一定成绩，但成效甚微。

周官的傩雕艺术既抽象又写实，既粗犷又细腻，形象生动，栩栩如生。头盔上祥龙、云彩、星宿鲜明，层次突出，人物面相比例合适。继承传统的同时又能把外界艺术学为已有，在进行大胆的创新的同时又能把握其文化根本，能以不变应万变。雕刻的地戏面具文武将一目了然，战盔的武将标志，威严得气势凌人；官帽的文将写实，让人一看便知；正将的色纯面善，可亲可近；反(番)将的则凶悍狰狞、色杂，是周官艺人善恶分明、辨别是非的心灵写照；少将的眉清目秀、箭眉色纯、红润刚烈；女将的线眉、凤眼、樱桃小嘴、凤花盔头；老将的皱纹焰眉、断鼻色暗、长长胡须，把传统的“少将一支箭，女将一根线，老将烈如焰”的人物形象表现得淋漓尽致。头盔有平盔、尖盔、丞相盔、龙盔、龙凤盔、顶帽盔，盔上装饰有抱箍龙、戏珠龙、盘龙，图案多有龙凤呈祥、双凤朝阳、凤穿牡丹、白虎星、青龙星、大鹏星等；牙齿有天包地、地包天、上咬牙、下咬牙、咪咪牙；嘴分歪嘴、蛮嘴、撮撮嘴、

樱桃嘴、凶悍嘴、鸡嘴等；眼睛分秋秋眼、眨巴眼、鼓眼、凤眼、虎眼等，还有浪漫而神秘的照妖镜，这些无不是每个地戏面具的典型标识，剧中人物的象征。每个戏曲人物的喜怒哀乐就这样被周官雕匠手里的刻刀表现得活灵活现。

自2005年以来，笔者一直自费参加各种学术研讨会，其目的就是为了努力充实自己的文化水平，争取更多的机遇、机会跟专家学者们近距离交流和学习，能获得更多专家学者的建议和意见，以便为傩雕艺术的传承发展做出一定的贡献。2007年以来，主持和参与的大大小小有关傩雕艺术培训有十几期，与当地政府诸多部门打交道也不少，所看到的、所经历的、所听见的、让我感触最深的是：政府主管单位和部门常规下只顾短期内的政绩，很多培训就是为了完成任务和指标，找一些门外汉来谈及不切合实际的傩雕艺术传承发展。即便是着实的培训，受经费影响，培训班时间也很短，就是为培训而培训，农民学不到东西，服务不了社会，而承办单位则劳力伤财，事倍功半，不但促进不了傩雕艺术的传承发展，反而给屯堡文化的传承发展埋下了深深的隐患。大专艺术院校科研机构和学术研究团队很多是为了申报和完成课题，或用于课题组织者的职称评审，更有甚者是闭门造车，在网上和书本上查阅资料，通过艺术组拼完成课题，而不是为傩雕艺术的保护和传承在作研究，从而体现出来的结果也是为研究而研究，并不能真正为傩雕艺术的保护、传承、发展增添营养佐料。文化企业以盈利为目的，往往是打着保护传承的幌子避重就轻、草率宣传，甚至盲目的创新，错误嫁接文化事项；民间艺人受文化水平的限制，发展眼光短浅，“夜郎自大”，甚至相互排斥，恶性竞争，造成市场混乱，为了点亮自己，对本真的屯堡文化也是说法不一，给外界了解傩雕艺术文化事项造成很多错误的理解。最后的结果是政府、企业、学者、艺人之间各敲自家锣，各唱自家戏，资源和力量整合不到一起，从而制约了傩雕文化的传承，也制约了傩雕艺术的产业发展。

传承发展周官屯堡傩雕艺术文化产业，应结合实际，因地制宜，从根本上真正做到专家先行、政府主导、合理利用民间资本。企业运作的同时让民间艺人真正参与进来，利用文化标识符号对傩雕艺术旅游商品进行包装，开发、创新适合于安顺旅游市场的旅游商品，让游客买到的不仅仅是一件件旅游工艺品，而是屯堡的文化标识和富有文化底蕴的傩雕文化产品。借助黄果树、龙宫等旅游景点加强宣传推荐，同时借助互联网进一步拓展销售市场，市场做大了，文化在得以宣传的同时才能带动地方经济的发展，文化企业发展了，才能创造更多的就业岗位，也才能抽出时间和精力、财力去投入到傩文化的发掘研究中。

各级党委政府，应重视乡土人才，听取专家学者的建议和意见，特别是重大项目的立项，不能因为一时的发展而忽略文化的重要性。

政府主管部门、院校学术机构和团体、文化持有者（传承者）的相互协作，共搭一个台，同唱一场戏，这才是在真正意义上彰显傩雕文化内涵。傩雕艺术得到了有效传承，我们才能做到整合傩文化资源，发挥其优势，使其真正融入当地的文化经济建设中，更大发挥傩雕艺术在旅游和文化产业中的作用，从而推进充实安顺旅游文化市场，助推“四在农家・美丽乡村”建设。

结　语

2014 年 10 月 15 日，习近平总书记在北京主持召开文艺工作座谈会重要讲话时，曾强调“传统文化是中华民族的精神命脉，是涵养社会主义核心价值观的重要源泉，也是我们在世界文化激荡中站稳脚跟的坚实根基。要结合新的时代条件传承和弘扬中华优秀传统文化，传承和弘扬中华美学精神”。如何彰显傩雕文化内涵，使之成为特色文化支柱产业，激发各地民间艺人和傩雕文化企业全身心投入到传承发展上来，进一步做大、做强傩雕文化产业呢？除了傩雕文化传承人及其他民间艺人的文化自觉和文化自信外，专家学者的研究应结合我市文化传承保护和发展的现实情况，为傩雕文化的传承和产业化发展提供强有力的保障，政府主管部门应高度认识傩文化这张绚丽的文化名片在民族文化中的地位和作用。

随着国家的综合实力不断增强、人民群众生活的不断提高、文化市场不断繁荣、市场经济不断交往与融汇，安顺周官屯堡的傩雕作为联系全国乃至世界的一扇窗口、一张地方文化名片，融入社会文化市场不会只是一时的潮流。而傩雕文化产业也能得到更快、更好的发展，成为安顺文化经济的一个主要增长点。傩雕同时也是贵州省安顺市的一张文化名片，保护和开发利用好这张文化名片是一项长期的民生工程。随着各级党委政府越来越重视，傩雕文化及其所带来的傩雕旅游文化产业必将得到更好的发展。修建“傩雕文化一条街”，营造傩雕文化生长的空间和环境，打造傩雕销售市场，使傩雕真正融入到“四在农家・美丽乡村”建设中。我们有理由相信，有众多专家学者的献言献策，有各级党委政府的重视，各个部门上下一条心，同唱一场戏，安顺周官屯堡傩雕艺术就能得到真正意义上的彰显，从而有效发挥其功能和作用，助推安顺文化经济的繁荣发展。

傩文化的生命泉源与未来走势

——以贵州道真为考察中心

◎ 冉文玉[①]

史称“黔蜀门屏”的道真仡佬族苗族自治县不仅成片地生长着被誉为“冰川元老”、“植物熊猫”的银杉，而且也较为原始和完整地保存着被誉为“戏剧活化石”的傩文化。多年来，笔者一直在本地域从事着以傩文化为重点的田野调查工作。在一次次的调查中乃至调查之后，我经常陷入两种极端化的心态：一方面是不自觉地为民间那些既戏谑又庄严的傩文化活动事项所震憾，时时产生一种身置现代而神往远古的感觉；另一方面，因眼见许多东西已露出朱颜渐改，甚至明日黄花的迹象，而每每禁不住发出一声叹息。同时，我也会不自觉地思考起两个相关的问题：其一，这一滥觞于远古的文化，究竟以什么为泉源，历经数千百年，穿越万水千山，流化民间百姓，具有如此永恒而旺盛的生命力？其二，面对如此汹涌的现代化、一体化、全球化大潮，许多古老的民族民间文化似乎都缺乏应有的自信而相继退出了现实生活的舞台，不经意间便遁入了浩渺无垠的历史时空。那么傩文化又能行走多远？它最终又将遭遇一种怎样的命运？

一

关于傩文化的生命泉源，笔者认为主要来自五大方面：

其一是神秘的宗教特质。

傩文化具有宗教的属性，不仅为学界所肯定，而且也为民间所肯定。学界今日所统称的傩文化，即归属于民间所谓的“巫教”系统；其独立而完整的有关仪式活动，民间通谓之曰“道场”；相应地，从事“道场”活动的人员，也称之为“道士先

---

① 作者简介：冉文玉，男，土家族，贵州省道真县民族宗教事务局副局长。

生”；在“道士先生”们基于共同的传承关系而结成的组织形式“坛班”内部，彼此之间则以“道友”互称。深入研究其“道场”的操作方式与“道法”的传承要素，对其宗教性，可以做出进一步的肯定。其中所有“道场”的操作方式，均以“接法受传者”为“掌坛”，以香、烛、阴钱（有长钱、散钱、大钱、拐钱、标钱、星神钱等）、斋粑豆腐、刀头酒醴，甚至猪羊鸡三牲为特别信符（表达诚意、敬意的信物），以“请神”、“请师”与“送神”、“送师”分别作为开始与结束的重要端点，以跪祷、观师（通过意念观想师父传授目前所使用的道法时的具体情景）、画符（有“斩妖护身符”等四百余道）、书讳（有“金光讳”等六十余道）、念咒（有“藏身咒”等六十余种）、挽诀（有“老君坐殿诀”等七十余式）等为与神圣通灵、获取法力的有效途径，以竹卦呈相作为“神灵降临与否，事项周全与否”等方面的唯一评断。由此可见，有形“道场”作用的发挥，全仗“道士先生”与其所请神祇和师尊的心灵沟通。至于“道法”的传承，虽然也少不了徒弟在平时活动中直接的体验参学、师父单独的甚而秘密的面授机宜，以及专门举行十分隆重的称作“抛傩”的传法仪式，但其中的关键仍在于依靠“道德品性”赢得“师父”的“封赠”（口头敕封）性肯定。具体地说，即是看习学者对百十条以“禁忌”面目出现的戒律及规范的遵循程度。总而言之，十分注重“道德品质”这一精神性的因素。所以，客观地说，傩文化首先是作为一种神秘色彩浓厚的宗教文化而存在的，宗教性正是傩文化最为本质的属性，是它区别于一般民间文化的一个特质。而且，也正是因为这一特质的存在，同时由于宗教本身总是借助超现实的力量来达成人生的诸多现实需求，而人自身却又总是处于现实需求的绝对无限性与自身能力的相对有限性的双重矛盾之中，所以它对民间百姓便有着天然的吸引力。特别是做“道场”之后所反射出来的一个个“应验”故事在民间的广泛传播，不仅使其神秘色彩更加厚重，而且也加助了这一力量在民间的快速流动，不断地提升着它在百姓心目中的位置，并使之逐步成为百姓信仰世界的中心。因而也使得这一泉源，其来也深，其势也大，其流也远。

其二是生命的全面关怀。

通过对傩文化各“道场”功能目标的全面考察，我们又可引出一个进一步的结论：傩文化不只是一种宗教文化，而且还是一种为普通百姓所创设的且实用性极强的宗教文化。它虽然不像佛、道等教，更注重生命的终极关怀，把它的目标确立在遥远的天国或彼岸，而是将它的重心落实于现实的人生，致力于满足普通百姓祈福迎祥的现实需求，但因为它毕竟是以宗教方式所作出的关注，加之在它的生命观念中，除了现实的人，还有牛马蛇虫、松杉草竹等与人类共存的动植物，以及作为人与动植物生命的延续形式——鬼魂、精灵等，所以它在追求其目标的过程中或方式上又体现出对多形态生命的关怀。大大小小的百余种“道场”形式，都与人从生到死的整个过程及其相关的活动或需求建立一一对应的关系。其中关于居住的，即有“谢土”等；关于婚姻的，即有“上轿马钱”等；关于求子的，即有“唱梓潼戏”等；关于养育的，即有“解将军箭”等；关于养殖的，即有“和瘟”等；关于祛病的，即有“和梅山”等；关于求寿的，即有“酬东岳”等；关于祈求平安的，即有“冲平安傩”等；关于生产方面的，即有“上秧苗钱”等；关于求财的，即有“打财神”等；关于处理人际恩怨的，即有“打解结”等；关于承传道法的，即有“开天门”等；关于敬神的，即有“酬山王”等；关于丧葬的，即有已融入佛、道、儒三教中的“关夫”、“饯驾”、“开路”、“召山”等；关于关照亡灵的，即有“提坟”等，不一而足。显而易见，以上的“道场”都是基于祈福的。由于祈福的过程即相伴着一个逐疫的过程，而逐疫的过程又容易造成对那些特殊生命的间接伤害，所以傩“道场”虽然较佛、道、儒三派具有明显的“武”、“野”特征，但如实地说，其对“不祥之物”的“推遣”，更多是在坚定目标的前提下，采用火化银钱、斟酒上熟等物质性的酬赏犒劳，“和送”劝导，而并非一味地强行驱赶。特别是对“收禁罐”这类用于搜邪捕鬼的强制性方式，除非万不得已，更不轻易采用。总而言之，是尽可能在关注现实人生的同时，对多形态的生命有着广泛的关照。从另一个角度上说，也是通过对多形态生命的关照，以实现对现实人生更为全面、理想与恒久的关照。也正因为这样一种“道德”的情怀，它对民间百姓有着极强的亲和力，也因此而始终为民间百姓所欢迎和尊重，其自身也因此而培育和拓展了生存、发展的厚土高天。

其三是随俗的宽和胸襟。

由于傩文化主要是以“道场”活动为功能实现方式的宗教文化，所以总体上说，它对于相关的法度有着较为严格的要求。因此“道士先生”们的有关操作不得随心所欲，胡行妄为；否则，不害“信人”（信仰者），即害“师人”（道士先生）。但从对“道场”内容、缘起等方面的综合考察又可明显看到，它也并非是一成不变的；在不违背基本精神的前提下，也是随着时势、地域、对象、条件等方面的变化而发生相应变化的。道场也在不断地吸收新内容，推出新形式，用一句时髦的话说，也是在“与时俱进”的。即以“道场”中所请神祇而论，其教派兼及佛道儒诸教；其时代则远及天地初开，晚及唐宋元明；其空间广及天地水三界，近及“道场”

操作地周边大小寺庙所供诸神。再如"道场"的缘起，即是否需要作"道场"，将作何种"道场"，作多大规模的"道场"，大致定在什么时候举行，其决定权很大程度上操于"信人"之手；"道士先生"必须首先尊重其意愿，有关的操作事项也必须在这个基础上展开。例如，有人婚后久无子嗣，"道士先生"不得暗示对方做任何形式的祈嗣"道场"。而且"信人"所许"道场"之主要功能与其心中愿望不尽一致，"道士先生"也不得自行更改或劝其更改。同一"道场"，"信人"也可根据自己的条件和意愿取其大小不同、繁简各异的规模。至于"道场"举行的时间，虽然原则上应当由"道士先生"择吉，但"信人"也可定一个大致的时间段，一些"道场"甚至还可由"信人"直接确定。猪、羊之类的特殊祭品，也依"信人"当时心中所许。其中只有基本的要求，并无绝对的要求。这样，信人就完全可以根据自己的处境来叩许心中的良愿，并通过不同的方式来实现，而不致有对神不敬之虑，或愿望难酬之忧。这好比我们现在所订的合同，其有效性并不在于合同条款的合理性，而取决于双方对合同条款的认可与信守。似乎，该教在创立之初，即已充分考虑了这些因素，给"信人"——同时也给"坛门"自身提供了更多的自主空间。其结果，不仅丰富了傩文化的表现内容、表现方式、表现能力，而且也为它走进民间、走进百姓、走进生活扫除了若干障碍，而开创了一条既宽广又便捷的道路。

其四是艺术的灵性媒介。

言之无文，则行而不远。傩文化之所以能广行民间，与其表现形式的戏剧性与艺术性有着很大的关联。傩的各"道场"形式之所以被学术界称作"傩戏"或"仪式剧"，正是由此而来。虽然客观地说，由于受功能和目标的制导，傩"道场"毕竟不是原初意义上的戏剧，其戏剧性、艺术性并未得到充分的发育和张扬，但我们不能不承认，由于各"道场"所采用的都是一种叙述性结构，有相应的动作特征及音乐、舞蹈成分的融入，戏剧性、艺术性的基本构成要素是有的。而且由于这些成分都相对集中，还产生了相互调配与催化的作用。再加有古代，尤其是民间这一历史、社会的特殊背景的反衬，其戏剧和艺术的成分在民间百姓的眼中还被无形放大，并显得十分浓烈。特别是被笔者称之为"大巫"的"打保福"、"梓潼戏"、"阳戏"、"冲傩"几大形式，其"道场"规模较大，参与人员较多，其中的结构形式也较复杂，且在祭仪之外有"正戏"，正戏之外还可根据需要配上"插戏"（亦称"夹戏"，两类共有《山王图》、《金鸡岭》、《收蚩尤》、《包公清宅》、《摸包告天》等八十余种），面具（常用有山王、将军、孽龙等十余种）与角色（有玉帝真人、端枪童子、皇帝、宗师、文王等七十多个）适时出场，唱腔（有"清水柳"、"梭梭刚"、"红衲袄”等四十余种）与锣牌（有“扑灯蛾”、“放云头”、“牛擦痒”等三十余种）频频变化，动作（有钩、伸、踢、跃等多种手、脚功及“长蛇阵”、“铁疙疤”、“半边月”等十余种舞步）与节奏大开大阖，山歌、笑话、方言在“过场”（以“逗笑”为目的的即兴发挥段落）中的自由运用，“煞铧”、“上树刀”、“打粉火”、“吞火龙钉”、“金鸡上剑”等傩坛绝技的推波助澜，都无形中加重了戏剧性与艺术性的砝码。由于戏剧与艺术有着直接可感的特性，容易为年龄结构不同且知识层次较低的民间百姓所解读。所以自古以来，凡是有关傩的活动，在主家总是作为一件大事来操办，邻里亲戚，不分男女老幼，也觉得是一件喜事和乐事，都要关门闭户，前去帮忙与祝贺。同时，更重要的是借此了解历史与地方的人文掌故，并驱遣沉闷单调的乡村生活，从中寻求精神上的娱乐。对“道士先生”及整个“坛班”，也同样是一种兴奋的刺激，他们也瞄准“热闹”，在平时的学习与实际的活动中下进一步的功夫。就这样，抽象的宗教文化形象化了，为普通百姓所喜闻乐见；傩巫文化与社会需求之间，“道士先生”与“民间百姓”之间从而又建构起了一种良性互动的关系，循环地推动着傩文化的不断传播和发展。

其五是集团的职业助推。

文化的产生虽然也与自然环境有着一定的关系，但它主要是一种社会活动的产物。因此，其传播与发展，不似日月经天，江河行地，完全法于自然，而必须依赖于社会的力量。尤其是发端于远古的傩文化，要在地形复杂、环境艰苦的山区和农村传播，履行其全面关怀生命的宗教功能，并谋求新的和更大的发展，仅仅依靠单个的、分散的力量是相当困难的。通过对其认真的考察，我们发现，集团化的职业力量的推动，在其中发挥了不可低估的作用。就道真的历史与现实来看，不仅没有任何一个民间文化门类具有如此丰富的内容和形式，而且也没有任何一个民间文化门类具有如此强大的、长期结合的、以共同作业的集团化为特征的职业力量。其力量的集合，体现在坛班的构成上，除了单纯的巫教形式，更多的是与以从事丧葬“道场”为本业的佛、道、儒相结合，而形成的佛巫合一、道巫合一、儒巫合一的“一套人马，两块牌子”式的形式。这些特殊的形式，不只给坛班带来了更多的利益，使之掌握了更多的“武艺”，有利于增强自己的实力，扩大自己的影响，争取更多的信众，同时就傩文化自身来说，也极利于内容和形式上的发展，以及传播地域上的扩展。事实上，由具有佛，或道、儒教派身份的坛班所操作的巫教“道场”，无论内容还是形式，不少地方都经过了三教不变本质的融铸性加工与改造。不仅“请神”、“请师”的范围扩大了，就是“道场”的程序结构及操作方式都发生了相应的变化。即如“经忏保福”、“佛夹傩”的形式，就可说是这种结合的重要成果。另外，原本由巫教独立操作的“丧葬”形式，即上面提到的“关夫”、“饯驾”、“开方”、“召山”，就完全让位于佛、道、儒，由三教将它嵌入了自己的“道场”结构之中。就三教自身而言，它也因此找到了自己进入民间的一道方便门径；就四教的关系而言，彼此之间从此共存共荣，水乳交融；单就囊括了傩文化的巫教而言，无论是发展的泉源，还是传播的途径、生存的空间，都由此引起了一场差不多带有革命性的变化。

二

尽管因为有上述五大方面的共同作用，傩文化创造了它的历史辉煌，但是，与任何事物一样，傩文化也难以跳出盛衰相继的历史轨迹。特别是在今天，由于科学技术日新月异、市场经济充分发育，城市生活成为老百姓普遍的向往，经济利益成为重要的价值取向，实用哲学成为大众的基本信仰，傩文化经受着前所未有的冲击和挑战，衰落与嬗变已端倪初露。就目前来看，其趋势化的发展有如下五大方面：

其一是信徒传授艰难化。

傩文化在历代百姓的眼中，始终闪耀着神圣的光环。凡是稍有学识或灵性的人，如要选择自己的终生艺业，所期望的往往是做一名“道士先生”。倘若父辈之中有擅长此门艺业者，后代也每每以此为荣而继承父业。已经获得了“掌坛师”资格的“道士先生”，对本业自然也十分珍视：假如要传授徒弟，首先考虑的对象必定是自己的亲属；对那些非亲非故者，不经过长时间的考察决不会轻易接收为徒；而且如果不是特别的优秀，更不会传授其中的秘技秘诀。所以百姓对那些属于子承父业的“跟上艺”，也往往另眼相看。以致虽然民间流传着“道士三代灭，阴阳三代绝”的俗谚，但持有该门艺业者，似乎并无太多的忌讳，仍然注重家传。因此，在道真的历史上，传承有三五代、八九代乃至十余代的家庭，可以说比比皆是。但现在的情形却发生了极大的变化，不仅外人不太热心这门艺业，连家人、亲戚也是如此，甚至不少人还把它视为一门“下贱”的营生。先生坐等徒弟的局面已经颠倒为先生寻找徒弟了。有的人即使加入了坛门，也远无过去时代的刻苦和虚心；对于能否早日“请职”、“出师”（禀请师父通过一定的程序和仪式加以批准、肯定，使自己成为具有独立资格的掌坛师），并没有多少迫切的愿望，他们的理想只是求当一个“跟班儿”（法事中的普通参与者）。老一辈的“道士先生”

们尽管都不希望在自己的手中断送这门古老的艺业，自己在死后也沦为无人顶敬的“游师”（游魂），靠讨取别人泼下的“水饭”（民间在清水中加入米饭、肉片等，泼洒在野外以赈济孤魂野鬼）过日子，但只能尽力而为，很多时候也是无可奈何——传承的断层化似乎最终难以避免。

其二是职业力量分散化。

基于如上的一些原因，作为职业力量的组织形式——坛班内部也发生了一系列的变化：首先，原坛班的不少成员因为养家糊口的权宜考虑，或图谋发展的长远需要，要么只身外出务工，要么举家迁往城内。除极少数尚偶尔参与“道场”的活动者，多数已有心无力，或逐渐淡忘，近于荒废。其次，留居乡村的坛班成员也不像过去，多生活于同一的或邻近的村寨，而是散居各地，有的甚至分散于两三个乡镇，其住地相距最远者竟达十余公里；而且很多成员在客观上已不再隶属于某一特定的坛班，而是变相地隶属于多个坛班，经常应邀参加多个坛班的有关活动，成为“多栖成员”；就师承关系上说，各成员也不再像过去，至少在三代以内有其共同的师父，而往往是出于同一派别的不同师门。再次，反映在坛班成员所开展的相关活动上，无论在乡村的还是城内的，更多地采取了就近集合力量的办法，勉强撑持；要么就是纯粹的独立作战，呈一种散兵游勇状态——似乎这是坛班分崩离析的前兆。

其三是活动区域边缘化。

虽然傩文化在本质上是宗教的、济世的、祈祥的，半耕半教的“道士先生”们也并不以操作“道场”所获取的收入作为生存的主要来源，但傩文化功能目标的实现主要是借助有形的“道场”，而且不少的“道场”活动，其规模较大，所以整个活动的开支也是很大的。有鉴于此，尽管在历史上，一年四季，尤其是寒冬腊月，大小山村都有傩文化活动的普遍开展，但比较而言，主要还是集中在经济条件相对较好的城镇中心地区。而现在，由于经济相对发达的城镇中心地区更多地接受了现代文化，对于傩的信仰已逐渐淡漠，所以傩文化活动主要是在经济与文化相对落后的边远地区。那些规模较大的傩文化活动尤其如此。总之，傩文化活动的频度，城镇中心地区较边远山村为低。这明显地给人以傩文化正在淡出社会生活、渐行而渐远的感觉。

其四是操作内容单一化。

笔者曾对道真傩文化的容量作过这样一种描述：如果要对每一种独立的形式作全程演示，剔除其重复部分，至少需要两月之久；如果以文字对之作全程记录，应有不少于800—1 000万字的篇幅。可见其容量是十分巨大的。但就坛班近几年的实际操作情况来看，“冲傩”、“阳戏”、“梓潼戏”、“打保福”一类的大“道场”，即使在边远地区，每一坛班一年所作次数最多不会超过两三次，城镇中心地区的多数坛班则是几年不曾做上一次；更有甚者，十余年间也不曾作上一次。而且从缘起上看，这类“道场”多数是处理历史的遗留问题，即是酬还前辈所许“旧愿”，某种意义上说，是不得已而为之的结果。即使小“道场”，由于传统的“神不可欺”的观念还有影响，人们也是谨守其心，绝不轻易“出口”（许愿），把范围进一步缩小到他们认为更加实用和有效的方面——比如“安香火”、“清坟”、“提坟”、“解将军箭”、“上清吉钱”等。为“插秧”、“立房”、“建桥”、“蝗灾”、“瘟疫”等等而破费钱财作“道场”者则少之又少。就连“道士先生”们自己，对关系其艺业的“传法”道场，不少地方也是一再省减：只要给师父口头禀请，烧上两道“文书”（“道场”中用于通达天地鬼神的公文，分为表、申、牒、疏、状、牌、幡、票、引等类，总计一百余种），他就可以“披挂上场”，掌坛行法了。总之，只要不影响目标的实现，信众一般都采用最为简单的形式，关心的不再是隆重和热闹，而是如何节省时间——尤其是钱财。可以看出，新时代的“钱神”信仰正在取代千百年的“傩神”信仰。

其五是表现方式粗疏化。

由于民间信仰的失落或者说淡漠，以及相伴而来的实用化追求，傩文化的市场领地日益萎缩。除了老一辈的“道士先生”外，年轻初学者对于自己的艺业前途普遍缺乏信心，以致能够用功于艺业者不多。即使学有所成者，也往往英雄无用武之地，更多的时候限于纸上谈兵。留居乡村的“道士先生”们受年老体衰、艺业不精、人员不足、信众苛求等等因素的制约，加之服饰、道具、法物等设备的古老陈旧，以致在“道场”过程中吐字不清、唱腔不圆、结构松散、动作草率等状况随时可见，整个“道场”不免给人以粗疏的感觉。其艺术性、其观赏性、其研究性等等均已今非昔比，大打折扣。“哀莫大于心死。”这种表现虽由多方面原因所致，但在操作技术这一环节中表现出来，不能不说已触及到了傩文化的“心中心”，也无疑会使人更加失望并相应地带来更令人担忧的前景。

当然，笔者上述的论述是就总体而言的，是力图通过对现状的描述与分析以窥测和把握其衰变的总体趋势，引发更为深入的思考。但客观地说，由于道真在历史上长期隶属四川，一度隶属湖北；东汉西南名儒尹道真先生曾在此方设馆教学，开启南域的文明；加之仡佬这一古老民族的世代居住，以及山区独特环境的浸润，其傩文化有着悠久的历史、丰富的形态和深厚的积淀。及至今日，仍然有五十余个坛班在开展相关的活动，不少坛班的整体水平也仍然较高，古老的傩面、道具、科仪本、演剧本仍有大量遗存。近年来，贵州民族大学西南傩文化研究院、日本早稻田大学、韩国庆尚大学频频到县内开展有关的田野考察或进行多角度的合作研究，即是一大证明。道真傩文化不应因上述情况的存在而受到忽略，而是应在抢救与研究方面给予更为密切的关注。

最后，笔者还想进一步表明这样一个观点：傩文化在过去的历史上，正因为具备了上述的一些特质与形式，而开掘了不断壮大和发展的生命泉源。它不仅因此而成为中国宗教文化的源头，而且对民族民间文化乃至整个传统文化都产生了十分重要的影响。特别是在民间百姓的观念塑造与文化、艺术启蒙等诸方面，更是有着不可低估的作用。但是万物皆有盛衰。在社会高速发展的今天，这一古老亦常新的文化正日益走向衰落，并且因其宗教性特质的存在而成为民族民间文化从有形向无形、从文艺向宗教这一不断退失的过程中的最后一道防线，需要引起学术界的高度警觉，并抓紧着手有关的对策研究。

从福泉阳戏的傩神谱系看傩戏文化的包融与发展

◎ 杨光华[1]

福泉是两千多年前春秋战国时期且兰古国都邑的所在地，在这块古老土地上传承下来的阳戏，还保留着许多古代巫傩印记。这些印记最明显的特征，是阳戏在还愿的祭仪中，敬奉了诸多傩神。仅在“开坛礼请”中，就恭请了三百八十多位神尊供奉香案，而且还流传了许多傩神的传说。这就使得福泉阳戏保存了浓郁的宗教色彩。阳戏坛门供奉的众多神祇，按照它们在天界的权势和在民间的影响，排列着自己的神格地位。

福泉阳戏从明洪武初由军傩和乡人傩传入，至今已有六百多年历史。阳戏顶“玄皇宝坛”，相传原有 48 个坛门。到清光绪年间，全境还有 18 个坛门开展活动。现在，全市还能正常开展活动的只有黄土哨、马田、沙子坎、谷龙、大养马五个坛；地松、龙昌、岔河、黎山等阳戏坛只有掌坛师，没有弟子，不能正常开展活动了。阳戏坛门自称“玉皇门下弟子”，顶敬李老君，又称为“老君教”，故与道教有更加密切的渊源关系。随着道教在民间的普及，以及道教的道士插手傩坛，巫道融合，道教神系大量涌进了阳戏坛门。再加上民间宗教信仰的宽容与混杂，儒教、佛教的诸多神灵也挤进傩坛。故而福泉阳戏坛门出现了三教神系、民间民俗神系以及阳戏神系的混杂，而道教神系居于首位的格局。

笔者认为，所谓“神”的来源大体有三类：一类是自然界中的日、月、风、雷、雨、电、山、水、江、河、湖、海、金、木、火、土……，万物有灵而产生的神。二类是人间的明君贤臣、忠良义士、孝子贤孙等死后转变为神。三类是上天的星宿神，天神转节为人，人又回天为神，称为天神。换句话说，凡能为人类带来福祉的称为神灵，凡是给人类造成灾祸的则称为鬼怪。总之是仁者为神，神者转人。诸如伏

---

[1] 作者简介：杨光华，福泉市民间文艺家协会主席。

羲始创人烟，神农始稼五谷，轩辕始制衣巾，唐尧贤良让位，虞舜与民同耕，夏禹治水，商汤为民祈雨，孔圣教人诗书仁义，老君教人以道德，释迦教人积德行善，忠义的关羽，无私的包公……这些不都是由贤人变成了神尊吗？福泉阳戏尊崇的傩神众多，大体可分为五大谱系进行排列：

一、道教神系

（一）洪钧老祖

洪钧是道家供奉的正宗祖师，为上清、玉清、太清“三清”的师父，故称为道家的“老祖”。大约是西周时期人，在姜子牙封神后，巫教尊洪钧为真武祖师。阳戏在祭仪“礼清”法事中唱道：“奉请开天玉洪钧，洪钧原来无母亲；洪钧原来无父母，道法一气化三清，洪钧位天尊。”

（二）三清大帝

三清大帝即上清、玉清和太清三者：上清灵宝天尊太上老君，他是洪钧老祖的大弟子，名李耳，又称老聃、老子，春秋末期的思想家，著《道德经》，是道教的创始人；玉清元始天尊，他是洪钧老祖的二弟子，有《阴阳二度救劫真经》和《皇经》传世；太清道德天尊，洪钧老祖的三弟子。“三清”是阳戏顶敬的最高神尊，设“三清殿”供奉。

太上老君传度的弟子主要有：关尹喜，即青羊宫的无尚真人；庄周，即战国时的庄子；张陵，即东汉天师教祖张道陵真人。

元始天尊传度了弟子十二人：即燃灯道人、慈航道人、广成子、赤精子、云中子、道行天尊、文殊广法天尊（男性）、普贤真人（男性）、太乙真人、惧留孙、清虚道德真君、灵宝大法师。

福泉阳戏坛门将太上老君敬奉为最高的天尊，与玉皇大帝同格齐名，在“礼清”法事中唱道：“奉请开天李老君，身骑铁牛下凡尘；手拿七十二道六州法，先会茅山法主李老君，法祖位法王。”

（三）玉皇大帝

玉皇大帝，名张自然，为中原奉天大帝，是万神之尊，管辖一切天神人鬼，权力至高无上。手下有托塔天王李靖、太白金星、四大天王、二十八宿、四海龙王、十殿阎罗等许多文武仙官。

帝后王母娘娘，名杨回，又称西王母，地位无比尊贵。民间把王母娘娘看成是赐福、赐寿、赐子、化险消灾的一位女神。

福泉阳戏坛门在祭仪中，把玉皇大帝神像与“三清”大帝神像同格供奉，称自己为“玉皇门下弟子”。

（四）真武祖师

真武祖师，又称真武荡魔天尊，住南瞻部洲武当山太和殿。福泉阳戏在祭仪“礼请”中唱道：“真武祖师去出家，身穿一件黄袈裟；行往武当山前过，失了金钻散了发。真武位祖师。”

（五）太白金星

太白金星，亦称李太白、启明星、长庚星。传说孙悟空大闹东海时，玉皇大帝遣太白金星奉旨前往招安，领着孙悟空，到达灵霄殿，不等宣诏，直至御前会玉皇。太白金星已是一位手持天书的白发老翁了。

（六）道教四祖师

道教四祖师即张道陵天师、葛洪天师、许旌阳天师和邱洪济天师。特别是张天师，阳戏各坛均尊崇。

（七）雷部正神

雷部正神：即九天应元雷神普化天尊闻仲（闻太师）率二十四天君：邓忠、辛环、张节、陶荣、庞洪、刘甫、荀草、毕环、秦宗、赵江、黄全、袁角、李德、孙良、柏礼、王变、姚昊、张绍、贵庚、全素、吉立、余庆、金光圣母、函芒仙二十四位正神。福泉阳戏使用的法章也是“雷霆都司”印，在“礼请”中请到十大雷神天将和雷兵雷将赴坛场。

（八）瘟部正神

瘟部正神：瘟癀昊天大帝吕岳率六位正神，即东方行瘟使者周信、南方行瘟使者李奇、西方行瘟使者朱天麟、北方行瘟使者杨文辉、劝善大师陈庚和瘟道者李平。

（九）火部正神

火部正神：南方三气火德星君罗宣率五位正神，即接火天君刘环、尾火虎朱招、室火猪高震、嘴火猴方贵、翼火蛇王蛟。

（十）太岁部正神

太岁部正神：甲子太岁杨任、值年太岁殷郊。

（十一）财部正神

财部正神：金龙如意正一龙虎玄坛真君赵公明、利市仙宫姚少司。

（十二）兵部正神

兵部正神：云中宫托塔天王李靖。

（十三）水部正神

水部正神：五气水德星君鲁雄。

（十四）斗部正神

斗部共有五斗星君，均为二十八宿的斗宿。中斗三星，东斗四星，西斗五星，南斗六星，北斗七星。阳戏坛门主要供奉南斗六星即周纪、胡雷、高贵、余成、孙宝、雷鹏六位星君；北斗七星即黄天祥、比干、窦荣、韩升、韩变、苏全忠、董顺七位星君。

（十五）四大天王

四大天王，亦称“四大金刚”，即是魔氏四雄：增长天王魔礼青、广目天王魔礼红、多闻天王魔礼海、持国天王魔礼寿。四大天王在玉皇大帝率领下管理天神人鬼。

（十六）中天星主北极紫微大帝

中天星主北极紫微大帝，即伯邑考，玉皇大帝属下天神。

（十七）三大元帅

三大元帅即马元帅，又称马天君、马灵官、华光大帝；赵元帅，即赵公明；温元帅，即温琼。

（十八）城隍库官

城隍为守护城池的神；库官即管理善男信女存钱（烧化纸钱）的官神。

（十九）功曹神

功曹神有天界功曹、地界功曹、阳界功曹和水界功曹。福泉阳戏坛门在祭仪法事中请到："天府门下年值功曹，地府门下月值功曹，阳府门下日值功曹，水府门下时值功曹，值日传递功曹。"这些功曹的职司是传递奏事仙官。

二、儒教神系

（一）孔圣文宣王

孔圣文宣王：孔子是儒教的始祖，与道教始祖老子是同时代人。相传他是古贤转节，为春秋时期杰出的思想家和教育家。孔子门生中的颜回、曾参、子思、孟子四人称为儒家"四圣"。到汉武帝时，董仲舒开创儒学为正统、杂以阴阳五行之说，把神权、君权、父权、夫权贯融一体，建立了儒家的神权体系，使儒家真正成为儒教。

福泉阳戏在祭仪法事中唱道："大成至圣文宣王，先立三纲后五常；紫袍玉带腰中现，乾坤殿下把名扬。圣人位宣王。"还请到下三教苏东坡、梁武帝、福应禅丈师如雷。

（二）五方天帝

五方天帝即东方天帝太昊伏羲、南方天帝炎帝神农、西方天帝少昊、北方天帝颛顼、中央天帝轩辕黄帝。黄帝妻螺祖。阳戏坛门祭仪中经常请到的伏羲、神农、轩辕三帝和螺祖。

（三）三官大帝

三官即天官尧，号陶唐氏，故称"唐尧"；地官舜，号有虞氏，故称"虞舜"；水官禹，又称"大禹"。阳戏坛门祭仪法事中请到："天地水府三元三品三官大帝，五方五路五老天尊；上元一品赐福天官紫微大帝，中元二品赦罪地官清虚大帝，下元三品解厄水官洞阴大帝。”

（四）阳官

阳官商汤王，又称“成汤”、“武汤”，灭夏建商，称“殷商”。商汤王封为阳官，职司是管理三山五岳之山神土地和八部正神。

（五）斗姥

斗姥即坎宫斗姥，又称“金灵圣母”，她的职司是率五斗群星，驱使八万四千群星恶煞。主要群星有青龙星邓九公、白虎星殷成秀、朱雀星马方、玄武星徐坤、金府星肖臻、木府星邓华、水府星徐元、火府星火灵圣母、土府星土行孙、天罗星陈桐、地网星姬叔吉、天煞星卞吉、地煞星高继能、七煞星张奎。青龙、白虎、朱雀、玄武为四方取象之神。阳戏坛门在祭仪法事中请到：“五方得道土府龙神，左青龙，右白虎，前朱雀，后玄武，来山去水地盘龙神齐赴香坛。”

（六）东南二岳

东南二岳即东岳天齐仁圣大帝黄飞虎，主生增寿；南岳司天昭圣大帝崇侯虎，主死折寿。

（七）三山丙灵公

三山丙灵公黄天化，系东岳天齐仁圣大帝黄飞虎之长子，属五显神之一。职司是管辖三山五岳之山神土地。

（八）土神

土神即后土，又兼鬼国国王、北幽丰都大帝，是轩辕黄帝的辅佐神。北幽在北海，由土伯管理；地狱在东海，由神荼、郁垒二将总管。

（九）土地神

土地神，即社神、乡神。福泉阳戏坛门在祭仪中请的土地神有领兵土地、当方土地、桥梁土地、栏凹土地、庙门土地、三十三天门土地、凉山土地等土地神。

（十）十殿冥王

十殿冥王，又称“幽冥王”，归土神管辖。十殿即是民间所称的“地狱”、“阎王殿”：冥府一殿秦广大王、冥府二殿楚江大王、冥府三殿宋帝大王、冥府四殿五官大王、冥府五殿阎罗大王、冥府六殿卞城大王、冥府七殿泰山大王、冥府八殿平等大王、冥府九殿都市大王、冥府十殿转轮大王。

（十一）八尊神君

八尊神君即关圣帝君关羽、桓侯大帝张飞、吕祖吕洞宾、灶王穷蝉、二郎真君、观音大士、太乙救苦天尊、三界清福神。

（十二）其他神尊

1. 天神叫“重”，即句芒，绝天地通之神。
2. 地神叫“黎”，与句芒为兄弟，撤掉天梯之神。
3. 水神叫“共工”，相传共工曾助炎帝攻黄帝。
4. 雷神叫“雷泽”。
5. 日神叫“东君”，住昆仑山。
6. 云神叫“云中君”。
7. 风伯叫“飞廉”。
8. 雨师叫“屏号”。
9. 山神叫“触龙”。
10. 海神叫“禺强”、“禺京”。
11. 河神叫“矩灵”。
12. 龙王菩萨。
13. 誉录仙官：散宜生、董仲舒。
14. 宁济祖师：杨老令公之子杨五郎。
15. 清忠祖师：《水浒》英雄武松。
16. 钟馗。
17. 魁星。
18. 四方星君武将：东方木德星君有角木蛟、斗木獬、奎木狼、井木犴；南方火德星君有室火猪、尾火虎等；西方金德星君有娄金狗、亢金龙等；北方水德星君有箕水豹、参水猿等武神。

三、佛教神系

(一) 释迦牟尼佛

释迦牟尼佛,名乔达摩·悉达多,古印度迦毗罗卫国的王子,父亲是净饭王,母亲是牟尼公主。释迦佛为中世佛,与孔子、老子同时代人,他长达45年的传教活动,有十大弟子,即摩诃迦叶、舍利佛、目连佛、须菩提(即孙悟空师父)、富楼那(小乘教祖)、摩诃迦旃延(大乘教祖)、阿那律、优婆离、阿难陀、罗暇罗。

福泉阳戏坛在祭仪法事中唱道:"释迦牟尼去修行,微微丈六紫金身;龙飞五百阿罗汉,绕出三千博地神,释迦位十佛。"

(二) 菩提达摩祖师

菩提达摩祖师,名"须菩提",系释迦佛第四弟子,孙悟空的师父。

(三) 阿弥陀佛

阿弥陀佛,西方教祖兼接引,阳戏坛门及民众多崇敬。

(四) 弥勒佛

弥勒佛,系中国传说中成佛的七个佛祖之一。

(五) 燃灯佛

燃灯佛,系中国传说中成佛的七个佛祖之一。

(六) 旃檀功德佛

旃檀功德佛,原名陈祎,法名玄奘,俗称"唐僧",李世民赐为"御弟",去西天(古印度)取真经,成为中国佛教的三大翻译家之一。

(七) 斗战胜佛

斗战胜佛,即孙行者悟空。

(八) 净坛使者

净坛使者,即猪悟能,俗称猪八戒。

（九）金身罗汉

金身罗汉，即沙悟净，俗称沙和尚。

（十）天龙广力

天龙广力，即白龙马，唐僧坐骑。

（十一）观世音菩萨

观音菩萨，即南海岸上紫竹林中救苦救难灵感观世音，世俗的知名度和影响几乎与释迦牟尼相伯仲，是大乘佛教菩萨之一。

（十二）文殊菩萨

文殊菩萨（女性），亦称“文殊师利”，大乘教祖之一，推为菩萨之首、智慧第一。相传为观音菩萨大姐妙青。

（十三）普贤菩萨

普贤菩萨（女性），为释迦佛右胁待，相传为观音菩萨二姐妙音。

（十四）大势至菩萨

大势至菩萨，佛教西方“三圣”之一。

（十五）药师瑠璃光王如来佛

药师佛，手持瑠璃光，照亮大千世界，为三世诸佛之一。

（十六）哼哈二将

哼哈二将：哼将名“郑伦”，哈将名“陈奇”，敕封为西释护法二将。

（十七）八大金刚

八大金刚：即金刚乐、金刚拳、金刚歌、金刚舞、金刚钩、金刚索、金刚锁、金刚铃。

（十八）十八罗汉

十八罗汉，又称为“十八尊者”，排列于佛教大雄宝殿两旁。

（十九）五百阿罗汉

五百阿罗汉，为罗汉堂之罗汉，相传是祭妙庄王火焚白雀寺时被烧死的众僧，追封为罗汉。

（二十）利市仙官

利市仙官，即妙庄王，传说是观世音成佛后度其父为“利市仙官”。

（二十一）和合二仙

和合二仙，又称“和合二神”，乃天台山僧寒山和拾得，清雍正间正式封寒山为“和神”，拾得为“合神”，亦称“和合二圣”。

（二十二）地藏王菩萨

地藏王菩萨，即幽冥教主，系释迦牟尼佛祖的第三个弟子目连·金乔觉，住地王殿翠云宫，左右有十王来朝。

（二十三）韦驮

韦驮，又称“韦天将军”，是观世音菩萨的护法神，相传他是“四大天王”三十二员部将之首。

四、阳戏神系

（一）川主

川主，即蜀郡守李冰，被敕封为万天慧明大帝，是阳戏坛门所顶敬的“三圣”戏神之一。在开坛“礼请”中唱道：“川主王来川主王，我王从小受穿黄；昔日插草量天地，即时赶山赶太阳。”

（二）土主

土主，其名紫微，敕封盖天土主，是阳戏坛门顶敬的“三圣”戏神之一。阳戏祭仪中唱道：“土主坐处不非凡，家住昆仑靠碧山；前面青龙来戏水，后面来龙紧靠山。”

(三) 药王

药王,又叫“天乙星”。阳戏祭仪中唱道:“药王神来药王神,家住掌坛兴国城;手持一把七星剑,上管君来下管民。”

(四) 三伯公婆

三伯公婆: 大伯公名冯新春,二伯公名冯万春,三伯公名冯秀春,是他们倾尽家资办阳戏,扶持玄皇宝坛发展,后世将他们敬奉为神尊。

(五) 东山圣公、南山圣母

东山圣公、南山圣母,又称傩公、傩母。相传圣公即是伏羲,雷神之子,创“伏羲八卦”;圣母相传为女娲。阳戏打保福法事,必设圣公、圣母神案。

(六) 阳戏二十四戏神

阳戏二十四戏的戏神有玄皇会上三洞法主、赵侯圣主、金花五通、郭氏三郎、傩公正教大法老师、泰洪宝山灵济祖师、金角将军、银角大将、十圣公主、十二花园姊妹、梅山启教、九溪十八洞仙师、金氏师姐、柳氏师娘、执法童子、捧印仙官、阴司公公、王法灵官、王法兴官、王法旺官、王法圣官、王法林官、催愿神、秀才神、检灾神、开路先锋、点盘郎官、领牲二郎、引兵土地、押兵先师、地盘土地、唐氏太婆、甘生八郎、上香小神、左鬼右判、纠察灵官、走马二郎、三员将军、四员枷拷、歌鼓二老之神、员外老人、范杞郎君、许氏孟姜、把关大将、八蛮猛将、道士先官、绣球太子、瀑布童子、啄木官儿、算命先师、斩鬼钟馗、送米安安、传书柳毅、刀杆师、顶鳌师、刹铧师、翻坛师、雕刻师(鲁班)、创画师(史皇)、创字师(仓颉)、创唱师(伶伦)、翻坛打罐张五郎、追魂使者、撬盘郎君、左坛真武将、右坛龙树王、前坛康太保、后坛李哪吒、左押张天师、右押李天师、陈公师祖、法官师娘等圣尊。

五、家宅俗神

阳戏坛门在祭仪中请的家宅俗神有家堂三教福神、荤素有感一切真神、北方真武玄天仁威大帝、九天开化七曲文昌梓童帝君、天禄地雅七六保世十圣宫王、求男玉女仙官、斗口助笔文魁武魁、黔省护国佐民黑神大王、土地后宫瑞庆夫人、招财进宝郎君、门神护佑、地脉龙神、屋檐童子、四脚地神、福禄文武财神、思播二州千里有感四员官将、张吹李吹、鸡市郎君、碓磨夫人等圣尊。

从福泉阳戏敬奉的傩神谱系可以看出，阳戏是一个信奉多神祇的宗教艺术群体，它有着强大的、无形的神祇意识来维系着它的生存和发展。儒教思想的确立、道教的兴起、佛教的传入、巫教的影响，阳戏包融了它们的思想、伦理和观念，接纳了它们大部分的神祇来武装自己，为自己服务。所以，阳戏供奉的神祇多而杂，既有道教诸神，又有儒教神系，既有佛教圣尊，又有地方家龛民俗的神灵，再加上自身的戏曲神，大小尊卑三百多个，形成一个包容性极强的多元神系的杂糅。虽然阳戏不是一种宗教，却融合了多种宗教思想、宗教观念所供奉的神灵，大到三清、玉皇、盘古、三教始祖，小到啄木官儿、鸡市郎君，凡是有利于张扬发展坛门的神灵都请进来，贡炷香、领张纸。这都显示了阳戏的威力和适应性，也使得这种古老的艺术历经千百年的坎坷而不绝，传承发展到今天，这大概是一个重要原因吧。

当今，傩戏、傩舞、傩文化的研究、开发和利用，已经成了一个热门话题。其中傩神就是傩文化传承中不可忽视的纽扣，是维系傩文化传承发展的宗教链条，应引起学者的关注。进一步扩大宗教文化的影响力，必定会反过来推动傩文化研究开发的深入发展。

文化地理视域中的黔地傩文化形态探析[①]

◎ 吴电雷[②]

黔地傩文化资源丰富，形态多样，典型类型有撮泰吉、傩堂戏、端公戏、阳戏、梓潼戏、庆坛、地戏、布依族面具戏等。多样化的傩文化形态在黔域版图上构造出一幅条块清晰的傩文化地图，并呈现每类傩文化形态在一定区域内具有独特性的同时又与其他类型略有融合的分布特点。溯源黔地傩文化，主要有域外文化源和域内文化源两大主流，域外文化源又分为“周边文化源”和“中原文化源”，域内文化源则单指“本土生发源”。

梳理现有文献和综合田野调查情况有一重要发现：在黔地17.6万平方公里的区域内傩文化资源丰富，形态类型多样，迄今为止发现计有十余个傩文化品种。从文化地理学的视角观照，多样化的傩文化品种在黔地版图上构造出一幅条块清晰的傩文化地图。溯源它们的文化源地，发现亦呈多元化。

一、形态观照

黔地是迄今发现存有傩文化品种最丰富的区域，有“撮泰吉”、“傩堂戏”、“端公戏”、“阳戏”、“梓潼戏”、“庆坛”、“地戏”、“布依族面具戏”、“花灯傩戏”以及“跳神”、“冲傩”、“打保福”、“还愿”等。繁多的称谓虽然不能排除“名异实同”的情况，却恰好反映了黔地傩文化的丰富性和典型性，因为每个品种在祭祀神灵、表演出目、演出时空等方面皆具有独特性质。

撮泰吉 彝族“撮泰吉”，亦称“变人戏”，演述彝族先民迁徙、农耕劳作、种族

---

① ［基金项目］2015年贵州民族大学科研院（所）、基地（中心）科研项目：文化地理视域中的贵州傩文化形态研究（编号：15KYGS012）；2015年贵州省哲学社会科学规划课题：贵州多民族傩信仰研究（课题编号：15GZYB65）。

② 作者简介：吴电雷，男，汉族，山东平邑人，贵州民族大学西南傩文化研究院副教授、博士。主要从事中国戏曲史、戏曲与民俗研究。

繁衍的情节。主要角色有山林老人惹嘎阿布和阿布摩、阿达姆、麻洪摩、嘿布、阿安五位撮泰祖先神。表演时除惹嘎阿布外，其他角色都要戴面具。所有面具整体造型相同，呈脸壳形，以黑为底色，眼口镂空，面具上画白色线条或粘贴麻绳材质的胡须，以线条的多寡或是否粘有胡须来区分角色身份。演出的剧目只有"撮泰吉"一个，演出时间在正月初三至十五期间，在彝族村寨举行的"扫火星"年俗活动中演出，该项仪式活动强调突出"驱鬼逐疫、祈福纳祥"的旨趣。

端公戏 在黔西北的金沙等县区，由端公主持举行庆菩萨、庆坛、打傩、阳戏、做道场、跳端公等活动，当地又称端公戏。端公戏演出时各种角色出场要戴面具，并且神龛上要供奉被称为"老郎神"或"老郎太子菩萨"的木雕戏神。有些面具既是祭祀面具又是演戏面具，扮演的角色有文臣、武将、凶煞、善神、男女性神灵等。根据端公戏仪式成分比重的大小，划分为法事戏、正坛戏、耍坛戏三种类型。法事戏具有酬神驱邪的祭祀性质，主要剧目有《开坛》、《圆坛》、《遣公曹》等。正坛戏主要剧目有《礼请》、《二郎记》、《桃山救母》等，剧情内容多是与巫道神祇相关的神话故事。耍坛戏又称"春戏"、"笑坛戏"、"花戏"，夹在法事之间演出，目的是活跃观众气氛，内容多取材于历史演义、神话传说或民间故事，代表性剧目有《和尚讨亲》、《遇龙封官》、《天官赐福》等。

傩堂戏 傩堂戏即"傩愿戏"，因在愿主家宅的中堂设神坛演出祀神戏而称之为"傩堂戏"，神龛上供奉的傩公、傩母木雕神像是演出傩堂戏的最显著特征。傩堂戏的具体品种有冲傩、打保福、过关、冲寿傩等。"冲傩"旨在驱逐、冲走作祟的邪魔恶鬼。"打保福"指驱赶缠附孩童犯恶之邪鬼和祈求善神佑护其健康成长的一种傩仪。"过关"旨在解除困扰小儿健康成长的关煞。"冲寿傩"用于祈神保佑老人健康长寿。演戏前，由开路先锋请求看管桃源三洞的唐氏太婆先拿钥匙开洞请出代表神祇的面具才能开演。傩坛法师戴上象征每位神祇的面具唱演其根生故事，傩堂面具主要有开山猛将、先锋、和尚、土地、秦童、钟馗、判官、灵官等。傩堂戏演出戏目有两类：一类是与"冲傩还愿"相关的仪式戏，又称傩堂"正戏"，有二十四戏，分"上洞戏"、"中洞戏"、"下洞戏"三部分。"上洞戏"剧目包括《扫地和尚》、《地盘开洞》、《开路将军》、《点兵仙官》、《引兵土地》、《押兵五郎》、《水路将军》等，"中洞戏"剧目包括《甘生八郎》、《杀牲九郎》、《算命郎君》、《九洲和尚》、《王婆卖酒》、《打菜仙姑》、《牛皋卖药》等，"下洞戏"剧目包括《勾簿判官》、《钟馗斩鬼》、《二郎镇宅》、《目连追殿》等，演出傩堂正戏须戴面具；另一类是与"冲傩还愿"仪式无直接联系的"插戏"，常演剧目是以《庞氏女》为大题目的折子戏，如《陈氏磨妻》、《姜诗休妻》、《安安送米》、《芦林会》和《柳毅传书》、《鹦哥记》、《蟒蛇记》等，这类插戏演出时不戴面具。傩堂正戏表演是还愿仪式的主体部分，而插戏表演要服务于仪式活动。傩堂戏演出中间或结束时还常表演开红山、上刀山、下火海、抓油锅、定鸡等傩技，以期达到镇妖慑鬼的目的。用于傩堂戏演出的主要法器和表演道具有师刀、牛角号、祖师棍、牌带、令牌、竹卦，乐器有锣、鼓、钹等。

另外，发现于岑巩县注溪乡的“喜傩神”可视为傩堂戏的另一种称谓。因为无论从其演出主旨、演出场域甚至具体的演出剧目来看，皆与傩堂戏具有高度吻合性[①]。

阳戏　戏坛神龛上祀奉川主、土主、药王“三圣”是阳戏的类型标识。因阳戏传播区域广，形态呈多样化，基本类型有仪式型、仪戏结合型和民间小戏型三种。仪式类阳戏一般由木偶或演员戴面具演出，表演仪戏结合类阳戏的演员或戴面具或涂面扮装，演出民间小戏类的阳戏演员则采取涂面化妆的形式。阳戏坛上常见象征神祇的面具有川主、土主、药王、和尚、土地、钟馗、判官、灵官等。仪式戏有“半堂戏”和“全堂戏”之分。“半堂戏”有《开坛》、《撒帐》、《造棚》、《扫棚土地》、《开路》、《灵官纠察》、《请神》、《领牲》、《走马二郎》、《点棚》、《牢子》、《接神》十二出；“全堂戏”有《百花诗》、《催愿仙官》、《碓磨夫人》、《践驾回熟》、《敲枷脱锁》、《田郭二位》、《六位国主》、《杨公大口》、《勾愿仙官》、《送神法官》、《盖魁大将》、《梅花姐妹》、《安神》十三出，共计二十五出[②]。仪戏结合类型除演出仪式外，还包括一些神祇故事的戏，如《桃山救母》、《二郎降龙》、《灵官镇坛》等。关于“二郎神”题材的戏是黔域阳戏普遍上演的剧目。阳戏的仪式轨程与傩堂戏相似，均包含请神、敬神、送神等若干环节，而娱乐性剧目或穿插在仪式中间，或置于仪式之后演出。民间小戏类型的南阳戏距祭祀酬神的旨意最远，它大量地吸收融合了花灯、花鼓等曲艺形式，演戏的世俗性、娱乐性也因此大大加强。民间小戏类阳戏的典型剧目有《卖纱学打》、《河边洗裙》、《贫富上寿》等。

梓潼戏　又名“子童戏”，是一种娱神与娱人相结合的戏曲样式，因演戏旨在求子还愿、祈神赐福而得其名。梓潼戏只唱梓潼帝君故事，先是婚后不孕的妇女

---

① 王秋桂、庹修明著：《贵州省岑巩县注溪乡岑王村老屋基喜傩神调查报告》，施合郑民俗文化基金会，1995 年版，第 52—253 页。

② 胡天成编：《中国传统科仪本汇编（六）——四川省重庆接龙区端公法事科仪本汇编》（上），新文丰出版股份有限公司，2003 年版，第 207 页。该抄本所列阳戏剧目具有典型性，因为黔域各地阳戏的仪式抄本普遍保留着对重庆巴县道光时期阳戏文本的继承性，从抄本体例、传抄时间等方面足以证明。参见拙文《阳戏仪式文本叙录》，《文化遗产》2014 年第 1 期。

向梓潼神许愿保佑生子。生子之后，杀猪祭供请戏班唱梓潼戏以还愿。这里梓潼帝君被看作生育神，但在道教神谱中是主宰功名禄籍的神灵。梓潼戏演出剧目是唐朝神话故事《陈子春》①，分《出龙宫》、《魏徵上朝》、《火官保破牢救母》三场进行。安龙县梓潼戏②则演十五折仪式折子戏：《点兵大将》、《真武》、《财神》、《太白》、《四将》、《玉帝》、《黑脸》、《探子》、《红脸》、《兵歌》、《金童玉女谏公请神》、《二郎领牲》、《土地点棚》、《灵官扫台》、《戒魁》。剧中人物有真武祖师、财神赵公明、太白金星、王马赵温四大将军、玉皇大帝、二郎神杨戬等。在戏坛上，只有土地戴面具演出，其他角色采用涂面化妆的装扮形式。唱词兼用板腔体和曲牌体，伴奏乐器有鼓、锣、钹、镲、包包锣、牛角、二胡、箫、笛等③。

需要指出：黔北桐梓县的梓潼戏与黔西南安龙县的梓潼戏表演内容大不相同。安龙县梓潼戏与云南文山州梓潼戏形态一致，戏坛供奉的是陈子春，唱陈子春事④。但黔北桐梓县的梓潼戏则与川北梓潼阳戏表演形态一脉相承，戏坛供奉土地、川主和药王⑤，这里的“梓潼戏”可视为“梓潼阳戏”的简称。

庆坛　有五显坛、三霄坛、宝山坛、王母坛、二郎坛等多种类型。分类的主要依据是祭祀的主神：五显坛祀“五显神”；三霄坛祀金霄、云霄、弼霄“三霄”，还有神案上的神祇和左辅右弼神案上的马、王二帅；宝山坛因主祀桃源宝山上的“三楼天子”（即上座云霄罗天子、中座山霄李天王、下座水霄萧天子）而信奉“桃源三洞”。庆坛基本的演出形制是在家堂神龛竖插一条大竹筒，上粘彩纸，内“贮米豆数事为洞以栖神”，稍有病痛或灾难，则延巫祷解，宰杀猪牲，迎降“宝三娘”及桃源神以酬还良愿，一般三年一庆。演出内容因演出主旨的变换而随时调整，如晴隆县杨家寨

---

①　其演出的剧目是根据唐朝神话故事《陈子春》改编，该剧既有文戏，也有不少分量的武戏。故事讲述了唐代宰相陈光儒之子陈子春考上状元，娶了名门闺秀桂花公主为妻，生下的儿子火官保被天神抢走，收为徒弟并教会武艺。桂花公主被打入地牢。东海龙王有三个女儿，见陈子春一表人才，一见倾心，便设法与陈子春成婚，生下三个儿子。成年后，三个儿子分别考上状元、榜眼、探花，并与大哥火官保相认。整个剧目情节曲折、扣人心弦，最后以“火官保破牢救母”感动玉帝，全家封神结束。演出一般分上、下半夜两部分进行。上半夜所演折子戏剧目分别为《出龙宫》、《出太子》、《龙王三女》、《出妖魔》、《出菩提祖师》、《反龙宫》、《收伏妖魔》、《反中原（唐朝）》、《夺唐朝》。吃了宵夜之后，接着演《出魏征》、《配婚（十月怀胎）》、《一出土地》、《火官保》、《广成子学法》、《二出土地》、《三仙女配婚》、《牢中生子》、《土地送子》、《三子救母》。演出结束后，将演出时的纸扎用品烧掉以谢神灵。

②　据王相胜说，安龙县梓潼戏又称还愿戏，愿信分为“长头愿”和“短头愿”，又称“发财戏”。调查资料。（时间：2015 年 07 月 04 日；地点：平乐乡郎元村龙蛇村民组何达津家；受访人：王相胜。）

③　赵煦、刘光书主编：《盘江奇葩——安龙》，贵州教育出版社，2008 年版，第 108—109 页。

④　云南文山州梓潼戏主要流传于西畴、麻栗坡、马关、广南等县。参见唐永啸《梓潼阳戏与梓潼戏》，载黄道德、于一主编：《梓潼阳戏》（内部资料），中国戏曲志四川卷编辑部、绵阳市文化局、梓潼县文化局，1991 年版，第 49 页。

⑤　调查资料。（时间：2015 年 07 月 04 日；地点：安龙县立盘村龙蛇组何诗柱家；受访人：何诗柱。）

还小儿过关愿庆坛仪式有《起坛》、《请外道》、《拜功曹》、《上祖师》、《请神》、《架桥》、《献血》、《跳老祖宗》、《戴脸子》、《钩猪》、《开财门》、《走傩上纂》、《敬酒》、《献衣》、《焚钱遣殃》、《背钱》、《上宝粮米》、《迁坛》、《过关》、《推凶星》、《贺神》、《送圣》[①]，湄潭县三联村三霄坛过职仪式有《放牲》、《招兵请圣》、《统兵进坛》、《开坛》、《参灶》、《申文》、《立楼》、《开洞》、《领牲》、《撤坛放兵》、《搭桥》、《传法度职》。田野考察发现，许多地方的庆坛仪式只是出目名称及其出演的先后顺序不同，实质内容相同，如上文的《请外道》与《招兵请圣》、《请神》与《统兵进坛》等。进行庆坛傩事活动的主要地点在事主家的堂屋，具体时间则由法师和事主商讨择定。

地戏 地戏习惯上称"贵州地戏"、"安顺地戏"或"屯堡地戏"，当地人则称之为"跳神"。跳神演地戏要遵循七项仪程：(1) 开脸：即开箱，择吉日，从箱子中请出面具；(2) 参庙：到庙中参拜神灵，求神保佑；(3) 扫开场：由两个小童分戴红、蓝面具出场，边唱边舞；(4) 设朝：君王将帅出场拟升堂坐朝，遣将调兵；(5) 跳神：即地戏演出；(6) 扫收场：由"和尚"与"土地"对唱，内容为将一切灾难、不祥扫出来，将金银财宝、吉祥平安扫进来；(7) 封箱：将面具包裹好封入"神柜"中。戴面具演出是地戏的最显著特色之一，凡是出演的角色须戴面具，一个地戏班有几十甚至上百面面具。现存地戏剧目按历史年代编排有《封神演义》、《大破铁阳》、《东周列国志》、《楚汉相争》、《三国演义》、《大反山东》、《四马投唐》、《罗通扫北》、《薛仁贵征东》、《薛丁山征西》、《薛刚反唐》、《三下河东》、《九转河西》、《残唐》、《二下南唐》、《飞龙传》、《初下河东》、《二下河东》、《三下河东》、《九转河东》、《二下边关》、《八虎闯幽州》、《五虎平南》、《五虎平西》、《岳飞传》、《岳雷扫北》、《大明英烈传》等三十余个剧目。同时可见，地戏演出的剧目本身没有驱鬼逐疫的内容，"傩"的含义体现于"开箱"和"封箱"的仪式。地戏演员全是地道的屯堡村民，过去跳演地戏的全是男性村民，自 2006 年后，因传承需要，屯堡开始组建女子地戏班。地戏演出时间集中在正月上半月"跳新春"和七月十五"跳米花神"两个时段。演出地点选在空间宽阔的街头巷尾或稻田旷野，不过在当今重视发展、传承民族文化的时代语境下，不少屯堡把地戏表演搬上了庙宇广场和城乡舞台[②]。

随着社会发展，安顺地戏表演适时与旅游结合起来，成为地方旅游的特色景

---

① 调查资料。（时间：2013 年 08 月 24—26 日；地点：贵州晴隆县长流乡杨家村罗怀尧家；受访人：掌坛师刘凡志。）

② 在安顺很多屯堡搭建了供地戏表演的戏台，如天龙镇屯堡建设"多彩屯堡剧场"、大西桥镇九溪村龙泉寺戏台、马官镇马关屯文艺舞台、屯院村乡村舞台、二官屯戏台等。

点。景区的表演剔除了地戏开头和结尾的祭祀仪式部分，只截取唱演精彩激烈的片段，提升了地戏表演的戏剧化程度。这种应景式的表演虽然在某种程度上脱离了传统的民俗背景，却以新的形式在新的文化空间内另辟蹊径地得以发展。

布依族面具戏 是当地布依族民众在岁时节令进行自娱的一种傩事民俗活动。布依族面具戏演出以村寨为单位，一般一个村寨一戏班，每逢节庆吉日"戏头"负责召集演出，演员即是村寨中的民众。演出前通常祭拜传艺的师傅和面具神①。主要演出的剧目有《唐僧收徒》、《火焰山》、《孙悟空三打白骨精》等《西游记》戏，剧情内容与小说《西游记》基本一致。之所以择演《西游记》故事，大概取其唐僧师徒在西天取经过程中驱妖镇邪的要旨。演员戴着孙悟空、唐僧、猪八戒、沙僧、观音、村姑、老妪、牛魔王、白骨精、铁扇公主等角色面具脸谱进行表演②。

布依族面具戏所用面具为纸质，由艺人用皮纸一层层地在泥胎模型上手工制作而成，成型后再绘上不同角色的脸谱，演出时用红布绑在演员头上。演出面具戏常用的乐器有勾锣、双钵、堂锣、长号、大鼓等，执勾锣的人为"鼓头"，"鼓头"根据戏剧场面而选择不同的曲调，操其他乐器者亦随之附和。面具戏乐调有【猛虎下山】、【五斗银】、【黄莺展翅】、【寒心】、【打架哪个来】、【打架我们来】、【和平相处】等③，鼓经调子有【猛虎下山】、【公鸡叫唤】、【母鸡下蛋】、【雄鹰展翅】、【三合一】、【慢山锤】、【蝴蝶飞】、【鸡捡米】等。综合来看，面具戏属于哑戏类，演多唱少。

上述每一种傩文化形态皆具有"驱鬼逐疫、祈福纳吉、酬神娱人"的祀神功能，其傩事活动基本上是沿着请神→敬神→酬神→驱魔斩邪→贺神→送神的仪式轨程完成演出。然而，傩祭仪式大都是因为某个家庭遇到疾病或灾难才举办，这种由巫师主持的家庭仪式性戏剧演出，在现代社会中不能转化为民众广泛参与的活动，在很大程度上限制了傩文化的传承和发展。反过来看，这恰恰体现了"傩"的原生性和本真性。

二、黔域傩文化地理分布

形态多样的傩文化在黔域的地理版图上构造出一幅条块清晰的傩文化地图，并呈现每类傩文化形态在一定区域内具有独特性的同时又与其他某种类型略有融合的分布特点。"撮泰吉"集中分布在黔西北毕节市威宁县板底乡裸嘎彝

① 调查资料。（时间：2015 年 07 月 03 日；地点：兴隆镇下马贡村韦仁斌家；受访人：韦仁斌。）
② 调查资料。（时间：2015 年 07 月 03 日；地点：兴隆镇文化馆；材料提供者：莫荣江、韦屯勇。）
③ 调查资料。（时间：2015 年 07 月 04 日；地点：平乐乡联合村岑国安家；受访人：岑国安。）

族村寨,“端公戏”分布在与滇省毗连的黔西和黔西北地区,“傩堂戏”主要流布于黔北、黔东北的土家、仡佬族群中,“地戏”的跳演主要在黔中安顺、贵阳附近的汉族屯堡中,“阳戏”的唱演几乎遍及黔北、黔东、黔东南、黔南、黔中和黔西的整个黔地,“庆坛”遍布于黔西与黔北之间的一条宽阔地带上。如下图所示:

(贵州傩文化地图)

“撮泰吉”仅在黔西北威宁县板底乡的一个彝族村寨流行,虽然从文化地理视角看,似乎是一种“孤岛”现象,但是自2006年被列入国家级非物质文化遗产名录以后,“撮泰吉”便借助政府保护传承民族文化的助力而得到有效保护和长足发展。撮泰吉以古朴粗犷的动作、民众喜闻乐见的形式、旨意明确的内容、简短明快的调子反映彝族民族迁徙、繁衍发展的历史,在川滇黔毗连的彝族聚居区，可谓“一花独秀”。

“端公戏”在黔地域外流传更广泛[①]，在域内发现称为“跳神戏”的“端公戏”集中在黔北道真县和黔西金沙县的一些地方。

“傩堂戏”的传唱广布于黔北的道真、务川和黔东北的德江、印江、江口以及思南、岑巩等县市[②]。道真傩堂坛班有50余个，分布于14个乡镇，其中以三桥、隆兴、旧城、河口、玉溪、上坝为多[③]。其中，演出人员齐整、演出范围较广的坛班有河口乡杨海安坛、旧城镇李楹祥坛、三桥镇左朝元坛。德江傩堂戏有131坛，主要分布在青龙、煎茶、稳坪、潮砥、枫香溪、堰塘、共和、龙泉、钱家、沙溪、平原、楠杆、复兴、合兴、长堡、桶井、荆角、长丰、高山、泉口等乡镇[④]。在德江县闻名乡里的傩戏坛有稳坪镇木叶村的安永柏坛和铁坑村的张毓福坛，以及秦朝刚坛、黄仁华坛和谢云顺坛等。思南县傩堂坛班在文家店、三道水、张家寨、许家坝、大坝场、孙家坝、鹦鹉溪、凉水井、瓮溪等乡镇皆有分布[⑤]。江口傩堂戏班有双江镇的石东平坛、坝盘镇的邱小满坛、民和镇的向法明坛等[⑥]。印江傩堂戏班主要分布在木黄、天堂、沙子坡、新寨、中坝、阳溪、杉树等乡镇，至今仍频繁演出的坛班有新业乡坪所村石板寨杨胜淮(第59代)坛、木黄镇七百渡村秦仁军(法号秦法雷，总第59代，秦氏33代)坛和荣光村罗会秀(第28代)坛，以及黄仁宽、李如忠、刘福权、马兆德、张泽君、王燕、唐锦伦等坛班。此外，还有铜仁碧江区的徐国顺坛、石阡县的胡定昌坛等。

“阳戏”在黔地传唱比较广泛，迄今为止(2015年)被列入省级非物质文化遗产名录的有福泉阳戏、天柱阳戏、金沙阳戏、息烽阳戏和开阳阳戏。此外，黔北的湄潭县、正安县、桐梓县，黔中地区的开阳县，黔东南的黎平县、黄平县，黔南地区的罗甸县，黔西北的黔西县等地皆有数个演出比较活跃的阳戏坛班。在正安县

---

① 云南端公戏主要在昭通市的镇雄、彝良、大关、盐津、巧家、永善、威信、绥江、昭阳等县市流传。安徽端公戏作为地方戏曲品种流行于寿县、凤台、颍上、怀远、阜阳、阜南、霍邱、六安、淮滨等地。山东微山县亦有端公戏，又名“端故戏”、“端供腔”，由微山湖渔民中流行的演唱形式发展而成，相传由江苏洪泽湖一带传来，现在呈民间小戏形态，唱《喜相逢》、《考嫂嫂》等戏目。陕西端公戏源于祀神仪式，因主庆者为端公而得名，俗称“坛戏”、“对儿戏”，流行于南郑、城固、西乡、紫阳、汉阴、安康、旬阳、勉县、略阳、留坝、宁陕、宁强、凤县、镇安等县市及陕、川交界处的山区丘陵地带。四川端公戏流传于川北、陇南及成都辖区，是由巫师化妆“庆坛”跳神、唱神歌衍进而来的地方剧种。此外，重庆万州区、梁平县等地亦有跳演“端公戏”的仪式。

② 域外傩堂戏的流行主要在湖南湘西、湘南和沅水、澧水流域的苗、侗、瑶、土家族地区，已成为湖南省的地方戏曲剧种之一。

③ 冉文玉主编：《道真古傩》，贵州民族出版社，2012年版，第68页。

④ 贵州省德江县民族宗教事务局编：《德江傩堂戏——傩韵》，贵州民族出版社，2003年版，第18页。

⑤ 卢朝栋主编：《思南傩堂戏》，贵州民族出版社，1993年版，第411—417页。

⑥ 调查资料。(时间：2015年4月26日；地点：江口县梵净山傩文化博物馆；受访人：诸位傩坛师。)

有安场镇志强村梓潼阳戏坛、中观镇桂花村富家坪组黎氏阳戏坛。湄潭县有复兴镇两路口村唐诗钊坛、湄江湖村潘年刚坛、抄乐乡罗耀森坛。开阳县阳戏坛有南龙乡白沙坡李氏坛、坝桥村刘正远坛、田坎村谷顶甲组谭光明坛、楠木渡镇黄木张氏阳戏坛，鲊坝塘乡也有部分阳戏坛。息烽县阳戏坛有流长乡四坪村黄法坤坛和客户寨黄云武坛、九庄镇潘发远和闫元义坛等。福泉市有龙昌镇长冲村黄土哨组徐大学阳戏坛、陆坪镇沙子坎叶廷兴阳戏坛、城厢镇马田村曾华祥阳戏坛、道坪镇谷龙村周法兴阳戏坛等。罗甸县有边阳镇平洋村覃智秀阳戏班、栗木乡达上村邓国飞阳戏坛和该乡土坝阳戏班。道真县有隆兴镇张邦宪阳戏坛。

"梓潼戏"，以演陈子春为主要内容的梓潼戏在域外主要流布于云南文山州，黔域内的安龙、册亨、贞丰和开阳县境内有上演①。其中，安龙县兴隆乡立盘村龙蛇组韦仁斌梓潼阳戏坛的演出最为典型。而与阳戏祀"三圣"内涵一致的梓潼戏则流行于黔北的桐梓县。

"地戏"流行在黔中地区，仅安顺市的258个村寨中就有300堂地戏②。大致分布区域以西秀区为中心点，东到平坝、清镇、贵阳，南到紫云、长顺，西到镇宁、关岭、六枝，北到普定，辐射方圆上万平方公里的范围，包括贵阳、清镇、长顺、六枝在内。集中流布在穿越黔中地区的滇黔古驿道两侧，尤其是"征南"明军大本营的密集区，如安顺西秀区的大西桥镇、七眼桥镇、旧州镇、双堡镇、东屯乡、刘官乡一带，以及平坝县的天龙镇、白云镇，普定县的马官镇和贵安新区的幺铺镇、宋旗镇等地。

"庆坛"集中分布于晴隆县北部及相邻的普安、关岭、六盘水等县市的"喇叭苗"聚居区，而晴隆县的中营镇、花贡镇、长流乡、鲁打乡等地尤其集中。该地至今十分活跃的坛班有花贡镇白胜村水坝山郑志奇坛，中营镇马鞍山村谢礼坤坛和李文选坛③。据调查，湄潭县庆坛仅有高台镇大岩上村的王法兴坛一个。

"布依族面具戏"主要流行于黔南、黔西南的布依族地区，其中安龙县平乐乡的联合村、上马贡村和兴隆镇的下马贡、排冗石板寨演出频繁。

三、黔域傩文化之源流循迹

研究发现，贵州傩文化之"源"正如其形态亦呈现多元化，主要有域外文化源

① 中国人民政治协商会议开阳县委员会编：《开阳县非物质文化集萃》，中国文史出版社，2013年版，第171页。

② 帅学剑著：《安顺地戏》，浙江人民出版社，2008年版，第46页。

③ 杨益著：《贵州晴隆县白胜村水坝山苗族庆坛述要》，载《民俗曲艺》(台北)1995年94、95合期，第241—272页。

和域内文化源两大主流，而域外文化源又分为“周边文化源”和“中原文化源”，域内文化源单指“本土生发源”。

（一）周边文化源

黔地傩文化的“周边文化源”之说指贵州傩文化受周边荆楚文化、巴蜀文化、滇文化及百越文化的影响。该观点是显性的、客观的，结合“贵州傩文化地图”看，非常直观，一目了然，况且还有充实的文献资料和田野资料作支撑。

1. 湘楚文化源　黔地多种傩文化形态源于湘楚大地。从宏观视角看，黔东北土家族傩堂戏信奉的师娘教和茅山教，与湖南傩堂戏所呈现的民间信仰相通。微观视之，两地演出傩堂戏所使用的本经口工、文疏法文、仪式仪轨、祭祀神祇皆有相同或相似之处。关于黔地傩文化源于湘楚的文字记载在傩坛家谱、族谱、师坛图上所录甚多。如黔北道真傩坛上保存1926年冯正印录藏的《冯氏宗谱》载：

> 冯延富，元成宗九年(1035)落业于播州杉树坝，又名布政堂，冯延富生冯德征。德征祖与师父向德玄、师弟安德志师徒三人，负神船一架，神头两面，游酉阳、涪州、重庆、璧山、巴县、南川、乐源野猫孔下大滩口，……迁移不动，就地落业，更名歇马台。安德志落业于金凤湾，更名为安家沟。①

文中“乐源”即属今天黔北道真县、正安县治地。还有，道真旧城镇红岩村罗家沟王氏师坛所传清抄本师坛图亦载相关信息：

> 陈法隆，生于湖广宝庆府武冈州南路头……邹法盛，癸卯年(1663)三月二十八巳时，生于务川县打蛇溪老院子……吕法旺，乙酉年(1669)冬月二十辰时，生于平越府湄潭县……江玉英，生于癸酉(1693)五月十九日巳时，生在正安州思一甲，地名土城关是穴地……②

因此可知，王氏傩坛源承至少是湘地，因为“湖广宝庆府武冈州南路头”即在今天的湖南邵阳武冈市辖区。

---

① 冉文玉主编：《道真古傩》，贵州民族出版社，2012年版，第67页。
② 同上。

无独有偶，黔域信奉三霄坛神的“喇叭苗”族群亦多是徙于湖南宝庆府。晴隆一带喇叭苗族为明代洪武年间“调北征南”屯军后裔，祖籍为湖广宝庆府，即今湖南城步县、邵阳市等地。晴隆庆坛是湖南城步、邵阳地区大型傩祭活动“庆娘娘”在贵州的传承与变异[①]。据中营镇谢礼坤家谱记载，谢氏原籍湖广宝庆府新化县牛栏山，居住地小地名为鱼池塘，因云贵九种红苗作乱，洪武戊申己酉年朱元璋实行征剿，他们祖辈因之填实黔省[②]。“宝庆府新化县牛栏山”，今分属邵阳武冈市和娄底市新化县。

至于黔东南阳戏的湘地文化源，毋庸置疑。黔东南阳戏由湖南黔阳地区（今属湖南怀化市）传入，由于这一带群山层叠，沅江成为出入湘黔门户的主要通道。沅江又称沅水，在贵州都匀汇入了分别来自南源的龙头江和北源的重安江，始称清水江。清水江东流至洪江市与舞阳河汇合后，即称沅江。沅江在湘西辰州一带汇入酉水，水量颇丰，有较强的运输能力，是旧时联系湘黔的重要交通运输线。对于多山的湘西、黔东、黔南地区来说，沅江就成了茶、马、木材、药材出入云贵的水运古道。戏路随商路，湖南黔阳阳戏传入黔东南地区，也就成为顺理成章之事。与之形成鲜明对比的是贵州福泉阳戏。福泉与天柱仅一苗岭之隔，但其阳戏形态与湘西阳戏风格迥然，而宗川派系统阳戏。这足见水路交通对这一地区文化传播影响之大。

沅江上游的水运对阳戏传播有着重要影响是不争的事实。旧时湖南黔阳和贵州锦屏、天柱、远口、白市、瓮洞等地，沿着沅江、清水江一路码头都有流传杨公调，祭祀时常唱阳戏。贵州《黎平府志》“杨公祠”条载：

> 杨公祠，即镇江王庙，祀杨五将军，在府城南隅神鱼井右，乾隆三十四年建，嘉庆十八年重修，为黎平会馆。又敦寨簸箕滩有杨五庙，船过此甚险，往来竭诚祷祀，以保无虞。[③]

阳戏艺人何长盛（生于 1923 年）回忆：他从八九岁到二十几岁都看过杨公庙庙会演唱阳戏。进入庙会看阳戏的有不少是湘黔在清水江、沅江放排撑船的水运工人，他们看阳戏的同时祈求平安。一些清水江上的放排老板和放排工人

---

① 杨兰著：《贵州省晴隆县中营镇新光村硝洞苗族庆坛调查报告》，施合郑民俗基金会 1996 年版，第 1 页。

② 同上，第 37 页。

③ ［清］俞渭著：（光绪）《黎平府志・坛庙》卷二上，《中国地方志集成》贵州府县志辑录第 17 册，巴蜀书社，2006 年版，第 126—127 页。

中的阳戏爱好者，先是有意无意地学唱阳戏，后请师传教，阳戏便在天柱一带流传[①]。天柱阳戏来源与之相仿，最早看到阳戏的是经清水江到沅江放排、跑码头的工人。据天柱县度慕《陈氏族谱》载："康熙大疫，合族皆染，固适公避疫香炉坡，数载温散嗣归，重兴寨户……恐疫复袭，咸丰八年(1858)请戏入祠，'作万人缘'。"[②]可知，天柱、锦屏等县的阳戏大约从清咸丰年间开始流行，至今(2012)已有六代。

古时，确有大量黔东南阳戏坛艺人积极向湖南阳戏艺人学习的记录。首先，采取请进来的方式，请湖南阳戏艺人授艺。例如，黎平顺化瑶族乡桥头寨阳戏坛就有请湖南阳戏艺人学艺的经历。黔东南最早演阳戏的是黎平，阳戏传入黎平的第一个据点是顺化瑶族乡桥头寨。瑶族乡桥头寨阳戏坛"至今已经相传五代，第一代是生于嘉庆四年(1799)的杨光庭。他十七岁(1816)时，请湖南阳戏艺人进寨教戏，学徒十多人"[③]。当然更多情况是走出去，黎平、天柱很多艺人有到湘西学习的经历。清道光三十年(1850)，黎平县潘老寨的杨生保、陈国光去湖南靖州的浦口学阳戏，当年即回寨建立阳戏班演出[④]。天柱县远口镇园田村艺人吴述德早年师从湖南会同县阳溪戏师杨开基。事实上，黔东南阳戏与湘西阳戏同属一个系统，前者是后者向西部山区纵深演播。

2. 巴蜀文化源　论证黔地傩戏的巴蜀文化源，以考证黔地阳戏的历史渊源为例。讨论贵州阳戏渊源之前，应该正确理解"川地"概念。川地指古蜀地，包括现在的四川省、重庆市、贵州省、云南省东北部和陕西省南部广大地区。而今天贵州阳戏主要流播在遵义、湄潭、桐梓、凤冈、正安、务川、道真、思南、沿河等黔北、黔东北地区。因与四川的地缘关系，上述地区历史上在很长一段时期内隶属四川辖制。《阳戏全本》民国三十七年本《接圣》唱词："家住贵州铜梁府"，铜梁府原属四川东道。同版本《接神》唱词："请贵州胡蛮子去请涪州胡贵郎，头戴凤冠一顶，近前行水又行相。"可知贵州、重庆在民间文化上交流频繁。而阳戏在黔南、黔西的罗甸、福泉、瓮安、惠水、长顺、平塘、金沙、织金等地流行，主要归因于川、黔地区区域间之文化交流的结果。

从多维角度看贵州阳戏，都有足够的证据证明其由川入黔的传播途径。从演出形态看，贵州"即于家歌舞娱神"、"燕乐亲友，时以夜为常"[⑤]的阳戏演出形

---

① 陶光弘著：《民族戏剧集〈幕启春归〉》，作家出版社，2009年版，第284页。

② 李瑞岐主编：《黔东南苗族侗族自治州戏曲曲艺概览》，贵州民族出版社，2001年版，第2页。

③ 同上。

④ 同上，第5页。

⑤ ［清］黄乐之、平翰等修，郑珍纂：《遵义府志》，《中国地方志集成》贵州府县志辑第32册，影印清道光二十一年刊本，巴蜀书社，2006年版，第416页。

态，其许愿形式、还愿目的、活动程序等方面，皆与“伪饰女旦，亦居然梨园弟子，以色媚人者”[①]的酉阳阳戏演出形态相吻合。

从戏坛主神看，贵州中北部阳戏与川、渝祀奉相同主神。黔北、黔东北阳戏都把历史上长期流行于巴蜀地区的“川主、土主、药王”看作戏坛“三圣”。更有甚者，在黔北遵义、桐梓一带阳戏坛如川北地区一样，除奉“三圣”外，“近或增文昌曰四圣”，亦称阳戏为“梓潼戏”或“文昌戏”。

从演出剧目看，贵州各地阳戏文本同样能证明黔地阳戏，尤其是黔中、北部阳戏与川地阳戏的传承关系。黔北、黔东北阳戏坛所请神祇除阴阳二十四戏外，还有“棚上、棚下二十四戏”，与川蜀地区阳戏同出一脉。同时，川、黔两地所演有关二郎主神的剧目、剧情几乎相同，均以二郎降伏孽龙故事为主线。贵州除黔东南以外的阳戏，都有一个共同的剧目《二郎降龙》。罗甸戏坛为《二郎锁孽龙》，开阳戏坛为《梦斩逆龙》，息烽戏坛为《降孽龙》，道真傩坛为《三元台》，《平越直隶州志・风俗篇》所载李樾“太平阳戏诗”亦见阳戏唱“二郎降龙”[②]。此剧在各地虽有差异，篇幅长短略有不同，但主要情节相同，皆写川主李二郎在四川灌口降服孽龙、为民除害的故事。以二郎神为主角的另一出剧目《桃山救母》，唱述二郎神杨戬劈山救母的故事，同样广泛流行于贵州各个地区。

从艺人师承关系看，川、黔两地间阳戏坛班有师承关系。在田野调查中，当说及阳戏传承情况时，有的阳戏艺人及掌坛师常出口成诵“教由西蜀传千古，法播黔南第一家”的诗句。当问及阳戏艺人的祖籍时，他们的回答无外乎两种：一是祖辈由四川迁入贵州；二是祖辈由江西到四川，再由四川迁入贵州。有的还以家谱为证，如开阳县中桥村《刘氏宗谱》之《纂修宗谱原序》：“我刘氏系明太常少卿（纲鉴成化二年以太常少卿刘定之入阁预机务）之裔。由江西徙楚，明末兵燹。《恭赠》康熙年间始祖讳祐诸公，由常宁迁蜀，受廛于潼，分驻三台、蓬溪二邑。”[③]记载祖上从江西吉安先后迁到湖南衡阳，再迁四川自贡，最后到贵州开阳。

从口语特点看，《上云台》、《三圣登殿》、《将军闯营门》、《下河东》等文本中的语言带有四川口语。如《上云台》：“太阳出来红似火，二八佳人胭脂抹，有人问我名和姓，邓铁匠家婆娘就是我。”《将军闯营门》小鬼一段：“小鬼生得恶，头上八只角。栓在西

① ［清］王鳞飞等修，冯世瀛、冉崇文纂：《酉阳直隶州总志》，《中国地方志集成》四川府县志辑第48册，据同治三年刻本影印，巴蜀书社，1992年版，第766页左下。

② ［清］黄乐之、平翰等修，郑珍纂：《遵义府志・卷四十六》，据道光二十一年刊本影印，台北：成文出版社，1968年版，第1080页左下。

③ 调查资料。（刘正远存《刘氏宗谱》；时间：2010年07月27日；地点：刘正远家。）

(须)弥山,蹦断九股索。小鬼生得懒,睡在床上喊,嫂嫂铲锅巴,吃了几大碗"等。

可见,黔北、黔中、黔南阳戏与川渝阳戏存在着一脉相承的关系。

再者,流行于黔西南的梓潼戏与川北梓潼阳戏更有母源关系。贵州安龙县的梓潼戏,坛班具有佛教和巫教二教合一的性质,整个坛班信仰的是川佛教,做的这些事都是从四川传过来的。至于梓潼戏何时从四川传入安龙,现还无据可考,掌坛师何诗柱说梓潼戏在安龙的传承有15代人,他也只能数出自他以上的五代传承人①。

3. 川滇、百越文化源　黔西北端公戏显然是滇川端公文化传播的延续。它近连滇东北昭通端公戏、远接川北、陕南端公戏,其文化"源"、"流",轨迹清晰了然,相信证明该观点的材料是充分的,只是搜集时间的问题。

布依族面具戏属于骆越文化在黔地的纵深传播。据调查,面具戏在布依族中传播最早在明朝时期由韦姓最先搬演,距今已有数百年历史。一辈传至一辈,延至民国年间布依族面具戏才由老艺人韦天德传给韦正朝、韦文典、韦文祥等②。

(二)中原文化源

从黔域傩文化形态看,可以说是荆楚、巴蜀、滇、百越等文化系统共同影响的结果。但这只是微观视野考证,若从宏观视角探索,其文化源在江南,甚至中原地区。

1. 江南地区

江南地区傩文化与黔地傩文化形态的源流关系可以从黔地民俗、神祇信仰、移民文化等方面予以佐证。

从民俗方面看,贵州傩戏有些许与当地民风民俗不吻合,却与江南之民俗一致的现象。先从傩堂戏、阳戏等傩文化活动祀"五猖"神祇的现象论述。"五猖"其别称甚多,如"五显灵公"、"五圣"、"五郎神"、"五显"、"五通"等,为黔地傩坛上的重要神灵,广受崇奉。然而,据有关资料记载,北宋时祀"五猖"的风俗最先流行于江西婺源、德兴一带。五通,又称五圣,是南方的民间信仰,主要流行于江浙一带,最迟在唐末已出现。宋洪迈《夷坚志·癸集》卷三"独脚五通"条记载:五通是一位神,又称"五郎神"③。宋郭彖《睽车志》卷五载:"郡人素传有五通神,依后土祠为祟。"④南

① 调查资料。(时间:2015年07月04日;地点:安龙县立盘村龙蛇组何诗柱家;受访人:何诗柱。)

② 调查资料。(时间:2015年07月03日;地点:兴隆镇下马贡村韦仁斌家;受访人:韦仁斌。)

③ 陈旭霞编著:《中国民间信仰》,河北人民出版社,2013年版,第36页。

④ [宋]郭彖著:《睽车志》卷五,[宋]不著撰人:《分门古今类事·外八种》,上海古籍出版社,1991年版,第259页。

宋时五显影响超出江西，波及临安，《夷坚丁志》卷十九“江南木客”条云：“大江以南地多山，而俗禨鬼，其神怪甚佹异，多依岩石树木为丛祠，村村有之。二浙江东曰‘五通’，江西闽中曰‘木下三郎’。……名虽不同，其实则一。”①明代“猖祭，召师巫着五色衣，鸣锣吹角跳舞以祀五通神，云即猖亡败鬼，祈福免灾”②。清王士禛《香祖笔记》云：“江浙所祀五通邪神，乃明太祖伐陈友谅阵亡兵卒，诏令五人一队，得受香火。”③清中后期，五通神以偶像形式在江南广受庙祀。严复《有如三保》：“往者江浙之间，有五通神，淫祀也。”④可知，贵州傩戏中的“五显”神现象应该随同大规模迁入的移民在“江南淫祀”广泛的明清时期，经江西、湖广入川为最大可能。

再者是黔东南阳戏坛的杨公信仰。经湘地由清水江流播入黔的南路阳戏依旧孑遗了徽、赣、湘等地的杨公信仰。杨公是黔东南地区崇拜的重要神祇之一，当地沿清水江码头建有多处杨公祠。杨公祠是阳戏演出的最重要的场所之一，且演出时必要祭祀杨公。杨公为何神也？杨公，即杨泗，亦称“杨四将军”、“杨家四爷”、“斩龙杨泗将军”、“杨公”等。杨泗最初源于湖南的民间道教水神，尊号为“九水天灵大元帅紫云统法真君水国镇龙安渊王灵源通济天尊”，它斩除蛟龙、平定水患。杨公信仰广泛流行于长江中下游地区，尤其在古徽州之地更为普遍。当今有许多地名以杨泗命名，如湖北武汉市有杨泗港、黄冈市团风县贾庙乡有杨泗村、湖南省浏阳澄潭江镇亦有杨泗村、安徽省宣城市有杨泗乡等。

江南傩文化传播至川地，与本土文化相融合，并不断向周边地区传播，黔地是其主要传播方向之一。据于一先生调查：射箭提阳戏时任掌坛师李国生说，李家原是湖北孝感人氏，清初，“湖广填四川”时入川⑤。梓潼县马鸣乡刘映富所抄写《刘氏家谱》记载，刘姓“系湖广省麻城县孝感人士”，其“启祖刘芳盈、刘芳诚二人于明代崇祯十七年（1644）入川，到梓潼县回龙山枫厢沟东岭湾插地为业”。⑥ 湖广人迁四川，江西人迁湖广，使得江西高安、万载等地的傀儡阳戏西迁湖广、四川成为可能。元末明初，“江西填湖广”移民规模比较大，“湖南北部的家

---

① ［宋］洪迈撰，何卓点校：《夷坚志·夷坚丁志》卷十九，中华书局，1981年版，第695页。

② ［明］陶履中等纂修：《瑞州府志》，据明崇祯元年刊本影印，成文出版社，1989年版，第422页。

③ ［清］王士禛撰：《香祖笔记》，上海古籍出版社，1982年版，第56页。

④ 严复著：《有如三宝》，载王栻主编：《严复集》第一册诗文（上），中华书局，1986年版，第80页。

⑤ 于一著：《巴蜀傩戏》，大众文艺出版社，1996年版，第25页。

⑥ 调查资料。（刘天朝存《刘氏家谱》；采访时间：2011年05月06日；地点：梓潼县马鸣乡红寨村四队刘天朝家。）

族中，江西移民占60%左右，中部有80%强，而西部只有41%。湖北东部的家族比例中，江西移民达80%，而在西北部还不到30%。”①而麻城、孝感正是江西移民移居湖北最集中的地区之一。巧合的是，川地(包括现重庆)戏班艺人祖籍也多为“湖北麻城县孝感乡”。“江西填湖广”与“湖广填四川”对移民来说存在“再移民”的时间差。被称为傀儡戏的“阳戏”很可能随着大批移居“孝感”的江西移民，经几代“世居”后再“随身携艺”辗转“填四川”，实非臆测。开阳南龙乡中桥村阳戏坛掌坛师刘正远，祖籍江西吉安。据《刘氏宗谱·修谱序》载，“原籍由江西吉安府太和县，明成化年间迁楚南衡州府常宁县礼义乡修义里充花沟，至国朝定鼎……”②而同一乡镇的白沙坡李氏阳戏最早在明洪武年间传入，至今19代，在其祖先李茂高从江西迁至贵州时带来③。在阳戏演出盛行的黔东南，江西籍移民更为多见。据黎平韩氏家谱载：“始祖韩添公，江南徽州婺源县人也。大明时开辟靖州、委以重任，封为讨虏将军……至永乐二年(1404)拔军之时，四世祖礼公，分守湾寨屯。叠生五支始靖州，后五开(今黎平)，皆有田园庐墓存焉。”④据《黎平府志》载，黎平城内早在弘治三年(1490)，在城西广运街建了内有大戏楼的城隍庙；明嘉靖四十二年(1563)，在城南相家坡西，建五显庙；清乾隆三十四年(1769)，建了内有大戏台的杨公祠；嘉庆二年(1797)，建了内有大戏楼的万寿宫等等⑤。

2. 中原地区

黔域中原文化源型的傩文化形态有傩堂戏、阳戏和地戏。张紫先生认为“宋代以后，是傩仪向南流布最盛的时期，大体有两个传播路线。西线，由秦中至荆楚巴湘，再进而为黔地，形成独具特色的贵州傩戏”⑥。西线傩仪流布至黔地，形成在黔北、黔东北以傩堂戏为主的傩文化形式。针对阳戏，康保成先生更是从文字训诂的视角发微阳戏的中原文化源，“阳戏的最早源头是中原地区商代已有的‘乡人禓’，就是傩”⑦。周时有“乡人傩”，《礼记·郊特牲》中“乡人禓”即《论语》

---

① 王炎松、何滔著：《中国老村：阳新民居》，湖北人民出版社，2008年版，第38页。

② 调查资料。(刘正远存《刘氏宗谱》；时间：2010年07月27日；地点：刘正远家。)

③ 张鹏著：《贵州阳戏·民族生态的财富》，《中国民族宗教网》，2014年07月28日。

④ 李瑞岐主编：《黔东南苗族侗族自治州戏曲曲艺概览》，贵州民族出版社，2001年版，第2页。

⑤ [清]俞渭著：(光绪)《黎平府志·坛庙》卷二上，《中国地方志集成》贵州府县志辑录17册，巴蜀书社，2006年版，第125—128页。

⑥ 张紫晨著：《中国傩文化的流布与变异》，《北京师范大学学报》(社会科学版)1991年第2期。

⑦ 康保成著：《从乡人禓到阳(陽)戏——兼说祭祀戏剧与观赏性戏剧的关系问题》，重庆酉阳阳戏会议论文，2011年11月。

中的“乡人傩”。“裼”字，相传读“傩”也[①]。据此判断，傩戏、阳戏其源同一，时间在商周，地点在中原。只是因为年代久远，至今没有见到直接证明中原“乡人傩”传播至江南和江南艺人携艺迁徙到黔地的证据，只能从现存傩戏演出的痕迹或史料记载中去印证它们之间“源”与“流”的关系[②]。另一种类型是地戏，所跳唱历史演义的剧目标识着中原是其文化内涵的正统源地[③]。

（三）本土生发源

黔地某些傩文化形态体现了本土民族文化特色。北宋《遵义军图经》：“以射猎山伐为业，信巫鬼，好诅盟”[④]，说明黔北地区的民众信奉傩文化社会习俗根深蒂固，由来已久。彝族傩戏“撮泰吉”可视为威宁彝族支系的民族史诗[⑤]。黔中地区的布依族、苗族、仡佬族村寨跳地戏，虽然地戏剧目内容是传统汉文化，但是演出前后所举行的祭神祀神仪式在很大程度上属于这些少数民族的本籍文化。

结　语

贵州傩文化资源丰富，形态多样，典型类型有撮泰吉等七个品种，且每种类型特点突出，标志明显。多样化的傩文化形态在黔域的地理版图上形成一幅条块清晰的傩文化地图，并呈现每类傩文化形态在一定区域内具有独特性的同时又与其他类型略有融合的特点，具有较强的地理分布规律性。“撮泰吉”集中分布在黔西北的毕节市威宁县板底乡裸嘎彝族村寨，“端公戏”分布在与滇省毗连的黔西和黔西北地区，“傩堂戏”主要在黔北、黔东北的土家、仡佬族群中流行，“地戏”的跳演主要在黔中安顺、贵阳的汉族屯堡中，“阳戏”唱演几乎遍及整个黔域，“庆坛”播布于黔西到黔北之间的一条宽阔地带上。溯源黔地傩文化，主要有域外文化源和域内文化源两大主流。域外文化源又分为“周边文化源”和“中原文化源”，域内文化源单指“本土生发源”。周边文化源意指对贵州傩文化的形成发挥重大作用的湘楚、巴蜀、滇和百越文化；中原文化源指中原正统文化，应视为黔地傩文化的远源。

---

① 《十三经注疏》，中华书局影印阮刻本，中华书局，1980 年版，第 1448 页。

② 吴电雷著：《中国西南地区阳戏研究》，中国社会科学出版社，2014 年版，第 75 页。

③ 地戏是不是傩或军傩的问题尚有争论。参见范增如：《贵州安顺地戏并非傩戏》，《安顺师专学报》1994 年第 1 期；刘怀堂：《贵州地戏不是军傩》，《四川戏剧》2012 年第 3 期等。

④ ［明］刘大谟、王元正著：（嘉靖）《四川总志》，四川省图书馆藏抄北京图书馆原藏明嘉靖廿年(1541)刻本，第 61 页。

⑤ 民族史诗具有民族性和独特的地域性。如苗族《亚鲁王》，彝族不同支系有相应的唱述民族发展史性质的史诗，如《梅葛》、《查姆》、《勒俄特伊》、《阿细的先基》、《天地祖先歌》等。

从"开红山"看乌江土家白虎崇拜

◎ 田永红[①]

2007年4月，重庆有一位在俄罗斯留学研究史前文化的名叫经简裳的女士来思南找笔者询问，乌江土家人是否有白虎崇拜？经女士这话是有来头的，因为湖北、重庆土家人都有白虎图腾崇拜，换句话说，在清水江流域、在长江三峡，白虎崇拜意识还相当浓郁。而作为长江右岸较大支流且与三峡相邻的乌江是否也有这种意识？这是很值得探讨的一个宗教文化问题，笔者就从土家傩坛与白虎崇拜有关的"开红山"说起吧。

一、土家傩坛"开红山"与"扎茅人"

"开红山"与"扎茅人"是傩坛至关重要的法事。从法师请神申报冲傩还愿开始，到与鬼神盟约媾和，再以"开红山"取额头上的血作为最高形式的献祭及神判手段，最后用茅人作替身带走灾难祸患，赐下平安康福等，都在"开红山"与"扎茅人"的法事中集中地体现出来。如果这两样法事做得不顺当，其他法事做了也枉然。故"开红山"与"扎茅人"是傩坛上较为庄严和至关重要的仪式活动，也是傩坛"冲傩还愿"的关键环节。

所谓"开红山"，就是傩坛法师用尖刀划破自己头皮，取鲜血向鬼神献祭，与鬼神媾和盟约，求得鬼神的协助或理解，帮助法师革除灾难病患及神判的一种手段。"开红山"形成的早期是杀人头祭祀神鬼，之后才衍化"扎茅人"来代替真人被杀，土家人习惯称之为"打替身"。

在什么样的情况下才实行"开红山"和"扎茅人"呢？多在紧急情况下冲急救傩愿或还大型傩愿时进行"开红山"。诸如有人久病不愈，昏迷不省人事，胡言乱

---

① 作者简介：田永红，男，思南县县委信息交流中心主任，省管专家，中国作协会员。

语，药医无效，生命垂危；有人遇上严重凶伤、刀枪伤或坠崖跌坎等意外重伤。这时就要冲急救傩“开红山”，目的是献祭并以血滴情况作神判来查明病危者的病因，查明受伤者的魂魄被何种魔怪所扣押，然后再根据不同情况采取相应的祈神、酬神措施。如果冲寿傩、太平傩及孩童所许的过关愿等，就用不着“开红山”，扎个茅人替真人受刀流血即可。

“开红山”是每位掌坛师必须熟练掌握的技艺。德江县有 240 位掌坛师，其中只有 104 人能熟练地掌握这一技巧。传授“开红山”技艺，往往有严格的训练与操作规程。凡未通过传法仪式——授职的土老师，就会被视为非正牌的、不合格的土老师，那是绝对不能掌坛与“开红山”的。因此，传法师父在众多的弟子中，要物色博闻强识、心地诚实、技艺超群者来传授掌坛技艺及“开红山”技巧。因此，传法师父除做示范动作之外，还要训导弟子意诚、胆大、心细，然后传授进刀、开血、止血及血滴分解吉凶的神判技艺。

“扎茅人”，在思南傩坛中有造茅人代替真人的说法，这是针对那种所谓被恶鬼缠身而阳寿未满的病人举行的。在举行这种仪式时，法师跳神进入了云霄天廷、阴曹地府，虔诚地向天神禀报法师的籍贯，求得太上老君允许，造得茅人替得真人，使灾难自然解脱，禀报完毕，再用讳用诀。接着，主人提着茅人前面走，法师提着一只公鸡随后跟。主人边走边呼喊信士的姓名，法师在后面高声答应。走到山岔路口，或山塘河溪边，法师砍下鸡头，烧掉茅人，如此这般，茅人便代替病者去阴曹地府报到受灾，而病者就会消灾康复。鸡是献给鬼神的酬礼。

“开红山”是傩坛极其重要的一种法事，作此法事时须按常规布置傩坛和进行各项准备。如“开红山”之前，依旧举行“开坛礼请”、“发文敬灶”、“行坛洁净”、“立楼点兵”、“搭桥”、“安营扎寨”、“收兵招魂”、“上熟造船”、“打火送神”等等开坛法事。“开红山”“扎茅人”的法事十分重要，因而衍生出了很繁冗的程序与步骤，包括“参先祖”、“唱穿衣”、“迎三元法主”、“观师”、“藏魂”、“辞神”、“招兵”、“表达替身根由”、“唱开红山”等。

一旦进入“开红山”法事，还有更繁冗的仪礼程序，包括“劝神酒”、“开五方”、“血河路”、“熛雷火”、“造刀”、“劝红山酒”、“扎茅人”、“祭茅人”、“给茅人开光点像”、“保管推遣”、“赏茅人酒肉”、“开血书”、“观师滴血”、“滴血分解”、“放魂放魄”、“解标了愿”、“送茅人”等 172 项。

举行开红山仪式时，法师素装上坛，在神坛四处焚香化纸，吹角声声，同时击鼓鸣钲，跑傩舞，唱傩歌。到“开红山”进入高潮时，还要念“砍开五方血河路”的神辞，法师右手拿刀跳唱，唱到哪方就用刀指向哪方：

观师傅度师父亲身到，红山高上显威灵。
刀在弟郎头上杀，血在别人头上流。
坛内有人使邪法，斩他头来献老君。
一砍东方血河开，血公血母送血来。
二砍南方血河开，血子血孙送血来。
三砍西方血河开，血山和尚送血来。
四砍北方血河开，龙树先师送血来。
五砍中央血河开，血山童子送血来。
送血不送他方去，送到弟郎头上来。
此头不送他方去，送到弟郎头上来。
一刀钉在石头上，血在弟郎头上流。
白刀杀进红刀出，只见血流不见血。

唱毕，法师拿牛角蹲跪在茅人面前，低头至地面铺着画有八卦的纸上，右手拿刀在嘴前吹三口阳气，用刀在额头划一道血口，使血滴于纸上三五滴，然后点燃，以祭神灵。

二、“开红山”与白虎崇拜

“开红山”祭拜的神灵有哪些呢？在“辞神”一节里，法师就告诉了我们：辞别上界天仙、中界地仙、下界水仙，辞别五岳五圣帝、五宫五明皇后夫人，辞别东山圣公尊祖爷爷、南山圣母玉仙娘娘……

这里的东山圣公、南山圣母，就是傩坛所供的男女二傩神，被奉为土家族的创始神，被称为“傩母”，又叫“罗神公公”、“罗神娘娘”。乌江流域传说他们二人是兄妹俩，当人类遭到洪水劫难后，他们躲进葫芦才幸免于难。当世上只有他们二人时，通过土地菩萨撮合，兄妹结了婚，并生下一团肉球，砍成多块向大地抛去，于是有了人类。因为兄妹俩成亲，始终有些羞愧，脸也就时常红红的，所以如今供的傩公傩母面具，脸总是红红的。

土家族创世神与傩公傩母的联系不是偶然的巧合，它为我们提供了一个十分重要的文化信息，就是说它与土家族先民的信仰有密切的关系。据潘光旦先生研究证实，土家族的先民是古代巴人，巴人的一支与伏羲有着密切的渊源关系。伏羲崇虎，以虎为图腾，伏羲兄妹可以看作是虎兄妹。所以《后汉书·南蛮西南夷列传》载：“廪君死，魂魄世为白虎，巴氏以虎饮人血，遂以人祠焉。”廪君是巴人早期的首领，也是一个大巫师，他之所以死后化为白虎，是因为这一族群据说与虎有血缘关系。这种把祖先崇拜与自然崇拜结合起来的图腾崇拜，是人类早期流行的一种文化现象。土家族创世神话几乎都与虎有关。创世神卵玉、白帝天王母的母亲蒙易、八部大神、雍尼和补所都是喝虎奶长大的；繁衍土家人的虎娃、琶梅姑娘、流落的祖师的母亲都传说与虎有血缘关系。所以虎是传说中土家人的始祖，行傩时又化身为罗公、罗母[①]。

“罗”本身就是虎的别称。《山海经·海外北经》载：“有青兽焉，状如虎，名曰罗罗。”其注下引吴任臣云：“《骈雅》曰：‘青虎谓之罗罗，今云南蛮人呼虎亦为罗罗。’”这里的云南蛮人实际是指云贵交界处的彝族，彝族也称虎为“罗”，自称“罗罗”，意为“虎族”。《玉溪编事》载：“云南蛮人呼虎为罗罗，老则化为虎，有罗藏山。”诸如罗氏鬼国、罗殿国等，即是虎族建立的地方政权。

“开红山”，又叫“还人头愿”，其实就是杀人祭虎的习俗在傩坛中的具体反映。在乌江流域土家族地区有廪君魂魄化为白虎的传说，白虎就是廪君，廪君就是白虎，白虎与廪君合为一体，体现出图腾崇拜、始祖崇拜和廪君崇拜等的一体化。因为虎饮人血，故对廪君举行巴人最高的牺牲献祭——人祭人祠。其后，人祭之风，为其后裔广泛继承，在巴人曾经活动的地区广泛盛行，当然也包括乌江流域的巴人活动区。乌江傩坛还会请河南、河北、湖南、湖北之师：“观请师、观请师，观请祖师在眼前。观请河南、河北、湖南、湖北茅山起教刘元甲、刘元兴、刘应乾、刘应榜、刘应弟；梅山起教张法娘、覃法娘、苏法娘、能法娘，前代师祖田法旺、朱法灵……众位师祖领钱去，红山高上作证明。火化钱财今圆满，藏身避讳一时辰。”[②]宋朝以前，湖南、湖北人祭之风较盛，这难免会影响傩坛法师，故求师于两湖地区行人祭之事也在所难免。《宋史·太宗本纪》载：淳化二年(911)，“荆湖转运使言，富州向万通杀皮师胜父子七人，取五脏及首以祀魔鬼，朝廷以其远俗，令勿问。”洪迈《夷坚三志》就说：“杀人祭祀之奸，湖北最甚。”又如思南傩坛中唱的那样：“仁宗皇帝登龙位，他的江山不太平，亲口许下二十四个人头愿，国泰民

① 柏权著：《土家族的还傩愿与祭虎》，载曲六乙、陈达新主编：《傩苑中国梵净山傩文化研讨会论文集》，中国戏剧出版社，2005年版。

② 庹修明著：《德江傩堂戏》，贵州民族出版社，2012年版。

安享太平。不是曹洪开刀砍，张孝牌上哪有名?”接着又唱道张孝与异母兄弟张礼都是孝子，并且互相爱怜，都争当封刀人。这下把执法者难住了，上报神灵裁决，神灵让扎茅人打替身。这段唱词洋洋洒洒，足有700多行。这段唱词表明：其一，宋朝确有人祭之风；其二，介绍了“茅人”代替真人的来历。其实，这种杀人祭神的习俗直到明清时代，湘鄂川黔边仍时有发生。一百多年前，龙坪田姓土家还给白虎神举行过人祭，还人头愿。

乌江土家人的血祭仪式源于白虎图腾崇拜中的人祭习俗。傩坛法师也认为“开红山”是从古代“人头愿”衍化而来。在德江有这样的传说：古时候人们一遇到大灾大难都要举办急救傩来消灾解厄，祭神的供品除了宰杀牛猪羊鸡鸭鱼之外，还要杀人来献祭，称之为“七牲祭祀”。用人献祭，神灵自然十分满意，但家里人舍不得杀，就花钱去买叫化子来杀，以凑足大祭的七牲。直到现在，德江县一带还最怕叫化子耍赖，如果哪家主人吝啬，不愿意多拿钱粮，叫化子就拔出尖刀在自己额头上划条血口，以血流满脸相威胁，还破口大骂：“我们叫化子曾经救了你们不少先人的性命，现在来讨口吃的都不给，太忘恩负义了!”

关于“开红山与虎有关系”的传说，在乌江流域也有。传说古代，有对年过半百的夫妻喜得一子。不久，小儿子失踪，四处查寻都没有着落。四五年后，老汉上山打柴，一只吊睛白额虎驮着个小孩放在老人身边就走了。老汉抱住娃儿一看，正是自己疼爱的儿子。孩子长大后，身材魁梧壮实，力大无比，喜射猎，并且常常以猎物周济四方穷人。因此，远近都称他为山大王。至今乌江土家人称虎还是叫“山大王”。

有一年，数百里外的地方闹精怪，百姓苦不堪言，纷纷向山大王诉苦求救。山大王决心为民除害，经过艰苦跋涉，找到了精怪的洞穴。经过三天三夜的拼斗才打死了为非作歹的狐精。由于受伤与过度劳累，山大王也累死在洞前。当人们去看望他时，见他身上显现出一道道黑白相间的斑纹，头上还有王字的斑纹，大家都认为他是白虎精转世。人们为了纪念山大王，就修了个白虎庙(有的叫山王庙)，像供奉祖先一样来供祭山大王。

因为老虎喜欢饮人血，每当献祭时都要杀童男童女，并让鲜血洒在牌位上。年长日久，族内被杀的人多了，人们都怨声连天。有一年行祭，又要准备杀童男童女，结果皇上知道了，急忙下了一道禁止杀人献祭的圣旨。但是，没有人血祭虎，祭祀就不灵验，于是改杀人为取法师头上几滴血来献祭，或扎茅人代真人献祭。

据土老师讲，禁止人祭后，还用杀牛来代替，称之“还牛头愿”。因为牛是农业生产的重要工具，损失太大，又改为杀羊，称之为“还羊头愿”。(康熙)《彭水县志》载：“民俗信事鬼神……有病则酬神愿，名为还羊头愿。(届时)设坛于旷野，宰羊以祀，虔奉羊首以卜问祸福。”民国间仍有还羊头愿的，最后才衍化为杀鸡和“开红山”，又叫“开红山愿”或“歼头愿”，即使用“茅人”代替，也要滴血点化，祭祀开光，赏茅人酒肉，开血书。

说到底，“开红山”祭的神灵，其实也就是白虎廪君，换句话说，属于白虎图腾崇拜，是远祖崇拜意识在傩坛中的体现。因虎饮人血，故有杀人祭虎的由来，进而衍化为后来所说的“开红山”。

三、白虎崇拜意识的外延与内涵

土家族虎文化应该说是丰富多彩的，它的外延和内涵都是宽泛而深厚的。傩坛开红山只是它的一个部分，而整个傩坛祭祀都与虎文化有关系。除了上述傩公傩母是虎的化身外，傩坛中至高无上的神灵道德天尊也是一只虎，而且是一只母虎。所以向她献牲时，必须供上白鸡、白猪、白羊。王海霞在其《巫术·宗教·原始文化——中外传统民间艺术探源》中说：“以阴柔之美为主体的中国本土宗教道教，其核心是一种母性文化。”据刘尧汉先生考证，道教创始人老子(即傩坛中的道德天尊)便是母老虎之意。老子名李耳，楚地人，而楚音呼虎为李耳。其实巴人称虎也是叫“李耳”或“李巴”，称母老虎为“李利卡”。这里楚人和巴人都称母虎为“李耳”，似乎有些矛盾，其实不然。因为在春秋战国时期，湘鄂川黔边设置巴黔中，后楚国打败巴国，又改巴黔中为楚黔中，治所均在今湖南常德，其臣民都是巴、楚人，在语言称呼上难免互相影响。

在西南的其他少数民族，诸如彝族、纳西族都是古羌人后裔，至今这两个民族仍有拜母虎习俗，彝族称母虎为“西摩”，纳西族称母虎为“巴丁喇木”和“格母女神”。在云南哀牢山南涧县还保留着祭十二兽山神的仪式，女祭司西摩头戴虎头面具，腰系虎尾，学虎啸，率十一个系虎尾的男女巫师跳舞①。

土家族虎文化始于传说的蒙昧时代。《山海经》中就有恶虎食百鬼和西王母是母虎的神话，傩坛借用恶虎食百鬼的威力来“冲傩还愿”是太自然不过的事了。

---

① 中国社会文化编辑委员会编：《中国民艺学理论研讨会论文集》，北京工艺美术出版社，1989年版。

现代土家族传统文化中也还存在大量的虎文化因素，也具有广泛的地域性和浓郁的民族特色。从图腾崇拜、民间习俗、生殖崇拜，到作为吉祥符号及装饰品，都有一个完整的发展序列，并与蛇、龙、狮、猫等组合，形成了一个蔚然大观的虎族民间艺术世界，并对其他民族民间艺术题材产生了深刻影响。古代巴族民间艺术中的虎纹饰、造像的文化内涵，至今还在土家族各个生态层面上同时存在着，并影响着土家族的心理生活方式和艺术欣赏。

1. 白虎崇拜意识渗透着对红色文化的崇拜，实质是对光明的向往

在《世本》、《后汉书》等有关巴人起源的历史和传说中，巴人始祖廪君生于赤穴。在《列仙传》中，有巴人名赤斧，也被列为神仙之一。赤斧，巴人也，能炼丹砂、与硝石服之，身体毛发尽赤。可见，巴人崇尚赤色。乌江土家先民早有开采丹砂的历史，而红色丹砂被视为“仙药”，吃后长生不老，巴人视为至宝。这也许与其始祖白虎廪君生于赤穴有关，或者说赤穴本身就是一个丹砂洞。反映在傩坛中，就有白刀子进红刀子出的尚赤意识。法师举行“开红山”必须要写血书，即划破头皮取血的一种占卜法事。还要“砍开五方血河路”，并且一定要有红彤彤的鲜血出来。其实这些都是对红色的一种崇拜，进而转化为火崇拜。“开红山”前，举行的“熛雷火”，就是在开刀取血前，法师烧纸钱于三清坛位桌上的水碗中，用右手在火焰上画“雷火分兆讳”，然后用双手在火焰上熛一下，趁热在额头上轮番拍打 24 下，接着唱道“红山高上没有巧，只要二十四个雷火熛得好”、“一刀钉在桃树上，血在弟郎头上流”。

这里的借雷火增加法师的神威，以便降住妖魔邪鬼，实际上是对火的崇拜。至于在额头上轮番拍打 24 下，这是从仁宗皇帝许下的 24 个“人头愿”而来。拍拍自己的头，是表示还 24 个人头愿，自己头也是其中之一。

值得注意的是，扎茅人代替张孝、张礼是因为其母有病要吃凤凰肉，吃了凤凰肉就病灾消除。凤凰在土家人心目中也是火的象征，吃凤凰肉就是崇拜火。印江土家人在祭风神时，觉得下雨多了，则把红旗舞三下，就会云开日出。土家人的崇尚对象从红色到火、到太阳，这是一个循序渐进的过程，其实都是对光明的崇拜。

2. 白虎崇拜意识的另一种表演：祭风神，乞求五谷丰登

在乌江流域土家山寨流行一种祭风神活动。（道光）《思南府续志》载：“印江则于六月六日，祭风神，或曰丰神，多以杨姓主其事，届日，椎牛，烹羔、鸡、鹅、鱼，肉五牲必俱。跪拜仪节，迥与常殊，设诸旗于广场，曰‘大白小白’，拜舞其前，士

女倾城往观。”祭风神分大祭和小祭，大祭12年一次，并杀牛及72牲，规模较小。祭祀地点选择在印江板溪下洞的风神堡上。中间有一棵枝叶繁茂的大枫树，称之为神树。树旁设有祭坛，坛上供奉雷公、电母、风后、雨师四个神位，坛前摆上供品，土老师起神完毕后，便回到坛前作“缀神”表演，即坛前两旁各立12人，每人头戴斗笠，两手合十举在胸前。一列前一人打鼓，一列前一人敲锣指挥，众人合手弯腰，听从锣鼓，分别向左右各举手三次，并边歌边舞，左右来回表演。“缀神”完毕后便进行“竖旗”，即土老师在坛前作法之后，两旁众人将绑上旗帜的两根旗杆竖立在风神堡上，等到天下了雨才倒旗。传说这旗帜分红、黑两色，能保一带地方风调雨顺，旱涝保收。天旱时，将黑旗挥三下，天则下雨；雨多则把红旗舞三次，当即云开日出。最后一道法事为杀牺牲：首先买来的一头白牛用酒灌醉，牛角牛尾挂上鞭炮，祭祀毕，将牛肉及72牲合煮成稀饭，由各寨头人领给众人分吃。土家人认为，多吃此稀饭就能年年吃饱肚子，反之，就会挨饿。土家人认为祭风神能消除旱涝灾害，求得风调雨顺，五谷丰登。

陈国安、曾超认为祭风神活动实际上是巴人白虎崇拜习俗的延伸，供祭是为求得风调雨顺，获取丰收。祭风神的供品首先必须用活人，这与“虎饮人血，以人祠焉”有联系。其次供祭的活人、茅人和牛、羊、猪、鹅、鸡等均为白色的，这与巴人供祭白虎的尚白习俗有着必然的联系。古人云：“云从龙，风从虎”，因此，崇拜风神是白虎崇拜的又一种变异形式①。

其实，在傩坛“开红山·保管推遣”一节里，也有保佑主人“一年四季抛粮下种，田中种下五谷，要百虫不吃，五谷丰登，千百担归家，万千担入宅”；保佑“六畜兴旺”，“肥如冬瓜，黑如老鸹，不喂自肥，不喂自长”。其含义是主人请法师开了红山后，带走了病魔、灾难，留下六畜兴旺、五谷丰登的年景。

3. 白虎崇拜意识是崇勇尚武精神的体现

土家人对虎凶猛、骁勇本性的崇拜，终使虎成为英雄的指代，成为土家人心目中的守护神，并进一步上升到一种崇勇尚武的精神。

在傩坛开红山“招兵”一节，法师为了取得战胜邪魔的胜利，不能孤身独行，除了乞求傩公、傩母、太上老君这些神虎的保佑外，还要聚集五方兵马助战。法师左手执令旗，右手持牛角，分别向东南西北中五方招兵。在德江、沿河一带地区的土家人认为这五方各有一虎，合称五方白虎。东方为“青帝白虎”，南方为

① 曾超著：《巴人尚武精神研究》，中国教育文化出版社，2006年版。

“赤帝白虎”，西方为“白帝白虎”，北方为“黑帝白虎”，中部为“黄帝白虎”。傩坛开红山法师“招兵”唱道：“招转兵来回转兵。”众人合唱：“招转东方青帝九夷兵。”法师唱：“九九八十一。”众人：“八万一千好雄兵。”法师：“八万一千人和兵。”众人：“八万一千马和兵。”法师：“千兵要随弟子走。”众人：“万马随吾弟子行……”

在巴文化中，军事特色浓郁，武性意蕴强烈，精武尚武是该民族大性。劲勇、尚力、知兵、善战，勇武是巴人文化中最为显著的特征。纵观巴人及其先民虎部落与其后裔土家族的军事活动，自黄帝以来就多次参加了缔造中华民族及其历次大统一的重大军事活动，不仅创造了许多属于巴人的民族政权，而且对中华民族统一格局的形成、发展和巩固有极为重大的贡献①。潘光旦也高度评价说：“唐代以前，历史上为了统一祖国而进行的若干次成功的战争中，几乎都有巴人参加。自北宋设置‘荆湖路义军’，称为‘土兵’、‘土丁’或‘土军’的一种队伍，……统治者亦曾经调遣他们来抵抗国外的敌人而取得辉煌的胜利。”②

更有名的是《华阳国志·巴志》的记载：“周武王伐纣，实得巴蜀之师，著乎《尚书》；巴师勇锐，歌舞以凌，殷人倒戈；故世谓之：‘武王伐纣，前歌后舞也。’”这是对巴人助武王伐纣成绩的肯定，也说明巴人能征善武。就是到了宋代乌江流域的蕃部长田祐恭所部“土丁药箭手，轻趫习山险”，在抵抗外来入侵、打击国内分裂者的战争中，也是所向披靡，攻无不克，为维护中华民族的统一立下了卓著功勋。

在乌江流域出土的巴文化文物，诸如虎钮錞于、巴式柳叶剑、巴式戈、巴式斧、巴式钺、巴式矛、铜钲、编钟、箭镞等巴式青铜器中，青铜兵器占有极为重要的地位，也使我们清晰地认识巴文化尚武精神的内涵与特征。1972年10月下旬，在乌江下游干流岸边涪陵小田溪巴人古墓群中出土文物192件，其中兵器就达54件，另外还在乌江流域的酉阳、涪陵、武隆、黔江、松桃等地出土了大量的虎钮錞于。这说明巴族是一个崇武尚勇的民族，更为可贵的是，这种尚武精神，已变成土家族的一种传统，一种民族精神。

关于乌江土家族这种精神，近现代史料有许多记载可以证明。田汝成《炎徼纪闻》载：“酉阳乌江部落之长多冉氏，一曰冉家蛮，诟之曰南客子。其俗散处于沿河、祐溪、务川之间，跋扈不惠，尚武而善猎，得兽必祭而啖之。”

---

① 曾超著：《巴人尚武精神研究》，中国教育文化出版社，2006年版。

② 潘光旦著：《湘西北的“土家”与古代的巴人》，载中央民族学院研究部编：《中国民族问题研究集刊》第四辑，1955年版。

(嘉靖)《思南府志》云:“悍劲之性,靡然变易矣。”

《贵州通志·风俗》载:“沿河佑溪长官司下的冉家蛮,是性凶恶,不惮深渊猛兽,采砂煎水银,出入持刀弩,好渔猎,得兽祭鬼而后食之。”

这些足以说明土家人承巴人尚武之风,至今还作为一种向上进取、自强不息的民族精神保持着并发扬光大。

4. 白虎崇拜文化的内涵,就是对生命的礼赞

王海霞在《巫术·宗教·原始文化——中外传统民间艺术探源》中讲道:彝族以虎之肢解各部为天地之象,这一切都有以虎为祖先图腾的意味。而汉族现代民间的“老虎乳儿”的剪纸,则又与中国古文化中阜阳龙虎尊下的裸女的意义、四川广汉三星堆铜尊上刻的双身虎口下有人的意义、现代乡村儿童的虎头帽(看似如虎口中衔子)的意义是一脉相承的,即是以虎为母,进行生殖、生命崇拜的写照。河南淮阳人祖庙会的三头、五头虎泥玩具,仍是乞子之人争相购买的对象,虎即是新生命的象征。

土家白虎崇拜文化何尝不是这样?即是以虎为母,进行生殖、生命崇拜的写照。前面已经讲到傩坛至高无上的神灵太上老君就是一只母老虎,创造的道教也充满着阴柔之美,是一种母性文化。这些文化因素都会反映和影响着土家傩文化,也会反映到土家人的生活上来。因为早期的白虎图腾的洞穴生殖崇拜,在巴文化中占有极其重要的位置。向柏松在《土家族洞穴崇拜初探》一文中对赤穴、黑穴生巴人的神话进行了深入的考察,认为掷剑石穴投中者为君,乘土船能浮者为君,就属于竞技决雌雄的神话模式。巴氏为赤穴所生,四姓皆为黑穴所生,深深地烙上了母腹生殖崇拜的印记。赤穴、黑穴之说实为渗透着巴人洞穴生殖观的氏族起源神话,应该与生殖崇拜有关。《大平御览》载:“宜都有穴,穴中有二大石,相去一丈,俗云其一为阳石,一为阴石。水旱为灾,鞭阳石则雨,鞭阴石则晴,即廪君石也。”这里,所表现的是灵石崇拜和祖先崇拜,但同时也有生殖崇拜的意蕴。而这一洞穴生殖崇拜在乌江流域土家族中一直延续到现在,成为巴文化乃至土家族的显著特征。如在沿河土家族自治县谯家镇的黑岩门就有一对形似的男生殖器和女生殖器,当地人称之为伏羲兄妹。结婚久未怀孕的夫妇常来此烧香化纸祭祀,以乞求能生儿育女。思南乌江岩边的大桐崖,也有一个如女性生殖器石洞。每年六月初六,结婚怀孕的夫妻至此,以投石洞中者为生男,否则生女;印江县板溪也有类似的石洞和习俗。

正如前所述,土家人祭风神要选在枝叶茂繁、生命力强盛的大枫树下去进

行，崇拜红色、崇拜火神乃至投石洞测子，其实都是对生命的礼赞。

至于乌江土家人有包王字头白帕子，小孩戴虎头帽，妇女佩戴桃形虎头围腰，住房大门吞口置虎形锤的习俗，除有白虎崇拜镇邪除恶的功能外，还有对生命的赞美。

综上所述，从土家傩坛“开红山”这件重要的祭典仪式中，我们可以看出，古代巴人崇拜白虎的种种文化事象，由此得出土家族传统文化及民族精神价值所在。同时可知，土家族是一个崇尚武勇、追求光明、乞求丰收、热爱生命，又具有虎虎生威、自强不息、开拓进取精神的伟大民族。

试谈福泉阳戏在非物质文化遗产保护中的现代意义

◎ 吴正彪[1]

人类任何艺术形式的形成和发展都有其特定的文化土壤，而这些艺术作品与产生它的历史环境又有着密不可分的重要关系。尽管阳戏在我国南方的不同地区以其明显的地域性呈现在人们的社会生活中，如湘西阳戏、张家界阳戏、酉阳阳戏、梓潼阳戏乃至于贵州罗甸县的土坝阳戏等等，地方特色浓郁，是汉族文化在西南地区经过“本土化”进行“包装”后得以传承的活态艺术表现形式。在这些不同地域性的阳戏艺术中，形成于元、明时期的福泉阳戏时间最为久远，至今已经有 600 多年的历史。阳戏作为傩戏的一个分支，是具有浓厚宗教色彩和民间技艺的一种古老的戏剧艺术。傩戏有阳戏和阴戏之分：“以娱人纳吉为主的称阳戏；在祭祀活动中，以酬神驱邪为主的称阴戏。”[2]在与其他地区的阳戏比较中，我们看到，湖南湘西阳戏是清朝嘉庆、道光年间“在巫风楚声熏染下，经由四川梁山小调和傩戏演变而来，融合了湘西花灯、茶灯、山歌等地方小调的地方剧种。”[3]重庆酉阳的阳戏是形成于清朝中后期傩戏中的一种“还愿戏”，据(同治)《酉阳直隶总志・风俗志》载：“案州属多男巫，其女巫可谓之师娘子。凡咒舞求佑，只用男巫一二人或三四人；病愈还愿，谓之阳戏，则多至十余人，生旦净丑，袍帽罐服，无所不具。”[4]其流传的时间亦有 300 余年之久。流传在四川的梓潼阳戏是清乾嘉年间反映当地民众为酬神还愿、驱邪纳吉的一种傩戏表演，在其保留下来的两集清代手抄本中，一集为“戏门断愿启白”和“天戏”；另一集是“戏门启

---

① 作者简介：吴正彪，苗族，贵州人，三峡大学民族学院教授、硕士生导师。
② 王科本、杨坤著：《福泉阳戏的艺术特征》，《电影评价》2008 年版第 15 期，第 91 页。
③ 陈素娥著：《论湘西阳戏的传承及其审美特性》，《作家杂志》2008 年版第 1 期，第 235—236 页。
④ 王鳞飞等著：(同治)《增修酉阳直隶州总志》，巴蜀书社，1992 年版。

白坛前仪”和“地戏”，此集的抄录时间为“清道光十二年（1832 年）秋月”。这两个集子形成的时间在 300 多年前左右[①]。据福泉市龙昌镇黄土哨村戏班的老艺人介绍，福泉阳戏传人的祖辈是明朝洪武四年（公元 1371 年）由江浙一带随军入黔的。在明朝初年，朱元璋为扫除元朝残余势力，调集大量军队南征云南，同时又在贵州大量屯军以巩固其在西南地区的势力。随军队进入贵州的大量屯军及眷属移居贵州后，由于远离家乡，他们对故土、亲人始终怀着深深的眷念之情，于是就把家乡的各种祭祀习俗重新恢复起来，以此保持心态的平衡和寄托对故土亲人的相思，阳戏就是在这样的背景下得到保存而留传下来的，如今在福泉已有 600 多年的历史。此后，在康熙十四年（公元 1675 年）的《平越直隶州志·风俗篇》中亦有对福泉阳戏活动情况的介述。据此可知，福泉阳戏是我国目前原始傩戏艺术中流传时间最长、在民间历史发展中最为悠久的文化遗存。

联合国教科文组织在公布《保护世界文化和自然遗产公约》时，就对文化遗产作出了“物质遗产”（Physical Heritage）和“非物质遗产”（Nonphysical Heritage）的区分。根据联合国教科文组织《保护非物质文化遗产国际公约》的定义，非物质文化遗产具体表现为：口头传说和表述，包括作为非物质文化遗产媒介的语言；表演艺术；社会风俗、礼仪、节庆；有关自然界和宇宙的知识和实践；传统的手工艺技能。据此界定，福泉阳戏在当地人的生活中是一种非物质文化遗产已无可置疑。事实上，早在 2006 年至 2007 年间，福泉阳戏就已经进入到贵州省和黔南州的非物质文化遗产代表作名录中，开始得到了各级部门的立项保护和高度重视。

一、福泉阳戏作为汉民族历史文化的“遗留物”在这个特殊的地理环境中得到了有效的保护和传承

位于贵州中部的福泉早在殷周时期就已经成为长江上游由武陵山区进入我国西南边陲的一个重要交通要道，由于这里的地理位置特殊，从秦朝起就在今天的福泉市境内设置了且兰县，隋唐五代设宾化县，元置平月长官司，明洪武八年改为平越安抚司。洪武十五年，置平越卫，实行军政分管、土流并治。明朝初年还在福泉设置了杨义长官司和高坪土司，直至清朝末年才遭到废除。特殊的地理环境使福泉成了南来北往人员交汇的聚集地，同时也将傩戏中的阳戏带到福

---

① 高梧、郭桂玲著：《梓潼阳戏与文昌崇拜》，《四川戏剧》2007 年版第 5 期，第 55—56 页。

泉，然后再根据不同历史时期的文化需求不断地完善、丰富和发展。

值得注意的是，福泉自古以来就是一个多民族的县，境内除汉族外还居住有苗族、布依族、仡佬族、水族等 20 多个民族，行政隶属黔南布依族苗族自治州，各民族文化异彩纷呈。在坚持民族平等、各民族文化共同繁荣的基础上，扶持、帮助和保护福泉阳戏的传承和发展，这从人类学的视角看，体现了文化相对论的民族人文关怀，对加强各民族之间的相互了解和增进民族团结具有十分重要的政治意义。

二、福泉阳戏的剧目丰富多样，故事情节完整、文学性强，主题突出，程式化结构明显

福泉阳戏的剧目主要分为法事、文戏和武戏三种。每种剧目自成体系，各具风格。如法事就是在香烟袅袅的气氛中来实施下列程序的：《撒杖开坛》⟶《迎请四圣》⟶《礼请众神》⟶《扎坛先锋》⟶《座殿传文》⟶《天门土地》⟶《四值功曹》⟶《开路先锋》⟶《招财童子》⟶《二郎领牲》⟶《灵官出台》⟶《出药王》⟶《回熟》⟶《解枷》⟶《勾愿》等，将汉族文化的整个祭祀习俗活灵活现地展示出来，唱词清晰，犹如正在开展一场戏剧表演。

与法事不同的是，作为颂神、娱神的武戏（也称"正戏"）剧目主要有《二郎锁孽龙》、《李二郎劈山救母》、《座关》、《座殿传文》、《梅花姊妹》、《文武秀才》等等。而作为纳吉、娱人的文戏剧目主要有《韩信追霸王》、《古城会》、《平贵回窑》、《霸王别姬》、《孟姜女》、《柳毅传书》、《梁山伯与祝英台》、《金玲记》、《张古董借妻回家》、《三访亲》等等。剧目内容丰富，故事情节完整，地方汉语方言特色浓厚，唱词句式结构活跃，修辞手法多样，表演动作诙谐，每个剧目的主题都十分明显，各剧目与剧目之间都是一个固定的程式化模式。这种表演艺术能获取区域性的族群文化认同感，使人们在寓教于乐中重新建构起传统文化的核心价值体系。

三、福泉阳戏艺术在非物质文化遗产保护中具有多样性价值特征，加大包装力度可为地方旅游业的发展提供人文资源支持

福泉阳戏是一种综合的视听艺术，它把传统的音乐、口头文学与书面文学、舞蹈律动、情趣多样的念白和多种表演技艺有机地融为一体，向人们展示的是当地丰富多彩的活态民俗生活场景。而这一切又正好是当前我国日益兴起的旅游业中亟待拉动地方经济发展的一个重要文化资源。福泉的旅游资源十分丰富，

素有“哪人能识破，金银用马驮”的美誉。在这些旅游景点中，城郊洒金谷、福泉古城、“王卡石万千”、“石王点兵过仙桥”、“干坝斑鸠石”、“沙坪黄龙山”、“董炳天生桥”、凤山竹王城、陆坪的翁阳苗寨风光等等，虽然自然风光优美独特，但依靠地方政府打造起来的人文资源却空乏无力，难以推动旅游产业在地方社会发展中的经济支撑作用。

事实上，在福泉，像阳戏这样的人文资源却十分丰富，只要走进仙桥的苗寨，你就会看到“银耳银镯野鸡坡，手钏项链莲花塘，牛屎野寨银花泡，谷兵大丰戒子扬”。在董炳天生桥，“过桥不见桥，风雨卷波涛，蓦然回头看，方知天生桥”，就会让你流连忘返。此外，一些正待包装的民间艺术除了阳戏外，还有芦笙舞、板凳舞、刺绣、民间口头韵律歌谣等，都是福泉开发人文社会环境的重要旅游资源。

试论贵州民间小戏的基本特征

◎ 皇甫重庆

“小戏”，在中国戏曲中一直是个比较含混、模糊的概念。无论戏剧史家，还是广大的戏剧艺术实践者，对其都没有一个公认准确的科学界定。1981年上海辞书出版社出版的《中国戏曲曲艺词典》，是我国目前最具权威性的戏曲工具书。该书对小戏虽然作了“是由说唱艺术或民间歌舞发展而成的剧种的统称，系对大戏而言，如各种花鼓戏、花灯戏、采茶戏、滩簧戏等都是”的界定，但仍难尽如人意。从本质上说，各戏曲剧种都是从民间歌舞或说唱发展而成，小戏亦是如此。既然花鼓、花灯、采茶、滩簧等是“小戏”，那么川剧、越剧、黔剧、黄梅戏等地方剧种属大还是属小？它们之间有哪些异同？地方戏与京剧、昆曲等大戏又有些什么区别？这些问题仍使人疑惑不解。中国戏曲是个庞大而复杂的体系，不仅历史久远、品种繁多，而且由于各自所处的民族、环境、时代、习俗等社会文化生态有着千丝万缕的联系，形态、特色千差万别，要想将其理顺说清的确不是一件易事。笔者不想对小戏重新界定，仅以贵州的部分民间小戏为例，探讨民间小戏的基本特征，也许对小戏的界定以及小戏与大戏的界别有所帮助。

为区别现今已城市化、专业化、商业化的各戏曲剧种，本文给小戏冠以民间二字，系指现仍流行于农村的、非专业化的戏剧活动形态。

一、民间小戏的泛戏特征

戏剧，作为人类社会的一种文化现象，对于它的发生发展、特性、价值等等，我们远远没有达到充分认识的程度，它不仅受到时代、环境、民族等社会因素的限制，也受人们的心理素质、知识经验、价值取向、审美追求等思维及行为方式的制约。在中国，无论古代、现代，戏是一个十分宽泛的概念，它含有游戏、玩耍、嘲弄、调笑、逗趣、娱乐、杂技、说唱、舞蹈、表演等等内容，本是一个很宽泛的、开放的戏剧观念。汉代的“参军戏”，唐代的“百戏”就是例证。它包括“各种杂技幻术（如扛鼎、吞刀、吐火等），装扮人物的《乐舞》，装扮动物的《鱼龙曼延》，以及带有简单故事的《东海黄公》等”①。然而自宋元以来，由于城市经济、文化的发展和文人的介入，戏逐渐从农村进入城市，成为城市舞台的专利品。人们逐渐习惯于把戏从广泛的文化现象压缩到狭小、偏窄得多的艺术现象，使传统的泛戏观变成了狭义的戏剧观念。这就使戏成了另一码事，它以戏剧文学——文人执笔编写剧本而成为一种文学样式，出现在大众面前，由专业或半专业戏班在城市勾栏、瓦舍的舞台上演出为标志。于是，戏剧史家们定论：中国戏剧诞生于宋元。继而，随着西方戏剧理论的引进和影响，又用西方人的戏剧模式观念来规范中国戏曲，致使原本丰富、活泼、多姿、拥有广阔时空、十分开放的中国戏曲变成一种城市化、文人化、商品化的纯戏剧，被挤压到时空狭小的“三面墙”的舞台上。这一变化本身无可厚非，它标志着戏剧发展的一种轨迹。但是，这并不是中国戏剧之全貌。与此相反，在广大农村，戏剧的表现形态和活动方式，与城市的纯戏剧存在很大差异，仍接近于宽泛的文化现象，对戏的理解仍是传统的泛“戏”观。从贵州现存的各种民间小戏，我们可以看出它的泛“戏”特点。

傩戏、阳戏、花灯戏是贵州广为流行的三种民间小戏。无论从前还是现在，它们的活动形态都不是一种严格意义上的纯戏剧，而是一种广义的泛戏剧。贵州农村普遍流传着“冲傩还愿跳花灯”的口头禅，系指傩戏、阳戏、花灯三种民间戏剧活动。对此，各地方志多有记载，以下抄录三则为例：

> 冲傩还愿，有消愿傩愿之别，许者必还，如履行债务然。有一年一还者，有三年两还者。还有延巫多人，作剧于家，然言词必极淫亵，而神乐。所供之神曰圣公圣母，每还一次，约消费数串之金钱，只博二三日之喧嚷，殊不可解。冲傩与还愿，但冲傩为病者酬神而设，还愿则无病亦必举办也。
>
> ——《施秉县志·风俗篇》
>
> 歌舞祀三圣曰阳戏。三圣，川主、土主、药王也。近或增文昌曰四圣，每灾病，力能祷者，则书愿帖祝于神，许酬阳戏。既许后，验否必酬之，或数月，或数年，予洁羊豕酒，择吉召巫优，即于家歌舞娱神，献生献熟，必诚必谨，馀

① 《中国戏曲曲艺词典》，上海辞书出版社，1981年版，第5页。

皆诙谐调弄，观众哄堂，至勾愿送神而毕，即以祭物宴亲友，时以夜为常。

——《遵义县志·风俗篇》

花灯亦出现上九以后。其式提灯在前，次为牌灯，次为男扮之男一女一，衣新衣，女手执扇，亦先具灯贴散发。接收者即至其家，向神龛或主人一揖后开始演唱，男呼女为干妹，女呼男为情哥，周旋动作，往复唱和，皆男女相悦之表示，大类舞台上演“放牛”等戏剧。

——《平坝县志·民生志》

现存于民间的傩戏、阳戏、花灯戏的活动形态与上述记载大同小异，基本一致。请看一段秋收后贵州农村的傩戏演出：

二三十平方米左右的农家堂屋里，烛光摇曳，香烟袅绕，在锣鼓声的伴奏下，头戴花冠、身穿法衣的傩坛巫师，时而吹响牛角（曰神号），时而占卜打卦，时而对着神案叩头作揖、焚香化纸，时而又挥舞师刀、牌带，如醉如痴地狂歌曼舞，口中念念有词祷告神灵，继而，各方神灵纷纷奔赴傩坛——巫师戴着象征神的面具由大门走进堂屋，歌舞演唱这个神的来历和赴傩坛的目的，以神的身份向主人祝贺。另外，艺人们还根据傩坛的情况和观众的情绪即兴发挥，见子打子，或插科打诨说些逗笑取乐的乡间俚语，或演唱一些当地流行的花灯小调、山歌、情歌，或穿插表演一些与傩坛有关或无关的有简单故事情节的小品、片断式的小戏——这是傩戏演出的普遍形态。

傩戏有“正戏”与“外戏”之分（也称“文坛”和“武坛”），所谓“正戏”（即“文坛”）系指请神、酬神、送神中的各项仪式；“外戏”（即“武坛”）则是穿插在傩坛科仪中的歌舞说唱和戏剧表演。祭中有戏，戏中有祭，是其主要特征。

阳戏属傩戏范畴，是傩戏的一个品种。按艺人的说法，傩戏是给阴间人看的，阳戏是给阳间人看的。二者的区别是傩戏的目的是驱邪纳吉，阳戏则是酬神还愿。凡家宅不宁、家人生病、小孩过关煞、家畜死亡、粮食歉收等不吉，则冲傩驱邪、演傩戏。阳戏则是为了兑现当初许下的愿信而进行的酬神还愿活动，凡老人延寿、喜得贵子、娶亲嫁女、人财兴旺等，则演阳戏酬神还愿。二者并无本质上的区别，演出程序大同小异，只在科仪上有所增减，故而民间常将二者相提并论，统称为“冲傩还愿”。

花灯戏在民间俗称为“玩花灯”、“闹花灯”、“跳花灯”，是一种季节性的民间戏剧活动。这种依附于迎神赛社的戏剧活动就更具泛戏特点。有一年在瓮安过春节看了几晚的民间花灯，大饱眼福。农历正月十三晚间，仅城关就有十多个花灯班同时活动，到处紧锣密鼓、爆竹喧天，灯班每到一家，人头攒动，欢笑不绝。灯班到主家门前先放一串鞭炮，然后由唐二为主家《开财门》说吉利：

走了一湾又一湾，
不知主家把门关，
你把财门打开了，
花灯恭贺你喜欢。
主家房子起得高，
石灰泥齐半中腰。
不是唐二奉承你，
一屋都是银条条。
主家房子起得长，
团转都是石院墙。
喂头肥猪像水牯，
鸡鸭成群赛凤凰
……

这类吉词利语可长可短，短的四言八句，长的可洋洋数十句甚至上百句。既有常规的套话，也可见子打子，即兴现编。风趣幽默，比兴得当，语词流畅，妙语连珠，说得主家和观众心情欢畅。吉词说完后，主家并不开门，而是在屋内隔门《盘灯》：

主人："锣沉沉，鼓沉沉，
请问玩灯是何人？
你把姓名说与我，
我为哥子开财门。"
唐二："锣沉沉来鼓沉沉，
玩灯不是远方人，
与你同县又同乡，
初一、十五常上门。"

主人:“早不来,迟不来,
半夜三更你才来,
前门上了千斤锁,
后门加了九捆柴,
看你咋个钻进来?”
唐二:“花灯原本来得早,
张家请酒耽搁了,
我有钥匙开你的锁,
我有钢刀砍你的柴。
开你的锁,砍你的柴,
从你家财门走进来。”

而后,主人将门打开,灯班鱼贯而入,主人敬烟敬茶。灯班便在堂屋中演出《说春》,祝福主家五谷丰登,六畜兴旺,吉祥如意;唐二与主家和观众插科打诨,逗笑取乐;演《请幺妹》表演农家青年男女的爱情片段;继而载歌载舞唱采茶;最后,为主家驱邪逐疫《砍五方》。如若主家盛情招待,红包给得丰厚,灯班则继续搬演《打草鞋》、《三会亲》之类反映农家生活的传统小戏。

若用严格的纯戏剧观念来审视傩戏、阳戏、花灯戏,它们既无文人编撰的剧本,又无完整的故事情节,往往矛盾冲突,很难称其为戏,只是一些酬神娱人的仪式、歌舞、说唱、逗笑取乐的表演。然而,无论是艺人还是乡民观众,均视它们为戏,在他们的观念里,凡是通过装扮来模仿情感和动作的就是戏——这就是中国农民朴素的戏剧观。民间戏剧的主体是农民,他们自编、自演、自娱、自乐、自教,他们以自己的观念来审视戏剧,而不是戏剧来规范他们,这就使民间小戏具有泛戏的特征。

20 世纪 80 年代初,国门刚刚打开,西方现代派艺术思潮和现代派戏剧观念涌入中国,在北京、上海的一些艺术院校,引发了一场“泛戏剧观与严格戏剧观念”的争论,虽无定论,但使更多的戏剧家把目光从殿堂移到了民间,从民间戏剧中汲取营养。无独有偶,不仅中国的戏剧家如此,外国的同行也对中国的民间小戏产生了浓厚的兴趣,纷纷来中国农村考查民间小戏。1988 年春,美国现代派戏剧大师、环境戏剧创始人查·谢克纳来贵州考查民间小戏,他看了傩戏、地戏,十分惊喜地对我说,它们与他的环境戏剧十分相似。他通过翻译曹路生先生向我阐述了他的戏剧观。我向他介绍了当年泛戏剧观与严格戏剧观的争论情况。他坦诚地说，他的环境戏剧近似中国的泛戏剧观，是在反西方传统戏剧观念中形成的新的戏剧观念，没有想到这种戏剧观在中国早已有之。从当今西方戏剧的状况看，环境戏剧得到长足的发展和认可，大有燎原之势，对东、西方现代戏剧产生了广泛的影响。

国内外戏剧家之所以对傩戏等民间小戏产生浓厚的兴趣，就在于民间小戏的戏剧观念与西方现代戏剧观念的吻合，它的演剧形态给现代戏剧注入了源泉似的活水甘露。中国的泛戏剧观，蕴涵着“人生即戏剧”的哲学意味，“人生大舞台，舞台小人生”——是戏剧大师田汉先生的精辟概括。环境戏剧基于此种理念，将戏剧“回归”生活，把戏剧置于现实的生活环境，只要有人群，任何时空、任何环境、任何内容、任何表现形式都可以产生戏剧。“戏剧即人生(生活)”——这便是谢氏的戏剧观。

他有一个反映面包作坊的戏，为让观众感受到面包工人的艰辛劳动和给人们带来的实惠。他设计了一个低矮狭窄的小门，让观众半蹲半爬地进入观剧场所，让观众参与搬运面粉袋，参与和面、揉面、做面包、生火、烤面包等一系列劳作，以此让观众感受到面包工人们的辛劳。当面包烤熟后，观众分食刚出炉的香甜、松软可口的面包，让观众体会到收获的喜悦和面包工人给人们的辛勤奉献。

这出戏较好地说明了谢氏环境戏剧的戏剧观。将它与上述瓮安花灯演出比较，两戏虽隔千山万水，但却有异曲同工之妙。

二、民间小戏的民俗特征

民间小戏之所以源远流长，经久不衰，遍布各地，这与它的民俗性特征有很重要的关系。中国戏曲自宋元以来，严格的戏剧观念已经形成，并为知识阶层和广大的市民观众所接受，加之西方戏剧“三一律”的影响，戏剧已经纯而又纯。当今，由于电影、电视等现代传播工具的冲击，戏剧艺术受到严峻的挑战。于是，五花八门的革新戏剧层出不穷，试图冲出戏剧的低谷。从社会文化发展的角度看，民间小戏早应被取代，然而，它却在漫长的历史变迁中得到了一隅之地，并能在不同的社会文化中保持其古老的风貌，这不得不归功于民风民俗对它的帮衬，民间习俗信仰是民间小戏生存的基础和依托。

傩戏、阳戏、花灯戏均依附着冲傩、还愿、闹元宵的民俗活动，在所有县志中将傩戏、阳戏、花灯归在民俗、民生篇，这是有道理的，因为它们演出的内容都与民俗、民生紧紧融为一体。

在乡民的观念里，戏——城市化、商品化的纯戏剧——是编给人看的，尽管他们都非常爱看，但戏中的人和事与他们无关。跟他们的生老病死、衣食住行、粮食丰歉等现实生活毫无关系，没必要替古人担忧。而“冲傩”、“还愿”、“跳花灯”则与他们的日常生活息息相关。在人生的重要关口，民间小戏都以其特有的方式渗透到现实生活的方方面面：婚后不孕或有女无儿的人家，要请戏班来“送太子”；妇女怀孕后要冲傩安胎，保胎；小孩出生满百日要请阳戏班唱戏“贺百日”；为让小孩健康成长，请傩班为孩子“消灾过关煞”；成年后要请傩班来求子祈福；年老后要请阳戏班还愿延寿；老人逝世后子孙要为死者做道场演戏祈阴福；粮食歉收，人畜不旺，要冲傩驱邪——另外，接亲嫁女、盖房建屋、新店开张等都离不开跳灯唱戏。凡此种种都说明，民间小戏与民风民俗、现实生活紧紧联系在一起，远非纯戏剧可比。

民间小戏广泛介入生活，表现形态丰富多彩，名目繁多。现以花灯为例来说明。因演出目的各异，意义也大不一样，花灯可分为：

“春灯”——即春节期间的演出活动。新春佳节，各家各户为求吉利，对灯班上门恭贺都十分欢迎，既为兴旺发达、热热闹闹，也为别人看得起自己而盛情款待灯班。

“寿灯”——老人高寿，儿孙们在寿辰之日请灯班来为老人庆寿，寿灯喜庆欢乐，有专门的唱段、戏文，如《八仙上寿》等。

“愿灯”——天灾人祸在所难免。为求心理平衡、转危为安许下“愿信”，一当如愿即唱愿灯还愿，有“子孙愿灯”、“消灾愿灯”、“寿愿灯”、“财愿灯”等。

“孝灯”——老人过世，召灯班来家唱孝灯，多为劝人行善行孝的内容，如《二十四孝》、《目连救母》等。

“赛灯”——类似于现今的会演，属竞赛性的演出，常在村寨之间举行。双方各请来数个灯班，同时出演，看谁的观众多、节目多、演的时间长，为争高下，不仅东道卖力，灯班也八仙过海、各展技艺，既为东道争光，也为灯班争得名誉，场面十分热闹。

傩戏、阳戏、花灯等民间小戏，不仅具有戏剧的基因、特征和功能，而且是戏曲大家族中的一员。但它们又不完全等同于戏曲，因为其内容、形式、功能、范围都远远超越了戏曲，蕴含着一种比戏剧更为久远、深沉、博大、丰厚的社会文化内涵。无论它的原生形态，还是演变至今的现存形态，都与现实生活融为一体。无不反映了乡民们的心理愿望、知识经验、价值取向、道德规范和审美情趣，成为一种社会的、信仰的、游艺的民俗事象。正因为如此，才使民间小戏丰富多彩，根深叶茂，具有旺盛的生命力。

三、民间小戏的仪式特征

民间小戏的诞生与民间祭祀有着千丝万缕的联系。有一种观点认为，中国戏曲发端于祭祀。日本学者田仲一成在其《中国乡村戏剧与祭祀》中，用江西、安徽、贵州、广西、四川等地大量的田野考查材料，阐述了这一观点。台湾国立清华大学社会人文学院王秋桂先生主持的学术课题《中国戏曲及其仪式之研究》，出版了六十部专著，亦阐述了这一观点。

贵州的傩戏、阳戏、地戏、花灯都与祭祀活动有着密不可分的关系，围绕祭祀都有一套完整的仪式，这便决定了民间小戏的仪式性特征。

祭祀仪式在民间小戏中占有十分重要的地位，是其演出活动的主干和框架，按老艺人的话说，“科仪（祭祀仪式）是主干，要戏（娱人节目）是枝叶”。所谓“科仪”是一整套请神、酬神、送神的仪式，以花灯、阳戏的科仪为例：

演花灯“愿灯”的仪式为：

1. 请水——掌坛师将一碗净水画符念咒后，放在主家神龛上，称为“镇邪之水”。

2. 安灵——即安放矮三郎、金角老龙、十二花园姐妹等神的牌位（传说他们是戏神）。

3. 请神——请牌位上的神登位落坐。

4. 开光——把神灯、彩灯的蜡烛点亮，以示光明通达之意。

5. 拜祭——愿主、灯班向神灵叩拜。

6. 发灯——灯班将主家准备的各种灯笼挂在演出场所，有牌灯、尾灯各一盏，扇灯、茶灯各二盏，花灯三盏，共九盏。灯之多少，视主家财力而定，成单不成双。牌灯、尾灯系主灯，缺一不可。

7. 参土地——灯班到土地庙前参拜土地神，祈神保佑主家和村寨四季平安、人畜兴旺。

8. 拜台——由一人扮灵官上台念镇台词。而后便开始演出《踩新台》、《打头台》等花灯小戏。

9. 踩门户——灯班代表、愿主到各家各户朝贺，意为“一家添福，全寨增光”。

10. 贺主人——灯班进门唱“贺调”恭贺主家。

11. 扫尝——丑角持扫帚作扫地状,意为将一切不吉扫出门去。

12. 拜家神——祈求神灵保佑主家吉祥如意。

13. 辞神——向神辞别。

14. 造船——掌坛师杀鸡祭神,宣读表文,而后将表文和纸船一起火化,以示主家的邪气、灾难随船远去。

15. 化灯拆台——演出结束,将灯笼烧掉,拆去舞台。

16. 回坛——灯班向矮三郎、金角老龙、十二花园姐妹各神拜别。

阳戏演出的仪式内容为:

1. 开坛启请——该仪式由上香、扫棚、亮棚、请水、参灶五部分组成。

上香:掌坛师分别向川主、土主、药王上香化纸钱,叩拜。

扫棚:掌坛师用手指捏破鸡冠,将雄鸡血涂在三圣神案、太子(戏神)神案和疏文上,以示杀牲祭祀。

亮棚:戏班一人手持红烛舞蹈,意为照亮戏棚。

请水:掌坛师在一碗净水中画符,然后用手指将水弹向四方,意为用圣水把不洁净的地方冲洗干净。

参灶:掌坛师和主人一起到厨房参拜灶神,念疏文,将主人还愿的原由请灶神禀告天庭。

2. 座殿传文——二郎(川主)登殿,令土地神传开路神,为愿主家砍开五方,扫清邪气,使其招财进宝。

3. 领牲一宗——愿主家杀一头猪供奉“三圣”,掌坛师跪对领牲大帝(二郎),念“状文”。

4. 灵官一宗——掌坛师和愿主跪在灵官前叩头,祈求灵官为愿主降魔驱怪,保一家吉祥安康。

5. 柳青娘子一宗——由女角边舞边唱“梳妆”、“想郎”等阳花小调,是串插在祭祀仪式中的歌舞表演。

6. 化药一宗——老道张伞挂牌,施药看病,为愿主驱疫除疾,开“平安清洁”方。

7. 走马二郎——说唱川主二郎桃山救母和在梅山收伏七怪的故事,宣扬二郎的威武神勇。

8. 回熟交钱——用猪头和煮熟的猪内脏、点心、酒水供奉众神和历代祖师,焚香化纸钱。

9. 敲枷——掌坛师将木枷放于神案前，带着主人在枷上踩八卦，以此象征敲开桎梏主家的各种灾难和枷锁。

10. 送圣——三圣已领受了愿主虔诚的供奉，请三圣回殿。

11. 财神——财神为主家说吉利："酬恩恩圆满，了愿愿分明。去无他乡，后无补欠。送天财来送地财，金银财宝滚进来。"

12. 出花戏——演出反映农村生活的民间小戏，如《三人讨亲》等。

13. 辞神——女角演唱"辞神词"，向众神一一辞别。

14. 勾愿——掌坛师跪在摆满供品的案前，问愿主还愿诚不诚心？供品是否洁净？敬神的礼仪是否周全？愿主一一回答。坛师打卦，卦顺则说明愿主回答真诚。而后，坛师在牒文上用毛笔写"勾愿已毕"。

15. 送神——在坛师的带领下，愿主和戏班一起端着供品，敲锣打鼓走到村口路边，将供品火化，放鞭炮送神。

从上述二例可以看出，贵州的民间小戏都是在祭祀仪式的框架下进行的，仪式是整个演出的主干，娱人的歌舞、小戏只是调节仪式气氛的枝叶。因此，仪式性是民间小戏的主要特征之一。

四、民间小戏的参与性特征

由于民间习俗信仰的帮衬和依托，这就决定了民间小戏的参与性特征。民间小戏由于贴近生活，深深扎根于民族民间的沃土，这种参与，不是一般意义上的观众欣赏的被动参与，而是积极、主动地介入整个戏剧演出活动。观众强烈主动的参与意识，不仅使民间小戏的演出形式生动活泼，具有广泛的群众性，而且始终以一种强悍的、充满原始生命活力的基因支撑着民间小戏，使其充满迷人的、不朽的艺术魅力。

请看傩戏、花灯戏中的种种参与形态：

1. 傩戏原始形态中的参与

先腊一日，大傩，谓之逐疫。其仪：选中黄门子弟年十岁以上、十二以下百二十人为侲子，皆赤帻皂制，执大鼗……夜漏上水，朝臣会，侍中、尚书、御史、谒者、虎贲、羽林郎将执事，皆赤帻陛卫，乘舆御前殿。……因作方相与十二兽舞，欢呼，周遍前后省三过。持火炬，送疫出端门。门外，驺骑传炬出宫，司马阙门，门外五营骑士，传火弃洛水中，百官官府各以木面兽能为傩人师讫……

——《后汉书·礼仪志》

这类有装扮，击大鼗，边唱边舞蹈来追逐疫鬼的宫廷傩活动，是一种充满戏剧基因的活剧。不仅有上百个演员，还有上自天子诸侯，下至骑兵士卒的大量观众参与，场面宏大，气氛热烈紧张，比古希腊戏剧之始的“酒神颂”(dithyramb)更具戏剧性。这类傩活动，上自夏商周秦，下至唐宋元明清，在宫廷，在军旅，在民间，屡见不鲜，历代史料均有记载。

2. 傩戏现存形态中的参与

在现存的傩戏演出中，观众的参与就更为广泛普遍。傩戏戏班的演出，均是应主人邀请而为之。山寨乡民凡家中有事——或久病不愈、或收成不好、或六畜不旺、或买卖亏本等等——都要请傩班来“冲傩还愿”演傩戏。傩班依据主家邀请之目的和财力，确定演出内容和时间长短，少则一日，多则七天七夜。演出场地就在主家的堂屋内，主人一家既是观众，又是不可缺少的角色。请看傩戏《开洞》中的一段戏文：

金角：主人家，主人家
（主人上，向傩坛叩拜）
金角：主人家，你起来，
福禄寿喜神送来。
许愿之时没许我，
酬谢之时我向前（“想钱”的谐音），
甲子乙丑海中间，
开洞义事兴不兴？
不是师家好贪财，
一夜跳破一双鞋，
一夜跳破鞋一双，
啷个回家见师娘。
主人：敬你义事一块二，
买双新鞋见师娘。（把红包给金

从这段戏文可以看出，主人不是演员，却是不可缺少的剧中人。然而，无论围观的村民还是他自己，都没把他视为演员和剧中人，他只是傩戏演出的参与者。在整个活动中，筹备、请神、扮演神的故事、送神——主人和他们全家，以及亲戚朋友、左邻右舍，从头至尾都是演出的积极参与者，时而是演员，时而是观众，时而又充当剧务和招待员。他们在忙碌中、观赏中、扮演中得到了情感宣泄、自娱、满足，心里得到调剂、平衡、解脱。

3. 地戏的参与形态

流行于贵州安顺、平坝等十余个县的地戏，是一种专演历史征战故事的民间戏曲，属于傩戏系统，由古代军傩演变而来。戏班组织以自然村寨或姓氏为单位，每班称为一"堂"。凡本寨或本姓的男性村民无论贵贱老幼，皆可充当演员。每年古历正月初二或七月半"开箱"演出之前，各家各户出钱出粮为演出筹集资金；妻子为丈夫、母亲为儿子缝制戏装穿戴，青年男子还会穿上情人所送的白底黑帮的新布鞋登场表演；老人、妇女则为神祇——剧中的英雄、忠臣、良将准备祭品，祈求神灵保佑村寨吉祥、风调雨顺……较之傩戏，地戏的参与面更广，可以说牵动了全寨不同姓氏的人。

"猜桌子"是地戏班到外村演出时的一种礼仪性猜谜活动。东道村在村边寨口，摆上数张桌子，桌子上除摆有待客的酒菜干果之外，主要准备了各种有关成语、民谚和戏中人物、典故等的谜语。戏班来到，东道村敲锣打鼓，燃放爆竹，寨中男女老幼拥到村口欢迎戏班，看戏班"猜桌子"。测试该戏班的才智和水平高低。一番礼仪寒暄之后，戏班成员就围着桌子猜谜。待所有谜底猜出以后，村民们高高兴兴地迎戏班进村演出。

常见的物谜有：

罩子（煤油灯罩或茶壶）罩住烟斗——赵云抱阿斗。

镜子、棍棒放在一起——柴进。

玉镯、尺、弓箭放在一起——尉迟恭。

小木板上写"五"、下写"寅"——五虎上将。

圆圈中间放一颗棋子——千里走单骑。

糖、李子、烟放在一起——唐朝李渊。

石马头前一把琴——弹琴对司马（空城计）。

一双新鞋、一双旧鞋——新旧相比。

升子、锯子——计划生育。

谷子、钞票——国富民强。

青菜、鸡毛、饼子——清吉平安。

三根茅草——三顾茅庐。

诸如此类的谜语不计其数，这些谜都是东道村村民们参与创作的“作品”。

“猜桌子”时，场面十分热闹，村民们看着戏班为题目苦思苦想时，既暗暗得意自己的谜出得妙，同时又为对方着急，不时地提醒、暗示。当对方终于猜中后又连连称赞，报以热烈的掌声，奖以米酒一杯。

地戏中的参与形态还有许多，如“送太子”、“踩门次”、“开财门”、“参庙”、“参寨门”、“跳米花神”等等。

4. 花灯的参与

观众参与花灯的活动就更加丰富。闹花灯本身就是一种全民性的节日活动，在“扎灯”、“亮灯”、“接灯班”、“观灯戏”、“唱调”，还有前文所提及的“盘灯”中，主人与花灯班的一问一答，主人与唐二、幺妹与主人的调笑逗趣、插科打诨等等，无不渗透了群体的参与意识。

行话说：“观众是戏剧的上帝。”

但是，有不少戏剧理论家和实践家，又恰恰有意无意地冷落了这个“上帝”，正如美国戏剧家布罗凯多所言：“观众心理虽然有趣，了解的人却不多。”他们往往将观众这一构成戏剧的主体因素视为客体，制造了观演之间的鸿沟。戏剧自诞生以来，就与观众的参与结下了不解之缘，它的发生、发展，都是沿着观众的情感宣泄和自娱自教的轨道衍化前进的。观众自始至终都是戏剧的参与者、创造者，戏剧美是通过无数观众的心理世界来体现的。

但是，戏剧自进入城市商品化以后，观众的参与越来越少，“镜框式”、“三堵墙”的舞台，只能使观众“隔岸观火”，无法参与。而众多的民间小戏由于生于民间，长于民间，融于生活，仍然继承了群体参与的基因，保存其古老风貌。

综上所述，民间小戏这一中国戏曲体系中的一支，是戏曲的源头和基础，由于处于独特的生态环境之中，使其具有区别于“大戏”、“古典剧种”的四大特点，即泛戏性、民俗性、仪式性和参与性。正因为它具有这四大特点，才使它丰富多彩，源远流长，生机勃勃，至今不衰。不论作为艺术现象还是文化现象，民间小戏的这些基本特征、秉性都值得我们深究。

花溪地戏分布及现状

◎ 王晓红

花溪区(原贵筑县)地处贵州高原中部,苗岭山脉中段。全境以丘陵为主,间有山丘、盆地、坝子、峡谷。海拔一般在 1 000—1 250 米之间。气候冬无严寒,夏无酷暑,年平均气温 14.9°C,年降雨量在 1 300 毫米左右。它位于贵州省贵阳市南郊,距贵阳 17 公里。地处东经 106°27′—106°52′,北纬 26°11′—26°34′。花溪区属农业区,辖 14 个乡镇,165 个行政村,全区人口 33.72 万,农业人口占 70.8%,土地总面积 957.6 平方公里。花溪为多民族居住地区,居住着汉、苗、布依等民族,这里有着丰富的民族民间艺术,地戏便是其中之一。

地戏,顾名思义是站在地上表演的戏。它不设戏台,在平地上演出,观众在四面的山坡上观看,因此而得名。据老人们讲,地戏源于明朝洪武年间进入贵州的军队中,明代大批军队和移民进入贵州,带来了中原和江南等地流传的傩戏。而后,傩戏和贵州地域文化结合,形成了基本保持傩戏风格的"地戏"。

一、历史渊源及分布

花溪地戏主要集中在燕楼、党武、湖潮、花溪大寨,在这些区域一共有 700 多副面具。这些面具多元一体,既有共性,又有差异,形成了不同的风格。

燕楼村是燕楼乡的行政村之一,有建于清同治元年(1862)的燕楼古城墙遗址,城内保留 500 余间古民居。尚有金山洞、摆念大洞、老白洞、古墓群、谷蒙屯、摆古屯、小寨关屯等多处奇观异景。这里有 675 户,约 2 773 人,多为汉族。此村有两个地戏组。

燕楼村地戏一组始于清代同治年间,有 300 多年历史,此处地戏是从安顺屯堡学来的,面具有 47 面,保留的老面具有程咬金、薛仁贵、罗通、单雄信、尉迟恭、李世民、王伯当、罗成、窦仙童、薛丁山、樊梨花、魏征、徐茂公、秦叔宝、李密、王世充，还有鞭一对、简一对、斧一把。这些老面具及武器都是从安顺屯堡雕刻过来的，材料为丁木。老面具据说是齐二的作品，齐二是安顺双西屯人，在屯堡村寨中流传着他的故事，在那一带上了年纪的老人都能说出“齐二”这个名字。他制作的面具现已所剩无几，而花溪尚有保存，的确令人惊奇。20世纪60年代(“文革”时期)，老面具被烧毁，被烧毁的也是请安顺屯堡的师傅雕刻的，材料为白杨树。

地戏一组所唱的剧目有《四马投唐》、《大反南阳》、《大反山东》、《征西——罗通盘肠大战》、《征西——锤打四明山》等精彩剧段，本村跳地戏有固定的场所——凉厅。1975年参加花溪区和平礼堂地戏演出获得好评，2005年参加花溪区公园的地戏演出，2007年参加花溪区地戏汇演获优秀奖。

燕楼村地戏二组据说源于明代，已有400多年历史。他们唱腔自唱，动作自学，面具有47面，保留的老面具为胡宝林和秦怀玉制作的，材料为丁木，其余的面具在20世纪60年代(“文革”时期)破四旧时被烧毁。1976年，村里集资请平坝乡槎头堡周姓和刘姓师傅重新雕刻，材料为白杨树。

地戏二组所唱的剧目有《隋唐演义》中的《罗通扫北》第二卷、《大反山东》、《薛丁山征西》剧段，本村跳地戏有固定的场所——凉厅。2005年参加本村第二届民间山歌大赛，2007年参加花溪区地戏汇演获二等奖。

燕楼思惹村，距乡政府5公里，共204户，约897人，9户苗族，大多数为汉族，此村有两个地戏组：一是大院地戏组，一是小院地戏组。

大院地戏组始于清代初期，距今有近300年历史，面具有31面，本土地戏自娱自乐，但面具从安顺雕刻过来。文化大革命破四旧时，这些面具大部分被拉到马林乡烧毁，所剩的老面具有13面：狄青、石玉、焦廷贵、李玉、张忠、刘庆、孟定国、秃天虎、秃天龙、兴罗海、单公主、乌麻海、托多花，还有老的盘龙棍一对、铜锤一对、板斧一把，老面具材料为丁木。从风格上看，老脸子可能是胡五公的作品。胡五公是周官屯面具雕刻世家的代表人物，本名胡开清，行五，人称“五公”，他的作品留存下来的数量相当有限。被烧毁的面具，1978年村里请平坝槎头堡钟姓人家雕刻了18面，材料为白杨树。

大院地戏组所唱的主要是宋朝的《五虎平西》，村里坝子则是跳地戏的固定场所。该地戏组1990年到马林乡参加地戏表演，2002年参加马林乡地戏表演，2006年参加燕楼谷蒙村的地戏表演，2007年参加花溪区地戏汇演获一等奖。

小院地戏组始于清代初期，距今有近300年历史，面具有18面，本土地戏自娱自乐，老面具是请安顺屯堡的师傅雕刻的，老面具有11面：马超、张飞、姜维、黄忠、关索、关云长、刘洪、刘备、赵子龙、黄太子、黄龙，材料为丁木。这些老脸子雕刻得很精彩，是“二窝老者”的作品。二窝老者本名胡志厢，他是胡开清的堂兄，排行老二，人称“二窝老者”，面具雕刻技艺与胡开清齐名，但他的面具遗存下来的更少。其余7面在文化大革命破四旧时被破坏，1978年从安顺买来7面配齐，材料为白杨树。

小院地戏组跳的主要是《十二川关》，是从《三国演义》中截取的一段。

燕楼谷蒙村，距乡政府2.5公里，共345户，1 566人，多为汉族。据传，谷蒙村地戏组的面具及唱腔是清代从平坝马场区猪槽堡雕刻和学来的，共计有74面，在文革期间被毁；后又请平坝槎头堡的周启贤重新雕刻74面，面具放在刘修祥家，后失火，又把面具烧毁；2002年村干部发动村民筹资，请湖潮六官村汤姓师傅雕刻了38面，材料为白杨树。

谷蒙村地戏组所唱的剧目有《杨家将·二下河东——杨六郎战张彤》、《杨家将·三下河东——焦松战蔡金定》。他们到青岩古镇、夜郎谷、湖潮六官村、平坝马路场、思惹村、青岩二关村等地进行地戏表演。1983年在花溪区地戏汇演比赛中获二等奖，2007年参加花溪区地戏汇演获二等奖。

燕楼槐舟村，距乡政府2公里，有346户，1 541人，居民20%为苗族，其他为汉族。燕楼槐舟村地戏组成立于1950年，那时安顺地区朝摆寨的周友正迁居村里。由于周友正是个地戏爱好者，来到槐舟村以后，他就萌生了一个想法，把家乡的地戏艺术传授给爱好地戏的村民，这样，燕楼槐舟村地戏组诞生了。在文化大革命时，爱好地戏的村民把面具藏起来才免遭一劫，现在的44面面具，是由安顺雕刻过来的，材料有丁木、白果树、白杨树。

燕楼槐舟村地戏组所唱的剧目有《三国演义》中的《孔明用计取三郡》、《赵子龙立斩五将》、《反西凉》、《三英战吕布》、《孔明打破铁甲兵》、《孔明用计取姜维》等等。动作、唱腔原汁原味，并加有武打的京剧动作。该地戏组旗子插背比较特殊，它是用比较好的牛皮做成，上面有卧龙岗、薛孟大战、黛玉葬花、赵云独马、翔风戏牡图案，色彩亮丽，神态栩栩如生。在2007年花溪区地戏汇演中获三等奖。

党武乡位于花溪镇西南10公里，东邻花溪乡，南接青岩镇、燕楼乡，北邻石板镇，西界湖潮乡及平坝县。全乡4 319户，17 770人，少数民族中苗族占总人口的23.7%。

党武之名以元代党兀等处长官司的“党兀”得名，曾先后由金竹长官司（府）、广顺州、民国的长顺县管辖。民国三十年（1941）后划入贵筑县。

党武地戏历史悠久，有葵林村大寨地戏、葵林村新寨地戏、当阳村地戏、下坝村地戏。

葵林村距乡政府 1.5 公里，辖葵林、大坑、新寨 3 个自然寨，有 209 户，879 人，全部汉族。葵林村大寨地戏组始于康熙年间，距今有 300 多年历史，面具有 28 面，本土地戏自娱自乐，文化大革命时保留了 6 面，有尉迟恭、罗通、程咬金、盖苏文、秦怀玉、梅叶英，材料为丁木。其余的是在 1981 年请平坝车头村刘廷开配雕的，材料为白杨树。

葵林村大寨地戏组演出的剧目为《薛仁贵征东》选段——薛仁贵大战盖苏文，其中唱词有：

二人打马来交战，青龙遇照白虎星。
你为你王征四海，我为我主定乾坤。
苏文刀法多厉害，仁贵枪法果然精。
二人大战百十回，恼了白袍小将军。
白虎钢鞭拿在手，一鞭打去不留情。
苏文大叫不好了，口吐鲜血往外喷。
加马三鞭逃命走，且住逃灾躲难人。
仁贵追了无踪影，一棒鸣锣收转兵。

据传，国民党时期党武由广顺管辖，曾参加广顺的地戏汇演，获得一面奖旗、一个锣、一个钗。1981 年参加花溪区里的地戏汇演获三等奖、组织奖，2007 年参加花溪区地戏汇演获三等奖。

葵林村新寨地戏组始于咸丰年间，距今有 300 多年历史，本土地戏自娱自乐，文化大革命破四旧时，其面具全部被毁坏，1981 年请安顺屯堡的师傅重新雕刻，材料有丁木、白杨树，目前有面具 40 面。保留的老兵器是独脚铜人。

葵林村新寨地戏组所唱的是《秦罗扫北》，1958 年在贵定组织的地戏比赛中获一等奖，1985 年在花溪的地戏汇演中获二等奖，2007 年参加花溪的地戏汇演获二等奖。

当阳村，有 234 户，973 人，汉族占 90%，苗族占 10%。当阳村地戏组始于清朝初年，距今有 300 多年的历史，本土地戏自娱自乐。据传，该地戏组最早的面具在清末"长毛贼"造反时毁掉，而道光年间由本地人张学阳雕刻的面具，文化大革命破四旧时全部被毁，1981 年又重新组建，一姓一户收取 3 元，作为雕刻费用，请平坝车头堡周姓和钟姓师傅重新雕刻 41 面。材料为丁木、白杨树。

当阳村地戏组演出剧目为《岳飞传》——岳飞挂帅，保主下山，忠臣为国把名扬。1957 年，在龙里表演、比赛，唱的是《穆桂英挂帅》之《孟良发穆》选段，受到好评，并获得一些乐器及奖品。1983 年，在和平礼堂的地戏比赛中，演出《岳飞和金兀术大战》之《大战爱华山》选段，获二等奖。1987 年，在花溪小礼堂演出《岳云大战金弹子》选段，受到省里领导好评。2007 年，参加花溪的地戏汇演获三等奖。

下坝村位于乡政府东北 1 公里。共 301 户，1 241 人，居民 100% 为汉族。下坝村地戏组始于光绪年间，最早是请安顺大河石山寨的师傅来传授，面具一直保存到 1966 年，文化大革命破四旧时全部被毁，停了几年。1981 年党的十一届三中全会召开后，村里又请安顺南门蔡关乡下院村的年轻人杨正负雕刻 40 面，材料主要是以丁木为主，还有杨柳树（村里将其称为神树）。

下坝村地戏组演出剧目为《杨家将》的上、中、下卷。本村有戏楼作为地戏演出的固定场所，村里还对在使用面具及兵器时造成损坏的人进行处罚，让每个人都来爱惜和保护它们。2007 年，参加花溪的地戏汇演获三等奖。

湖潮布依族苗族乡位于花溪镇西 14 公里，东邻石板镇，西界清镇市，南界平坝县，北邻麦坪乡，呈西北长 11 公里、东西宽 9 公里的不规则方形，总面积 81.39 公里。有苗族、布依族、侗族、彝族、水族、仡佬族、壮族、羌族八个少数民族，以布依族、苗族为主。

明初设兵屯，称吴朝阳堡，清代称胡朝堡，民国十九年（1930）置湖潮乡。东部紧邻天河潭风景区，乡境有风箱洞、老歪洞、象鼻山、天鹅湖、青水龙潭等集山、水、洞一体的自然景观，有“小花溪”称号。

卢官村明清称卢官堡，民国初年曾置卢官乡，位于乡政府西 5 公里，辖 3 个自然寨。共 311 户，1 829 人，大多数为汉族。中（曹）广（顺）公路穿村而过。卢官村地戏组在清代就有本土的地戏，唱腔自唱，动作自创，已有 300 多年历史。文化大革命破四旧时，该地戏组的面具被毁。后本村村民康正祥重新雕刻了 100 面。卢官村地戏组主要唱的剧目为《杨家将》。

新民村位于乡政府西北 5 公里处，辖新寨、杨梅、寅贡 3 个自然寨，民国初年曾置寅贡乡。共 279 户，1 576 人，居民 100% 为布依族。本村有新寨布依族地戏组、杨梅布依族地戏组、寅贡布依族地戏组。据传在清代就有地戏了，面具在文化大革命破四旧时全部被毁。改革开放后,村里要求每家做一顿饭,请安顺的王师傅来雕刻面具。现在,新寨地戏组有面具20面,所唱的剧目为《三国演义》,2007年参加花溪的地戏汇演获优秀奖。杨梅地戏组有面具30面,所唱的剧目为《岳飞传》中《爱华山》的精彩选段。寅贡地戏组有面具20面,所唱剧目为《王玉莲征西》,2007年参加花溪的地戏汇演获优秀奖。

花溪大寨,清朝以前称花仡佬大寨,现为布依族聚居村,位于乡政府西1.25公里,村委会设在大寨,辖大寨、新寨,民国初年曾置花大寨乡。全村360户,1434人,布依族占90%。大寨布依族地戏组始于清朝,从安顺言传、口授过来,当时的面具是请安顺的雕刻师沈师傅雕刻的,有面具29面,材料为白杨树。

大寨布依族地戏组所唱的剧目为《杨家将——杨六郎大战张彤》、《九转河东》、《三国演义——千里走单骑》。1950年,花溪大寨布依族地戏组步行到贵阳参加演出,欢庆贵阳解放。1982年,参加花溪区地戏调演,荣获优秀奖。1989年,参加花溪区首届民间艺术节调演,再次获得优秀奖。2005年6月12—16日,参加中国江西国际傩文化艺术周,荣获踩街表演优秀奖、傩文化舞台艺术比赛金奖。2006年10月18—25日,地戏队赴日本执行民间文化交流任务,在日本引起很大的震动,观众给予高度好评,日本友好协会特赠予《感谢状》。2007年3月,参加花溪区本年度地戏汇演,荣获一等奖。2007年3月17日,应邀到安顺地区西哥区绿宝寨演出,东道主给予高度赞誉,特赠给"艺冠九州"锦旗一面。

大寨布依族地戏组赴日演出的剧目为《三国演义》之《千里走单骑》和《杨家将》之《杨六郎大战张彤》。下面是后者剧目部分选段:

《杨家将》选段——杨六郎大战张彤

第一场　练兵

一、舞大刀

二、双头棍

三、刀剑对打

四、双刀对舞

第二场　杨六郎大战张彤

（杨六郎表姓名）
红脸黑须关云长，身披铠甲赵武娘。
天下出了包丞相，把守三关杨六郎。

（张彤表姓名）
黑脸黑须黑东朝，身披铠甲脚踢鳌。
张彤威风真广大，捉拿杨家于宋朝。

（杨六郎唱，众将和唱）
二家打马来交战，拍马横拦动刀兵。
一战青龙交二战，二战关主定输赢。
三战恶龙来争斗，四战猛虎出山林。
五战五方神鬼闹，六战八仙赛花文。
刀砍头盔差二指，枪刺咽喉离五分。
二将只见钢刀起，钢刀飞起怕煞人。
张彤败阵前面走，杨郎后面紧追跟。
开刀乱砍杀一阵，马压石山人压人。
得胜锣来得胜鼓，得胜军兵转回营。

此段演出赢得日本各界观众阵阵热烈的掌声。事后，日中友好会馆进行了问卷调查，各界观众评价非常好，说："中国民间文化艺术非常丰富、非常好。"中国地戏受到了极高的赞誉。

二、面具特色

通过对以上地戏的调查，民间艺人将其分为正、邪或正帮、反帮两种。地戏面具分文、武、老、少、女五种类型。花溪面具雕刻精工细致，色彩大胆绚丽，大部分角色都由面部、头盔、耳翅三部分组成。大多由丁木、白杨、杨柳树雕刻而成。花溪面具如果是正将，则腮圆额饱、眉突眼鼓、咬牙张鼻；女将、少将面部肌肉平和丰满，柳眉上挑、凤眼微睁，英姿飒爽而绝无娇艳之容。面具的面部着色（彩绘)看上去比较自然,以色彩来表示对面具角色的褒贬。大体区分如下:红色代表忠烈、黑色代表刚烈、白色代表奸诈、绿色代表邪恶等,但这些也并非绝对。

地戏面具种类繁复,按照不同角色和造型,大体可分为以下几种类型:

第一类为武将。由于地戏以武戏为主,因此武将在戏中占有十分重要的地位。不但有文将、武将、老将、少将、女将之分,而且有正派将军和反派将军之别,此类面具视头盔和耳翅的制作而定。头盔一般以龙凤作为装饰,男将多为龙盔,龙身或露或藏,龙头或正或侧,但左右必须对称;女将多为凤盔,民间艺人用凤和牡丹、太阳、翔龙等搭配,组成"双凤朝阳"、"龙飞凤舞"等吉祥图案。在装饰上,武将头盔也有以大鹏、白虎、鬼头、蝙蝠、鲤鱼、莲花等作为装饰的;耳翅多以龙凤和各种吉祥花草作为装饰图案。在雕刻技法上,浅浮雕与镂空雕相结合,刻工精细而不繁琐。在色彩上,以贴金、刷银的亮色为多,辅以红、蓝、白、绿、黄等色,有的还镶嵌着圆形玻璃小镜,显得金碧辉煌,绚丽多彩,充分体现了艺人的审美趣味和欣赏习惯。面部雕刻简洁明快,讲究刀法,要求轮廓分明,见棱见角,造型偏重写实而又有所夸张。各类武将的区别主要在面部表情和眼睛神态上,例如女将端庄娴静,凤眼微闭;少将英武洒脱,豹眼圆睁;反派将军满脸横肉,怒目而视等等。面部颜色多用对比强烈的原色,一般以一种颜色为底子,然后在上面勾画眉毛、眼睛和各种纹饰图案。常见的有蝴蝶纹、瓜蔓纹等。下等人物和反面人物的着色虽无固定模式,但每一种颜色都象征着一定的人物性格。

第二类为道人。地戏中的道人很多,他们大多为反派营垒中的军师,或前来助战的仙人,不戴道冠是其最显著的特点。民间艺人抓住各个道人的外形特征,突出其精神特质,给人以深刻的印象。花溪地戏里的道人主要是铁板道人,它生动传神,妙趣横生。

第三类为丑角。地戏中最常见的丑角为歪老二,又叫老歪或歪嘴老苗。相传他是当年朱元璋征讨云贵时在少数民族中寻找到的向导内线。在两军对垒中,他往来交战双方,代为传话,时而发上一番议论,时不时舞弄一顿拳脚,还可以为演员提词问句,甚至出入场内外送水,是一个插科打诨的活跃人物。在造型上,歪嘴龇牙、头插木梳是其主要特点。面部一般涂为红色或蓝色,在鼻尖和人中部位绘有小块白斑,更增添了几分滑稽色彩。地戏中的丑角尚有笑嘻嘻、老好人等角色。

第四类为动物。花溪的动物面具较少。

三、地戏的表演

地戏的起源可追溯到原始社会的“傩舞”，即先民们戴着神和猛兽的面具来跳舞蹈，旨在驱邪酬神，消灾纳福。“傩戏”则是源于这种祭祀歌舞仪式的综合艺术。明代洪武年间大批军队和移民进入贵州，带来了中原和江南等地流传的傩戏，而后，傩戏与贵州地域文化结合，形成了基本保持傩戏风格的“地戏”。

花溪区地戏，多选择每年正月初一至十五公演。正月是农闲季节，正逢春节期间，由于它体现人的精神斗志，能驱邪酬神，又可祈祷来年丰收，因此代代传承下来，经过生活中的一些加工及历史故事的编辑，形成固定节目，逐渐成为本村寨的传统文娱活动。

花溪地戏是集说、唱、演(跳)为一体的大型综合艺术形式。已经成为包含文学、音乐、舞蹈、说唱、戏剧乃至民族认同、宗教信仰等各种艺术成分和文化意义的词语。

花溪地戏中的歌唱内容，包含了民间故事、传说等，它是反映本地人民生活和社会风貌的百科全书。歌曲体裁有叙事歌；演唱方式既有独唱又有合唱、对唱等；唱词讲究押韵，每两句为一段，并且加入乐器伴奏(鼓、锣、钗、钹)。

花溪地戏艺术中的说，主要是讲述历史故事、重大事件等，如《三国演义》、《岳飞传》、《隋唐演义》等。

花溪地戏艺术中的演(跳)，主要是汉族舞蹈中的一种，舞蹈技巧丰富多彩，集体舞的队形组合、步伐步态，双人舞中的对持摇旗，单人舞中的翻、爬、滚、打等，形态各异，变化层出不穷。

地戏和京剧一样，有一定的行头和道具，如戏装、令旗、刀枪等。每个戏班演员一般有三四十人，演员上场戴的面具，与京剧里的脸谱相似，且各具神态，按情节每个人物都有一个面具。平时将面具收藏在大木箱内，非正式演出时间不得擅自打开，即令开箱也必须经过一定的仪式。是时上下二殿燃上香烛，奏以钟磬鼓乐，始得开箱启用。

正月十五这天，各寨群众成千上万涌向戏场，演员们换上戏装，戴上面具便出征点兵，在场坝中按东西南北中五方点将，末了“炮响三声惊天地”，红旗飘飘向前行。兵马点齐，便浩浩荡荡绕寨一周，每遇菩萨或土地祠，均要下马参拜，称之为“参神”。参神之后，还要入寨开财门，云：

不说财门犹自可，说起财门有根生。
财门原是梭罗树，也是梭罗树一根。
生在东南高山上，西眉山上长成林。
树高长得万千丈，树根长满遍山林。
只有鲁班多巧计，砍倒梭罗树一根。
造了七天并七夜，造成贵府两扇门。
大门头上金字匾，灯笼左右两边分。
一进贵府一重门，一对狮子配头门。
二进贵府二重门，一对金鸡配二门。
三进贵府三重门，一对凤凰配三门。
四进贵府四重门，金龙玉柱把财门。
今朝戏子来恭贺，五谷丰登定太平。
自从地戏开过门，富贵荣华万万春。

大队兵马一路击鼓，逐一去各家朝贺。主人家将大门紧闭，兵马来至门前一字摆开，众人齐唱。从主人家的门枋唱到门钉，从门钉唱到门神，最后唱道："四季财门大大开，金银财宝滚滚来。"这时，早已恭候在屋内的主人便趁势将两扇大门敞开，兵马一拥而进，绕堂屋一周，出门后便开始坐台表演了。

坐台表演是地戏的高潮，也是最精湛的部分。演员成双成对，舞弄大刀，一招一式，紧紧相随，计有一拜、二拜、小儿见背、跪膝、撮刀、押刀、黄莺展翅、老刀、扣中、回刀、扭丝刀、雪衣盖顶、筛面、苦竹盘根、一炷香等一十七段。

整台戏结束之后，鼓声大作，演员且歌且舞，齐唱扫场词。按东西南北中五方逐一将天瘟、地瘟、中瘟、鸡瘟、鸭瘟，以及天灾人祸与口舌是非扫清，祈祷来年五谷丰登，人畜兴旺。扫场结束，便收兵回营，到寺院照例表演一番。此时已是日暮黄昏，亟待刀枪入库，面具入箱，全寨老幼，便开怀畅饮。

地戏的表演从开幕式（设朝——迎神）到闭幕式（扫场——送神），整个表演全部完成。

四、地戏的传承

花溪自古以来就是多民族聚居之地，多种文化相互交融，具有丰厚的民族文化积淀。通过对以上村级地戏的调查，基本上可以推断在明代花溪就有地戏。

它是由征南大军传入黔中的一种戴面具的群队傩舞形成的，用这种傩仪作为出征的祭典，兼具实战、训练、娱乐的功能，借以振奋军威，震撼敌人。而这些地戏有的是本村自唱，有的是从安顺、平坝等处传入。最初主要是为了祈福、驱邪降魔，发展到今天，更多是丰富了人们的文化生活。从每年春节的正月初一到正月十五，形成一个固定表演时间，包括开财门、表演、扫场等。表演中动作奔放激烈，唱腔高亢，声音嘹亮且拖得很长。地戏的传承以社会性、松散型、非家族性为特征。在传承过程中，以自愿为主，绝大多数是因爱好而业余参加活动，以自娱为目的。在花溪的十多个地戏班子中，演员年龄在五十岁以上的人员所占比例（表演队伍）分别为：燕楼村一组 57.5%，燕楼村二组 66%，燕楼思惹村大院组 23.3%，燕楼思惹村小院组 39%，燕楼乡谷蒙村组 76.3%，燕楼乡槐舟组 36.4%，党武乡葵林村大寨 21.4%，党武乡葵林村新寨 37.5%，党武乡当阳村 58.5%，党武乡下坝村 65%，湖潮乡卢关村 52%，湖潮乡新民村杨眉组 63.4%，湖潮乡新民村新寨组 60%，湖潮乡新民村寓贡组 65%，花溪大寨 51.7%。从以上数据反映来看，老年人喜爱花溪地戏的较多。在此次调查中，燕楼乡谷蒙村地戏队是花溪区地戏班子中唯一有女性参与的一支地戏队。2007 年，燕楼乡谷蒙村根据本村实际情况，解放思想，消除顾虑，把女性也纳入演唱地戏的队伍中。目前唱地戏的女生有 9 个，她们的文化程度都在小学以上。从中我们可以看出，传统文化受到现代文化的冲击，女性也被放宽从事各种社会活动（民间艺术表演）。

花溪地戏从明代传承至今，确实经历了一个坎坷的过程，有了很大的发展，这非常不容易。但目前形势也不容乐观，因为受全球化经济大潮的影响、人们思维观念的更新等原因，大多数年轻人已放弃了村寨的很多传统习俗；受现代文化的冲击，大多数人喜欢现代流行的音乐舞蹈，对地戏的兴趣开始减弱；受商业化的冲击，有的村民，家庭经济条件困难，家中的年轻人纷纷到沿海地区打工，以补充家庭的经济开支，而不再学习本民族的传统地戏。传统民族文化面临日益严重的失传危机。

五、地戏的明天

地戏是在“诸军傩”的基础上发展形成的，是属于傩戏系统里的一个分支系统——军傩系统，不仅是典型的傩戏，而且是中国至今保存最为完整的军祭祀形态傩戏，有很高的学术和审美价值。但同时地戏也是一种民间艺术，无论在演唱艺术、武打设计、剧本唱词、内容情节和艺术技巧上都有待于丰富、完善和提高。

花溪的地戏基本上是一个地方“承包”一个故事，每年在重要节庆活动时只演出一个片段，几年一次循环，基本上不进行艺术和技术上的交流和切磋。即便是相互邀请活动，也是各唱各的，就如同过去的山大王，各自占一个山头，“鸡犬之声相闻，老死不相往来”，内容情节极为单调。这种闭关自守、故步自封的思想阻碍了地戏的发展，因而，地戏面临着如何适应现代化进程的问题，需要找出一条适应自己发展的道路。

可喜的是，近年来随着国家对民族民间文化的重视和保护，特别是国家“‘十一五’时期文化发展规划纲要”的出台，民族民间文化得到了传承、发展和弘扬。2006 年 1 月 6 日，公布第一批国家级非物质文化遗产名录，花溪苗族挑花制作工艺榜上有名。2007 年 1 月 18 日，贵阳市人民政府公布“筑府发(2007)8 号文件”，在文件中提及的 29 个民族民间文化项目中，花溪有 14 个列为我市首批市级非物质文化遗产代表作名录，其中传统戏剧类“花溪大寨地戏”被列入非物质文化遗产代表作名录。此后，花溪大寨地戏的民间色彩，以及它的历史和濒危性都非常受人关注，它的存在关系着一个地域的精神空间，神和英雄共存在这个共同空间中得到了传承，又在传承的过程中被观众补充了许多传说。花溪大寨地戏在日本演出时，学生田纪在作文中这样写道：“我看了中国贵州的地戏很高兴，红面将军非常厉害，一连打下好几个对手都不败，很威风。希望日中关系永远友好下去，希望会馆能给更多的机会，让我们能再观看中国的民间文艺表演。”

2006 年 12 月 26 日，贵阳市人民政府在金阳新区汇展中心授予大寨“花溪布依族地戏基地”称号，花溪将以此为中心，并辐射到周边地区，让民间地戏队在政府及社会各界的大力引导和支持下，以一个具体的场所为依托，相互学习，相互补充，并收集整理完成一整套地戏本子，使这一完整的民族民间艺术得到继承和发展。

花溪，这块文化资源富饶的土地，未来的地戏艺术将会有更灿烂的明天。

南宋《田祐恭墓志铭》考释

◎ 叶成勇

引　言

自唐初以来，田氏通过数代人的努力，对黔州和思州的历史发展逐渐产生影响。两宋时期，今黔东北一带为夔州路辖地，其中的思州为田氏所据。元明时期的田氏思州、思南两大宣慰使司的形成正是两宋之际的田祐恭治理思州时期奠定了基础。据本文考释，田祐恭（约 1075—1154），自北宋徽宗崇宁三年（1104）至南宋高宗绍兴二十四年（1154），入仕五十年，“历事三朝，治郡九域，建功立业，始终如一”。所以，《田祐恭墓志铭》对于认识黔渝地区两宋时期的民族关系、政治演变和文化发展具有十分重要的意义。

本文考释主要根据现存最早的（嘉靖）《思南府志》卷一之《丘墓》所录南宋人于观撰写的《田祐恭墓志铭》，参照贵州省博物馆藏《黔南田氏宗谱》所录之《祐恭祖墓志铭》[①]。以下引用时分别简称《府志》和《宗谱》。另外，南宋王象之《舆地纪胜》卷 178《思州》[②]、《黔南田氏宗谱》世系部分、明贵州巡抚郭子章《黔记》卷五十七《思南田氏》、（道光）《思南府续志》卷九所载《田祐恭墓志铭》也是十分重要的参考资料，以下分别称《思州》、《宗谱》世系、《黔记》、《续志》。

撰者于观，（嘉靖）《贵州通志》卷八《丘墓》作“於观”，《宋史》无传。《府志》所录墓志铭末尾署名为“朝请郎知重府行夔州路提刑提举事黔州别驾于观撰”。不过，于观在绍兴二十六年撰写原文时，落款无任何官职，据下文“时观备员黔贰”的自述，可知其时官黔州别驾，而以上其他官职当为思州田氏后人补撰铭文时所

---

① 《祐恭祖墓志铭》，载《黔南田氏宗谱》，贵州省博物馆藏，1956 年岑巩县公安局捐赠。

② [宋] 王象之著：《舆地纪胜》，载入“中国古代地理总志丛刊”，2003 年中华书局影印本，道光二十九年刊板。

补录，当为于观入仕后之最高职位[①]。朝请郎，宋文散官。所谓散官，即有官衔而无固定职事的官。据《宋史·职官志九》[②]载，宋代文散官分二十九等，朝请郎之品级为正七上，位列第十八等。知重府，重府即重庆府，今属重庆市，南宋时“以高宗潜藩”升恭州为重庆府，属夔州路[③]，但未明言何时改为重庆府，《舆地纪胜》卷175《重庆府》以为“光宗皇帝潜藩”，绍熙元年(1190)升为重庆府。然据下文于观作墓志铭在绍兴二十六年冬月(1156)，故至迟这年已有重庆府。但如前文所言，于观知重庆府，当在绍兴二十六年后，故仅此还无法确定《宋史》和《舆地纪胜》孰对孰错。“路”为宋代地方最高行政区划单位，北宋分全国为二十四路，夔州路辖今重庆、黔东北、黔东一带。路以下有府、州，各府、州置知府事或知州事一人。知重府即为重庆府知府事。行夔州路提刑提举事，指兼任夔州路的提刑和提举两个官职。真宗景德四年(1007)以前，各路由转运使兼理，以后分设转运司、安抚司、提点刑狱司、提举常平司四个机构，各司并列，互不统属，分别掌管财赋、军政、司法和民政。提点刑狱司以提点刑狱公事为长官，简称提刑，掌所辖狱讼和举刺官吏。提举常平司置提举官，简称提举。所谓“行”，按唐宋官制，官阶高而任职低者称“行某官职”。据《宋史·职官志九》[④]载，宋代职事官有行、守、试三等之别。凡除职事官，以寄禄官品之高下为准：高一品以上为行，下一品为守，下二品以下为试。后来职事官带行者但存虚名。于观所称“行夔州路提刑提举事”正是相对于知重府而言，故称“行”。不过宣和以后，官高而仍旧职者则谓之领，官卑而职高者则谓之视。故于观称“行”只是沿袭宣和以前的旧法而已。黔州别驾，宋代黔州治今重庆彭水，辖彭水、黔江一带，与当时思州毗邻。别驾，本汉代官职，为州刺史的佐吏，也称别驾从事使。隋唐仍依其名。宋始置诸府州通判，为府州长官之副，多以京中高官出任，与知府知州共掌府州事。以职守相同，故通判也有别驾之称。《宋史·职官志七》：“建隆四年(963)，诏知府公事并须长史、通判签议连书，方许行下……职掌倅贰郡政……与守臣通签书施行。”[⑤]可见通判权力很大。总之，于观撰写墓志时官职是黔州别驾，重庆府知府事乃后来之职。

---

① 参见下文第38条。
② 《宋史·职官志九》，4054页，中华书局，1977年版。
③ 《宋史·地理志五》，2228页，中华书局，1997年版。
④ 《宋史·职官志九》，4060页，中华书局，1977年版。
⑤ 《宋史·职官志七》，3974页，中华书局，1977年版。

正文及其考释

1.《府志》：故通侍大夫[1]，奉宁军承宣使[2]，知思州军州事[3]，充夔州路兵马钤辖[4]，兼珍洲、南平军沿边都巡检使[5]，赠正任保康军承宣使[6]，再赠开府仪同三司少师思国公[7]，以绍兴二十四年秋七月九日薨[8]。

《宗谱》：故通侍大夫、奉宁军承宣使、知思州军民事、封少师国公田祐恭，以绍兴二十四年秋九月九日薨。

考释：

[1] 武官官阶。据《宋史·职官志九》(4054页)①：宋朝武选，武官官阶多有变化，"政和二年(1112)，乃诏易以新名，正使为大夫，副使为郎……自太尉至下班祗应，凡五十二阶。"通侍大夫官阶居第二，仅次于太尉。

[2] 宋代设置诸军，奉宁军为其一。承宣使，《宋史·职官志六》(3947页)："承宣使，无定员，旧名节度观察留后。政和七年(1117)，诏：'观察留后乃五季藩镇官以所亲信留充后务之称，不可循用，可冠以军名，改为承宣使。'"宋革除唐五代军事藩镇上的弊病，虽保留有节度使、节度观察留后、观察使等名，但皆无定员，不轻授，即使授，也不带持节，仅备武官迁转，遂徒有其名。据《墓志》下文，田祐恭于绍兴十一年迁奉宁军承宣使(参见第25条)。《宗谱》世系载在绍兴三年，误。

[3] 《宗谱》作"知思州军民事"。《宋史·职官志七》(3972—3973页)："宋初革五季之患，召诸镇节度会于京师，赐第以留之。分命朝臣出守列郡，号权知军州事，军谓兵，州谓民政焉。"故思州军州事，也可称为思州军民事。据《墓志》下文，通侍大夫和知思州军民事皆为绍兴三年(1133)因田祐恭屡建大功而赐(参见第23条)。

[4] 充，临时充任。《宋史·职官志七》(3980—3981页)："建炎初，分置帅府，以诸路帅臣兼。要郡守臣带兵马钤辖，次要郡带兵马都监。……绍兴三年(1133)，诏要郡、次要郡守臣罢带兵职，其逐路副总管依旧格，改充路分都监，为一路掌兵之官。其各州钤辖或省或置不一。"正因为各州钤辖或省或置不一，位多临时委任，故称"充"。

[5] 珍洲，乃珍州之误。珍州属夔州路，辖今贵州正安、道真一带。南平军，属夔州路，辖今重庆南川一带。宋代地方常设"路"，路以下往往并置有府、州、军、监，以州为主，军设于军事要冲之地。沿边都巡检使，《宋史·职官志七》

---

① 本文中所引《宋史》皆为中华书局本，考释中只注明页码。

(3982页):“有沿边溪峒都巡检,或蕃汉都巡检,或数州数县管界、或一州一县巡检,掌训治甲兵、巡逻州邑、擒捕盗贼事。……中兴以后,分置都巡检使、都巡检、巡检、州县巡检,掌土军、禁军招填教习之政令,以巡防扞御盗贼。……控扼要害及地分阔远处,皆置巡检一员。往来接连合相应援处,则置都巡检以总之,皆以材武大小使臣充。各随所在,听州县守令节制,本寨事并申取州县指挥。”又据《宋史·兵志五》(4743页):“施、黔、思三州义军土丁,总隶都巡检司。”田祐恭为南平军沿边都巡检使,说明其为南平军之义军土丁的最高军事统领。

按:据《思州》引《黔州图经》载:“建炎五年,贵州防御使、夔州路兵马钤辖、珍州、南平军、务川城一带都巡检兼知务川城田祐恭乞于黔州建置僧寺状。”可知,田祐恭以上诸职务不晚于建炎五年。但建炎只有四年,建炎五年,当为绍兴元年(1131)。这里,还值得指出,田祐恭贵州防御使一职排在最前,可见其重要性。据墓志铭下文(第18条),宣和元年加田祐恭贵州防御使。

[6] 保康军,宋代诸军之一。如前所述,承宣使不常设,仅备武官迁转,也多作卒后赠官。据《墓志》下文,田祐恭绍兴十一年,“以累大功加边郡承宣使”(参见第25条),正任保康军承宣使乃是其死后赠官(参见第26条)。

[7] 开府仪同三司,文阶之首。据《宗谱》世系,为绍兴三年赠(1133)。少师,按《宋史·职官志八》(4014页),少师为正一品。思国公,爵位之第四等。据《宋史·职官志九》(4060—4061页):宋代爵位十二等,“遇恩及宗室祖宗后承袭及特旨者封国公”。据《宗谱》世系,少师、思国公为重和元年始封(1119),逝后又追赠,故曰“再赠”。据《府志》墓志铭正文(第26条),开府仪同三司、少师、思国公,皆田祐恭死后赠官,与《宗谱》世系不同。

[8] 绍兴二十四年(1154),南宋高宗年号。古代称侯王之死曰“薨”,唐以后称三品以上的官死为“薨”。七月九日,《宗谱》所载墓志铭作“九月九日”,《宗谱》世系田祐恭条也作“九月初九午时”,与《府志》不同。据《府志》墓志铭下文记述,田祐恭享年八十,其生年当在宋神宗熙宁八年(1075)。

2.《府志》:越十有七日[1],诸孤奉丧事,葬公于务川[2]归义乡西山之原,附祖茔也[3]。

《宗谱》:越十有七日,诸孤奉丧事,葬公于归义乡,陞祖茔也。

考释:

[1] 若以七月九日薨算起,当七月二十六日,若以九月九日薨算起,当在九

月二十六日。七月正是暑热季节，尸体存放实在不易，似乎在九月较为合理。《府志》墓志铭下文有“九月之忌辰”一语，可为证。

[2] 丧事，《续志》误作“襄事”，“丧”、“襄”二字形近而误。务川，宋代思州治所，今贵州务川县城附近。

[3] 《宗谱》世系田祐恭条云“葬于归义乡克昌祖茔之侧”。田克昌，据世系，为入黔田氏四世祖，葬于务川归义乡西山之原。附祖茔，即附葬，与祖宗合葬一个墓地。田祐恭乃入黔田氏十四世祖，生于神宗熙宁八年乙卯(1075)五月五日子时，享年八十。据《宗谱》世系，田氏入黔至田祐恭，其世系为：田宗显——惟康——阳明——克昌——道元——公荣——载龙——时丰——佐禹——凤翔——承文——正允——士儒——祐恭。

3.《府志》：时观备员黔贰[1]，熟闻公之威名重望，仁恩厚泽，恨不及见而公已殂。

《宗谱》所记同。

考释：

[1] 据墓志铭中于观自署之官名看，当指于观为黔州别驾，即黔州通判。

4.《府志》：未几，其子汝端[1]以门人李庄述平昔所纪公之事实，属观求状[2]。

《宗谱》：未几，其子汝端以门人李庄述其事实，属观求状。

考释：

[1] 田汝端，据《宗谱》世系，为田祐恭长子，字守忠。高宗绍兴五年(1135)授黔州防御使，升武功大夫，阁门宣赞舍人，兼知思州军民事，九年(1139)升通侍大夫，享年七十三，葬祖茔侧后。

[2] 状，指行状，叙述死者世系、生平、生卒年月、籍贯、事迹的文章，常由死者门生故吏或亲友撰述，留作撰写墓志或史官提供立传的依据。

5.《府志》：观念公之勋业无所著见，以才拙故辞，不获，敢重违其诚乎？谨按事实。[1]

考释：

[1] 第5条至第9条，《宗谱》和《续志》均无载。

6.《府志》：田氏，田[1]，妫姓[2]，世为京兆人[3]。昔武王封舜之后于陈，春秋时陈公子完如齐，子孙大食采于田，而命氏厥后[4]。将有穰苴[5]，相有千秋[6]，皆显名于时。

考释：

［1］“田”字疑为衍字。

［2］妫姓，据《史记·陈杞世家》，舜曾居于妫汭，其后因以为妫姓。西周初年，武王封舜之后妫满于陈，是为胡公，春秋末，陈国为楚国所灭。地在今河南淮阳及安徽亳县一带。

［3］京兆，本指汉代京畿的行政区划名，今陕西西安以东至华县一带。后世称京都之地为京兆，乃引申之义。《汉书·百官公卿表上》注：“京，大也。兆者，众数。言大众所在，故云京兆也。”

［4］陈公子完，事见《史记·田敬仲完世家》。完，陈国大夫，字敬仲，齐桓公十四年（前672），因陈国内乱奔齐，“敬仲之如齐，以陈字为田氏”。徐广曰：“应劭云始食菜地于田，由是改姓田氏。”索隐：“以陈、田二字声相近，遂以为田氏。”正义：“敬仲既奔齐，不欲称本国故号，故改陈字为田氏。”《府志》墓志采徐广所引东汉应劭之说。《黔记》云：“今务川县有齐地图，犹称齐田。”据郭子章推测，此乃汉高帝徙齐诸田关中，而巴蜀关中近地，田氏遂蔓延至务川一带。前言田氏世为京兆人，即关中之地。

［5］即司马穰苴，事见《史记·司马穰苴传》。穰苴与齐田氏同族，春秋齐景公时为将军，善于用兵，严于治军，曾击败燕、晋军队入侵，收复齐国失地，被齐景公尊为大司马。有《司马穰苴兵法》传世。

［6］即田千秋，事见《汉书·车千秋传》。汉武帝晚年，田千秋为高寝郎，上书辩戾太子冤屈，武帝悔悟，拜为大鸿胪，旋升丞相，封富民侯。与霍光、金日磾、桑弘羊并受武帝遗诏，辅弼昭帝。为人敦厚，居位称职。昭帝时，因年老特许乘小车入宫殿中，故号曰“车丞相”，车千秋之名即源于此。

7.《府志》：唐有天下，始祖克昌[1]方陟巴峡，绝志宦游，从事商贾，侨寄日久，遂卜筑于思州[2]，安土占籍[3]，民于南鄙[4]，历数世[5]。安定、思义能以恩威结服夷民，朝廷嘉之，就掌一方事，为大首领，即唐永隆年也[6]。沂铸钟铭，于今犹存[7]。

考释：

［1］据《宗谱》世系，田克昌（661—732），字世隆，乃入黔四世祖，此处称为

始祖，结合下文看，乃思州田氏之始祖。这里入“黔”，指入当时的黔州，非指今贵州境。《宗谱》世系即把田氏入黔始祖追述至隋朝田宗显自陕西蓝田入黔中郡。可见，田氏先入黔州(黔中郡)，后入思州。《宗谱》世系云：田宗显于隋开皇二年(582)“授黔中太守，知黔州事。任久未迁，民夷率服，兹土大治，有太平象，尽属乐留，后徙居巴峡之坪，传四世克昌，遂卜筑久居焉。此□倡先开黔祖也”。二世有田惟康(608—664)，“授黔州刺史，武德九年(626)，萧铣纠众大叛，逼陷台省。太宗命公出辰州路，趋江陵，夜渡贼营，兵如水淹，力斩铣于马下。升潭州都督府，加黔、潭二州节度使。”以上关于田惟康的记述，与史实有所不符。《旧唐书》卷56《萧铣传》作：武德四年，“黔州刺史田世康趋辰州道。”田世康或即田惟康，《宗谱》世系所谓辰州路，当为辰州道。时间一在九年，一在四年，不知可否。又据《新唐书》卷222《南蛮传》在今贵州西部有西赵蛮、夷子等，“皆南蛮别种，胜兵各万人，自古未尝通中国，黔州豪帅田康讽之，故贞观中皆遣使入朝。西赵首领赵酋摩率所部万余户内附，以其地为明州，授酋摩刺史。”这里的田康，或即田惟康。又据《旧唐书》卷197《西南诸蛮传》，赵酋摩，又写作赵磨，贞观三年入朝，二十一年置明州。则田惟康确实有一番作为，且在土著民族中有一定影响力，说明田氏很早就使“民夷率服”的说法是可信的。《思南府续志》卷五《名宦》载上述三人，备录如下：“田宗显，字辉光，号耀华，陕西蓝田人，河州军门千户。开皇元年，以苏威保荐授黔中太守，知黔州事，民夷率服。田克昌，宗显四世孙，涉巴峡，卜筑于思州。以父功授义军兵马使，后遂世有兹土。田惟康，史作世康，字文司，号敬之，授黔州刺史，武德九年，萧铣逼台省。太宗命康出辰州路，趋江陵，平之。”从内容看，《思南府续志》和《宗谱》基本一致，但各有详略，可能有同一出处。

［2］　《宗谱》世系田克昌条云：“唐高宗时，乃涉巴峡，绝志宦游，安土占籍，遂卜筑于思州。”此处“乃涉巴峡”与《府志》墓志铭“方陟巴峡”有别。乃、方二字形近，不知孰是？陟，有升、登之义，涉，有渡和进入两种意义，都有到的意思，即达到巴峡之地。但《宗谱》世系明确指出，其始祖田宗显已徙居巴峡之坪，田克昌显然不会是才迁入巴峡之地。故应以“涉巴峡”为是，即渡过或离开巴峡。《府志》墓志铭因字形近似，误“涉”为“陟”。绝志宦游，无意于仕途，故从事商贾，侨寄日久。卜筑于思州，当是侨寄思州日久，故卜筑于此地。

［3］　从巴峡迁入思州，成为有户籍的当地新居民，即所谓占籍。

［4］　思州与巴峡，前者在今贵州务川一带，后者在今湖北巴东一带(巴峡，指巴县以东的石洞峡、铜锣峡、明月峡，水程九十里)，相距较远。巴峡在北，思州

在南，故有“民于南鄙”之说。

［5］ 据《宗谱》世系，田克昌进入思州后，经历了：克昌——道元——公荣——载龙——时丰——佐禹——凤翔——承文——正允——士儒——祐恭，共十一世。田氏自克昌起并非一开始就世守思州之地，而是一步步地实现的，详见下文。

［6］ 安定、思义二人，《宗谱》世系无载。关于田氏在唐永隆年间为大首领一事，世系于田克昌名下有所记述，但内容与此则有别。其文云：“数年，朝廷因父功擢用，就令掌一方事，为大首领。能以恩威结服夷民，上嘉之，授义军兵马使。永隆元年(680)，暹罗国进礼入贡，皆公之力。”父功，即世系所云田阳明之功：“高宗显庆五年(660)，与长孙无忌杀贼有功，授都督府大总管之职。”但此事可疑。据《旧唐书·长孙无忌传》，显庆四年(659)长孙无忌被许敬宗诬告谋反，罢去其官爵，流放黔州，当年即被迫自缢于黔州，不可能有显庆五年与田氏带兵打仗之事。思州田氏以恩威结服夷民，即善于处理与当地土著民族的关系。夷民，从下文第33、35、36条看，主体为僚人。义军兵马使，查两《唐书》无此职，但有兵马使之职，乃唐地方军事官职。而义军作为一种军制，出现于宋代，属于地方防守性质的乡兵之列。据《宋史·兵志五》(4743—4744页)载，夔州路之施、黔、思三州有义军土丁、壮丁，兵源来自州县户籍户，或自溪洞归投，总隶都巡检司。其军职设有义军指挥使、兵马使、巡检将、都头、寨将等。暹罗，泰国的旧名。据《明史·外国传五》载，暹罗在隋唐时为赤土国，后分为罗斛、暹二国。元时暹罗曾入贡。其后，罗斛强，并有暹罗地，遂称暹罗斛国。可见，唐时无暹罗国之名称。再查两《唐书》，也无暹罗国之记述，更无永隆元年暹罗国进礼入贡之事。《大唐新语》卷八之《文章第十八》张文成(鷟)条，记载唐高宗至武朝，有“暹罗、日本使入朝”。但据《旧唐书》卷149《张文成传》，暹罗则为“新罗”。可见，《宗谱》此处所记不属实，不仅田克昌行状多不可信，且关于田氏在唐代的事迹和军职都有许多不可信的地方。《黔记》即不载以上内容，然也未能全剥离出去，仍附有永隆年之事。

［7］ 沂铸钟铭，《黔记》作“所著钟铭”。《府志》“沂”当为“所”，形近而误。著、铸二字皆通，不知孰是。自田克昌以来历数世，已入宋代，故田氏若铸钟铭，亦当在宋代，当然不会晚于田祐恭时。田氏把自己的家史铸于钟铭，是在欧阳修、苏洵修家谱后，叙述家史的习俗形成一种流行后的产物。但唐末五代时期，战乱频繁，大族流播，家乘谱牒大多荡然无存，欧、苏都只能把家族始祖上追至五世祖。田氏也不过如此。据前面的考释，自田克昌至田祐恭已有十一世，故其家

族史实就实在难以保证真实可靠。

8.《府志》：宋隆兴，以忠武效能著，代不乏人。曾祖考正允以武勇闻迩知畏[1]**，庆历八年秋七月，收潦南叛寇王贵、千传鲁等**[2]。**祖考□□，言动公正，表仪边俗**[3]。

考释：

[1] 曾祖考正允，据《宗谱》世系，田正允(978—1065)，字成仁，为入黔田氏第十二世，乃田祐恭之祖考，而非其曾祖考，与《府志》所载实相差一代人。至于《府志》所载田祐恭之祖考，因其名字迹模糊，不可辨，与《宗谱》世系不能作进一步对照分析。据《舆地纪胜》卷176《黔州》和卷178《思州》记载，田祐恭祖父母坟墓在黔州彭水县盐井镇，田祐恭于绍兴十一年奏乞于此地立一小寺院，以安僧众，赐名"集福院"。

[2] 《宗谱》世系云田正允"素有勇略，宋仁宗庆历八年(1048)秋八月，收服南边叛寇王贵、千传、事鲁等，初授义军兵马使，升都指挥，封武略将军"。此较墓志铭所载稍详而有异。墓志铭所谓千传鲁，《黔记》所载同，而此处作千传、事鲁，似指两人。"潦南"，《黔记》作"溱南"，疑为"獠南"。《宋史·熊本传》(10730—10732页)中有南川獠(唐时称南平獠)。"渝州南川獠木斗叛，诏本安抚。本进营铜佛坝，抗其亢，焚积聚，以破其党。木斗气索，举溱州地五百里来归，为四寨九堡，建铜佛坝为南平军。初，熟獠王仁贵以木斗亲系狱，本释其缚，置麾下，至是推锋先登。"王仁贵为南川獠熟獠，熊本曾收服之。其事，据《熊本传》，当不会早于熙宁六年，比庆历八年晚二十五年。当时西南夷人屡叛屡服，或许，庆历八年田正允收服的王贵，当指这里的王仁贵。

都指挥，即都指挥使。然据《宋史·兵志五》(4743—4744页)：思州军职有义军指挥使、巡检将、寨将、科里、旁头、把截、部辖将，而无义军兵马使和都指挥使之职，《宗谱》世系所载之义军兵马使和都指挥等职当有误。武略将军，这里将军乃是泛称，此处或指武略大夫，武散官之第三十阶；或指武略郎，武散官之第三十八阶。但此两职皆在政和二年以后才出现(《宋史·职官志九》4054—4058页)，可见该处称"武略将军"有误。"武略将军"实是明代常见的武职称谓，由此可见这里有明人改作的痕迹。

[3] 所谓"言动公正，表仪边俗"之事，《宗谱》世系附于田祐恭之父田士儒名下，与《府志》不同，不知孰是。

9.《府志》：考定基勇而有谋，授义军兵马使[1]。熙宁间，披命广源之乱。元丰初，讨泸南叛寇[2]。秦公之文有曰："思之义兵聚如云，散如鸦，用偏架之弩[3]，射无不中，中无不死。"上曰："神兵，无以加也。"累功加都指挥使，赠武略郎[4]。

考释：

［1］　考，父也。田定基，《黔记》作"田定募"，"基"、"募"字形近，不知孰是。为田士儒之子，《宗谱》世系无载此人，而径云田祐恭之父为田士儒，差隔一代人。《宗谱》世系载：田士儒(1016—1098)，字崇古，"授义军兵马使，为人言动公正，表仪边俗，谙于韬略，神于智勇。"

［2］　《宗谱》世系云田士儒"北宋神宗熙宁五年壬子(1072)正月，命定广元之乱，加都指挥使。元丰元年戊午秋，命讨泸南叛寇。秦公之文有曰：'思之义军其聚如云，其散如鸦，用偏架之弩，射无不中，中无不死。'上曰：'神兵，无以加也。'累功加都指挥使，封义勇武略将军"。此较墓志铭所载稍详而略异。所谓武略将军，参见第 8 条注［2］。广元之乱，史无载。《府志》和《黔记》均作"广源之乱"，不知孰是。《宋史・蛮夷三》(14214—14218 页)有广源州蛮侬氏，皇祐元年至五年，有侬智高之乱，时间比熙宁年间早十余年，田氏当无涉此事。熙宁间田氏披命广源之乱，很可能与下面发生在思州、黔州西边的三次战事有关。

第一次在熙宁四年(1071)：毕沅《续资治通鉴》卷 68 载，神宗熙宁四年春正月乙未，渝州部夷梁承秀等叛，又与其党羽李光吉、王兖导生僚入寇。夔州路转运使孙构自督官军及黔中兵袭其后，斩承秀。入讨二族，火其居，余众保黑崖岭，黔兵从间道夜噪而进，光吉坠崖死，兖自缚降。以其地建南平军。

第二次在熙宁六年(1073)：《宋史・熊本传》载，熙宁六年，泸州罗、晏夷叛，熊本合晏州十九姓之众，发黔南义军强弩以进讨。

第三次在熙宁七年(1074)：《宋史・蛮夷四》(14244 页)和《续资治通鉴》卷 70(359 页)载，熙宁七年春正月甲子，熊本平泸州六姓夷。熊本除遣派大将王宣等进讨外，还募土兵丁及夷界黔州弩手，以毒矢射贼，贼惊溃。

这三次战事中的黔中兵、黔南义军、黔州弩手，很大部分当是田氏所带领的土兵。

关于元丰元年秋讨泸南叛寇一事。据《宋史・蛮夷传四》淯水夷条，指泸州南部乌蛮首领乞弟起事。毕沅《续资治通鉴》卷 73 云：神宗元丰元年秋七月辛巳，上命忠州团练使韩存宝经制泸州纳溪夷，辛亥，韩存宝破泸夷后城等十有三囤。《宋史・蛮夷四》(14246 页)记此事在熙宁十年，早一年，内容稍详，皆未明言有田氏土兵参与。但据《宋史・蛮夷四》(14243 页)："施、黔比近蛮，子弟精悍，用木弩药箭，战斗趫捷，朝廷常团结为忠义胜军。其后，泸州、淯井、石泉蛮叛，皆获其用。”由此看来，如墓志铭所云，田氏土兵也很可能参与这次战事。

[3] 偏架之弩，与前面提到的毒矢、木弩药箭密切相关。南宋范成大《桂海虞衡志·志器》“猺人弩”条：“猺人弩，又名编架弩。无箭槽，编架而射之。”又同书之“药箭”条：“化外诸苗所用。弩虽小弱，而以毒药濡箭锋，中者立死。药以毒蛇草为之。”南宋朱辅《溪蛮丛笑》“坐草”条：“山猺潜出省地，茅苇中，射弩夺物，机不虚发，名坐草。”这种编架之弩唐宋以来在今之湘、黔、桂临近的少数民族地区很流行，文献颇有记载。

[4] 累功加都指挥使，赠武略郎，参见前条注[2]所引《宗谱》世系之田正允的相关事。但世系与墓志铭此处记述既非同一人，也非同一事，官职也与文献出入颇大。都指挥使，当指义军都指挥使，均高于义军兵马使和义军指挥使之职。武略郎，武散官之第三十八阶。由此我们可以看出，田氏自唐初（不会晚于732年）田克昌入思州，到田祐恭之父时（宋元丰年间，1078—1085），经过十多代人，350多年的拼打，因战功而渐显于思州。但是，田氏此时仍未成为思州的最高统治者，更没有取得世守思州之特权，而实现这个突破的正是田祐恭。田氏所经历的这种历史过程与播州杨氏十分相似①。

10.《府志》：公讳祐恭，字子礼，威名有素，未受命间，闻靖州失警[1]，以急来告，乃父当行，阻疾弗克进[2]。公曰：“谚有之：‘养子所以防老也’，吾引辞难乎[3]！代父而往，死无悔矣。”

《宗谱》：公讳祐恭，字子礼，威名有素，未受命间，闻靖州失警，以急来告，乃父当行，阻疾弗克进。

考释：

[1] 靖州，据《宋史·地理志四》（2197页），属荆湖北路，为下州，军事性质，徽宗崇宁二年（1103）改诚州为靖州，大观元年（1107）为望郡，辖永平、会同、通道三县及四寨、五堡。今湖南省靖县一带。靖州失警之事，正史无明确记载。据墓志铭下文所记，绍兴二十四年（1154）田祐恭临死前告其子孙，其入仕不过五十年，可知其入仕时间约在崇宁三年（1104），即在靖州建置之第二年。故推测靖

① 参见叶成勇著：《〈南宋播州安抚使杨文神道碑〉考释》，载卢云辉、杨昌儒主编：《贵州世居民族文献与文化研究》2014卷，上海古籍出版社，2016年版，第188页。

州失警一事发生在这一年。

［2］ 阻疾，《史记·鲁周公世家》："惟尔元孙王发，勤劳阻疾。"《集解》引徐广："阻，一作淹。"《尚书·金縢》："惟尔元孙某，遘厉虐疾。"虐疾，暴疾。原意是指突发疾病。这里用《史记》之义，当为重病。

［3］ 引辞，《续志》作"敢辞"。

11.《府志》：元符二年[1]，以善干蛊[2]，授教练使[3]。

《宗谱》：公代父而征有功，授教练使。

考释：

［1］ 元符二年(1099)，北宋哲宗年号。据前一条考释，田祐恭代父从征在未受命时的崇宁三年(1104)，时间上反比此条已受命之事晚五年左右。可见《府志》墓志铭的记述前后明显矛盾。

［2］ 干蛊，"干父之蛊"省作，指子继父志，竟父业。语出《易·蛊》"干父之蛊，有子考无咎"。王弼注："以柔巽之质，干父之事，能承先轨，堪其任者也。"《宗谱》墓志铭则无元符二年"干蛊"之事，田祐恭受教练使一职，乃因代父从征有功。

［3］ 教练使，宋代无教练使一职。《黔记》、《续志》均作"练使"，宋代地方军队训导官，即教练思州地方组织的土兵。

12.《府志》：正和二年[1]，黄阳洞酋首冉万花四族不轨[2]，侵犯黔州[3]，残民掠物，大为边害，郡将陈括[4]知公之雄，乃召委其事。公既承命，躬领家僮，自备糗粮，收冉万花，俘杨文胜、冉万寮、万朝、路洗王等，归至郡城，戮于藁街[5]。朝廷褒其志勇，特授成忠郎[6]，充思州边面巡检[7]。

《宗谱》：政和二年，黄阳洞酋首冉万花四族不轨，侵犯黔州，郡将陈括知公之雄，移檄于公。公亲率家兵，自备糗粮，收冉花万寮、杨文胜、路洗王等，戮于草街。朝廷褒其志勇，特授成忠郎，统(充)思州□巡检。

考释：

［1］ "正和"二年，即政和二年(1112)，宋徽宗年号。

［2］ 黄阳洞酋首叛乱之事，文献缺载。《贵州省志·民族志》附录有朗溪《田氏族谱》中的《征蛮实录》一文。其中提到洪武十三年沱江宣抚司田儒铭征讨酉阳司冉万花等人叛乱一事，时代迥异。备录如下："四川直隶酉阳司冉万花心怀不忿，欲败田军之名。即从计王化闪，勾引杨绒飞，闯入十五洞，驻扎增旺，用

假银钞诓诱降苗，反心复叛，二载不纳赋税，陷邛江司，无粮解上。冉万花自号为‘权主’，封罗大车为‘大苗头’，罗大保为‘二苗头’，封妖术王化闪为‘总兵’，封杨绒飞为‘主管官’。使杨绒飞坐音佛洞，领苗把住进路，使罗大车在黑龙洞烧丹点瓮造刀枪，使罗大保在龙虎洞烧丹点瓮造刀枪，使王化闪在老道洞烧丹点瓮造刀枪。又在逐水沱烧硝洞办炼硝磺。……洪武十三年二月初八，敕令沱江田儒铭征讨。”由上所知，冉氏当为酉阳土司，与北宋时田祐恭所征之冉氏当有密切关系。田儒铭，《宗谱》有传记，田谨贤弟田谨珍之子，为田氏二十二世孙。

[3] 黔州，宋属夔州路，治彭水，辖今重庆彭水、黔江一带。

[4] 郡将陈括，《宋史》缺载。

[5] 藁街，行刑之场所，《宗谱》作“草街”，因字形近而误。

[6] 成忠郎，宋武散官凡五十二阶，成忠郎居第四十八。

[7] 思州边面巡检，《黔记》、《续志》均作“边西巡检”，误。据今川南兴文县凌霄山四十八道拐处有南宋宝祐五年(1257)《宋代建城纪事石刻》，其中即有“措置泸、叙、长宁边面”之语。在1972年遵义高坪出土的至元二十八年(1291)所刻《杨文妻田夫人墓志铭》中，载田夫人之孙杨肖祖在宋末元初任“播州边面同巡检”一职①。思、播邻近，又同为边州，故皆有边面巡检之职，《宋史·职官志七》(3982页)载：“有沿边溪峒都巡检，或蕃汉都巡检，或数州数县管界、或一州一县巡检，掌训治甲兵、巡逻州邑、擒捕盗贼事。……中兴以后，分置都巡检使、都巡检、巡检、州县巡检，掌土军、禁军招填教习之政令，以巡防扞御盗贼。……控扼要害及地分阔远处，皆置巡检一员。往来接连合相应援处，则置都巡检以总之，皆以材武大小使臣充。各随所在，听州县守令节制，本寨事并申取州县指挥。”思州边面巡检，即负责思州地方巡防、扞御盗贼。

13.《府志》：五年[1]，统义兵[2]策应泸南，解梅岭堡之围，以功转忠训郎[3]。继而讨晏州贼[4]，以功转武翼郎[5]。

《宗谱》：五年，授义军，策应泸南，解□堡之围，□忠训郎。继而讨晏州贼，以功转武翼郎。

考释：

[1] 五年，即政和五年(1115)。

---

① 《杨文妻田夫人墓志铭》，载贵州省博物馆编：《贵州省墓志选集》，内部资料。

[2] 统义兵,即统领义军。据《宋史》卷191《兵志五·乡兵二》(4743—4744页)载,夔州路义军有土丁、壮丁,皆"州县籍税户充,或自溪洞归投。分隶边寨,习山川道路,遇蛮入寇,遣使袭讨,官军但据险策应之。其校长之名,随州县补置,所在不一。职级已上,冬赐绵袍,月给食盐、米麦、铁钱;其次紫绫绵袍,月给盐米;其次月给米盐而已。有功者以次迁"。《宗谱》墓志铭云"授义军",即为"随州县补置"巡检之职,以策应泸南之战事。

[3] 忠训郎,武散官之第四十六阶。

[4] 晏州夷反叛与前面梅岭堡之围密切关联。宋代在边鄙各险阨控御之地置堡或寨,置有寨官,掌招收土军,阅习武艺,以防盗贼(参见《宋史·职官志七》镇寨官条)。梅岭堡,据《宋史·地理志五》(2218—2219页),属梓州路泸州乐共城,今四川南部长宁县一带,有彝族先民夷人居住。梅岭堡之围即晏州夷反叛之事。《宋史·蛮夷传四》(14248页)载:"政和五年,晏州夷卜漏叛,寨将高公老遁,招讨使赵遹讨平之。"《续资治通鉴》卷92:"政和五年春正月丙戌,泸南晏州夷卜漏等反,攻梅岭堡,陷之。"又《宋史》卷348《赵遹传》(11043—11045页)记载,寨将高公老即梅岭堡之守将。田祐恭与巡检种友直在此次围剿战事中,率领思、黔土兵确实立有殊功。《赵遹传》云:

> (赵遹)既抵晏州,觉(马觉)、思正(张思正)各以兵来会。漏据轮缚大囤,其山崛起数百仞,林箐深密,夷奔溃者悉赴之。乃垒石为城,外树木栅,当道穿坑阱,仆巨枿,布渠答,夹以守障,俯瞰官军。矢石所中皆靡碎,遹军不能进。间从巡检种友直、田祐恭按视,其旁山崖壁特峭绝,贼恃之无守备。遹欲袭取,命友直、祐恭军其下,而身当贼冲,番军迭攻之。未旦,鼓而进,追夕则止,贼并力拒战,不得息。
>
> 友直所部多思、黔土丁,习山险,而山多生猱,遹遣土丁捕之。伐去蒙密,缘崩石挽藤葛而上,得猱数十头,束麻作炬,灌以膏蜡,缚于猱背。暮夜,复遣土丁负绳梯登崖颠,乃缒梯引下,人人衔枚,挈猱蚁附而上。比鸡鸣,友直、祐恭与其众悉登,拥刀斧穿箐入。及贼栅,出火然炬,猱热狂跳,贼庐舍皆茅竹,猱窜其上,火辄发,贼号呼奔扑,猱益惊,火益炽。官军鼓噪破栅,遹望见火,麾军蹑云梯攻其前。两军相应,贼扰乱,不复能抗,赴火堕崖死者不可计,俘斩数千人。卜漏突围走,至轮多囤,追获之。晏州平,诸夷落皆降,拓地环二千里。遹为建城寨,画疆亩,募人耕种,且习战守,号曰"胜兵"。

《墓志铭》下文有关于田祐恭与赵遹在此次战事中的一段细节描述，可与《赵遹传》相为发明(见第 29 条)。

[5] 武翼郎，武散官之第四十一阶。

14.《府志》：六年[1]**，干理播州边**[2]**，转武节郎**[3]。

《宗谱》：六年，干理播州边，转武节郎。

考释：

[1] 六年，即政和六年(1116)。

[2] 干理，《续志》无“理”字。干理播州边，应与下一条提及“遏绝杨维聪之暴”一事有关。据《宋史·哲宗本纪二》(349 页)载，绍圣四年(1097)，播州夷杨光荣等内附。又《宋史·蛮夷四》渝州蛮条(14241 页)载，大观二年(1108)，播州夷族杨光荣以地内属，诏建播州，后废。《宋史·徽宗本纪二》(381—382 页)载：“(大观二年)，杨文贵、湖南徭杨再光内附……(三年春)二月丙子朔，播州杨文贵纳土，以其地置遵义军。”据(道光)《遵义府志》卷三十一《土官》记载，此时播州杨氏内讧，争斗不断。杨氏争献地乃是内讧的表现，献地后更加速了其内讧，故有田祐恭干理播州边之事，详见下一条注[2]。

[3] 武节郎，武散官之第三十七阶。

15.《府志》：七年[1]**，安定播州，遏绝杨维聪之暴**[2]**，以功转武翼大夫**[3]**，加荣州刺史**[4]。

《宗谱》：七年，安定播州，遏绝杨惟聪之暴，以功转武翼大夫，加荣州刺史。

考释：

[1] 七年，即政和七年(1117)。

[2] 安定播州，《黔记》作“安定播州边”，多一“边”字，与该书前文相合，当是郭子章改订。杨维聪，《宗谱》墓志铭作“杨惟聪”。杨维聪之暴，宋史无明载。据《遵义府志》卷 31《土官》载，杨惟聪乃播州杨文广之子，杨氏第十世。惟聪之叔杨光荣、杨光明几次谋逆文广、惟聪父子，不果。光荣欲毒死惟聪，却自己误食而亡；光明迁怒惟聪，暮夜以兵劫之，惟聪出御，光明败，奔蜀，诉于部使者李献，诬惟聪谋不轨。献入其辞，矫发南平诸寨兵入播，惟聪愤懑不自胜，大集兵拒战，败其师。事闻，诏夺献官，进惟聪修武郎、左班殿直，赐金带、锦袍，慰谕之。田祐恭遏绝杨惟聪之暴，当指此事。此事因杨氏内讧而起，杨维聪不过被逼抵抗，不

可以“暴”字言之。《遵义府志》无确载此次事件的时间，此墓志铭正可补其遗缺。

[3]　武翼大夫，武散官之第三十三阶。

[4]　荣州刺史，荣州，属成都府路。刺史，官名，秦时设，一直沿袭至宋代。宋代虽有地方各州刺史，仅虚衔。

16.《府志》：八年[1]**，救石泉军**[2]**，至白沙寨，战退戎兵，以功迁武节大夫**[3]。**凯还，被召赴阙**[4]**，迁武德大夫**[5]。

《宗谱》：八年，救石泉军，至白沙寨，战退敌兵，以功迁武节大夫。秋奉诏赴阙，迁武德大夫。

考释：

[1]　八年，即政和八年(1118)。

[2]　石泉军，属成都府路。石泉军此次战事，史无明载。据《宋史·蛮夷四》(14243 页)载：“施、黔比近蛮，子弟精悍，用木弩药箭，战斗趫捷，朝廷常团结为忠义胜军。其后，泸州、淯井、石泉蛮叛，皆获其用。”这里的石泉蛮叛可能就是指这件事。从时间上看，不会早于政和七年十一月，因为据《续资治通鉴》卷92(386 页)，政和七年十一月丙申，升石泉县为军。

[3]　“战退戎兵”，《续志》无“战”字，也通。武节大夫，武散官之第二十九阶。

[4]　政和八年田祐恭奉诏赴阙之事，见于南宋王象之《舆地纪胜·思州·古迹》所载缙绅冯先生作《夏总干墓志》：

> 恭南夏子明，为太学名诸生，老不售，自少时识思州田祐恭。政和某年，田氏被召赴京师，谓子明曰：“我边臣，今北阙见天子，惧礼文率略坐不恭，公屈相吾行如何？”子明度田氏意不可解免，谓曰：“吾老不任行，有子大均，习诗礼，明识时务，年方二十余，俾从公，宜任辅公入觐事。”田氏大喜，以子明之子大均行。至国门，有旨朝大庆殿，拜伏进退不类远人，太上皇异之，问其政。祐恭对曰：“臣生边远，不知礼节，臣之客夏大均，书生也，实教臣朝觐之礼。”上大悦，厚锡田氏，赐大均保州文学。

(弘治)《贵州图经新志》卷四《思南府》流寓条也有关于夏大均与田祐恭的记载，但文字多缺遗。

［5］　武德大夫，武散官之第二十七阶。

17.《府志》：重和元年[1]，建筑思州有劳[2]，迁武功大夫[3]。

《宗谱》：重和元年，建筑思南州有劳，迁武功大夫。

考释：

［1］　重和，徽宗年号，政和八年改元重和。重和元年(1118)与政和八年为同一年，史籍可两称。

［2］　《宗谱》墓志铭所谓思南州，应为思州之误。田祐恭建筑思州之事，有大观二年、政和八年两说。大观二年之说，据《思州》："徽宗即位之八年(即大观二年，1108)，西南夷蕃部长田祐恭愿为王民，始建思州。"政和八年之说，也见于王象之在前引文字注中，云："《国朝会要》载在政和八年建思州，隶夔州路，《思州图经序》所载云'政和八年，诏运使庞恭孙同共措置建筑，赐名曰思州，三县曰务川、邛水、安夷'。"《宋史》卷311《庞恭孙传》(10201页)载：庞恭孙自崇宁中(1102)起，在西南前后二十年，劝降招纳溱、播、溪、思、费、保、祺、霸、亨等州，并筑城。其间"又以筑思州，进学士"。庞恭孙与思州的归附和筑城有密切关系。《舆地纪胜》据大观二年庞恭孙所进之表，则为"西南夷蕃部长田祐恭愿为王民，始建思州"。《府志》铭文则谓"乡国连筑"。可能是大观二年始建筑思州城，至十年后的政和八年(1118)方才建成，田祐恭因参与建筑思州，有劳，故得以升迁。

［3］　武功大夫，武散官之第二十六阶。

18.《府志》：宣和元年[1]，授泸州兵马钤辖[2]，再承诏朝参[3]，加忠州团练使[4]，赐金带器币等物，宠赍优隆。朝辞，加贵州防御使[5]，差充成都府路兵马都监[6]，同管两路巡检，剌州住箚[7]。以母老乞免，再充思州边面巡检。

《宗谱》：宣和元年，授泸州兵马軨辖，承诏朝参，加忠州团练使，赐金带器币，宠赍优隆。朝辞，加贵州防御使，统成都府路兵马都监，同两路巡检，利州住箚。以母老乞免，再统(充)思州边巡检。

考释：

［1］　宣和元年(1119)，宋徽宗年号。

［2］　泸州，据《宋史·地理五》(2218页)载，北宋时属梓州路，南宋改属潼川府路，辖今四川泸州和宜宾的部分地区。兵马钤辖，据《宋史·职官志七》(3973页)载，一些大藩府或沿边州郡，或当一道冲要者，并兼兵马钤辖、巡检，或

带沿边安抚、提辖兵甲、沿边溪洞都巡检。余州、军，则别其地望之高下与职务之繁简而置之。建炎初，诏："要郡文臣一员带本路兵马钤辖，武臣一员充副钤辖；次要郡文臣一员带本路兵马都监，武臣一员充副都监。"参见本条注[6]。

[3] 朝参，入朝参拜皇帝。陆游《老学庵笔记》卷 2："先君言：'朝参拜舞而已，政和以后增以喏。'然绍兴中，予造朝，已不复喏矣……又绍兴中，朝参止磬折遂拜。"

[4] 忠州，属夔州路，辖今重庆忠县、丰都、南宾一带。团练使，武职，低于防御使，高于刺史。

[5] 贵州防御使，贵州，据《宋史·地理六》(2242 页)载，属广南西路，下州，军事州，领郁林县，辖今广西贵县一带。防御使，武职，高于团练使，低于观察使。然宋代之贵州，又指今贵州省贵阳一带。据《大明一统志·贵州》和(嘉靖)《贵州通志》记载，宋太祖敕宋土著首领普贵书中有"惟尔贵州远在要荒"一语。(嘉靖)《贵州通志》又记载宋宁宗嘉定三年(1210)土著大姓宋永高以功升贵州经略安抚使。此后贵州发展为元明时期的贵州宣慰司。贵州之称，涉及一省名之由来，一直以来皆有争议。(乾隆)《贵州通志》载靖道谟《贵州考》，对宋代贵州之称及其与田氏的关系颇不以为然："祐恭为贵州防御使之说尤为可疑。"以为田祐恭墓志"必明人所作，田氏子孙假于宋氏以夸其祖宗耳"。而近世任可澄则逐一反驳，极力肯定贵州起于宋代，田祐恭墓志不伪。

[6] 路兵马都监，据《宋史·职官志七》"路兵马都监"条(3980—3981 页)载，路一级兵马钤辖掌本路禁旅屯戍、边防、训练之政令，以肃清所部。州府以下都监，皆掌其本城屯驻、兵甲、训练、差使之事，资浅者为监押。但各州钤辖或省或置不一。绍圣三年(1096)，诏诸路将副序位在路分都监之下。建炎初，分置帅府，以诸路帅臣兼。要郡守臣带兵马钤辖，次要郡带兵马都监；并以武臣为之副，称副总管、副钤辖、副都监，许以便宜行军马事，辟置僚属，依帅臣法。屯兵皆有等差。遇朝廷起兵事，则副总管为帅，副钤辖、都监各以兵从，听其节制。其后，益、泸、夔、广、桂五州牧又以都钤辖为称。绍兴三年，诏要郡、次要郡守臣罢带兵职，其逐路副总管依旧格，改充路分都监，为一路掌兵之官。

[7] 两路巡检，前面有涉及夔州路、梓州路、成都府路和广南西路，这里不知是其中哪两路。剌州住劄，"剌州"，《宗谱》、《续志》均作"利州"，剌州当为利州之误。据《宋史·地理志五》(2221 页)载，利州属利州路，今四川广元一带。住劄，即驻扎。驻扎，乃州一级的军事设置。

19.《府志》：建炎二年[1]，兼知务川县事[2]，公化郡未宁[3]，知兵不可戢[4]，且遇时乏军储，以万缗献助，朝廷以为有忧国之心，升右武大夫[5]。

《宗谱》：建炎四年，兼知务川县事，公化鄢未□，知兵不可戢，且时乏军需，以万缗献助，朝廷以公有忧国之心，升右武大夫。

考释：

［1］ 建炎二年(1128)，南宋高宗年号。《宗谱》墓志铭作“建炎四年”。

［2］ 务川县，宋时思州领务川、安夷、邛水三县，务川为治所。据《思州》记载，政和八年建成思州后，于宣和二年或四年省废，此时无思州之建置，务川降为城，故“知务川县事”，当如《思州》所言，为知务川城。

［3］ “郡”，《宗谱》、《续志》均作“鄢”(音 yān)，为“郡”字之误。意为治理思州一郡，然未尽安宁。

［4］ 戢，收藏兵器之义。

［5］ 田祐恭忧国之心，据墓志铭下文(第 31 条)，即指痛愤金兵盗据中原，“累上表章，顾欲自效”。右武大夫，武散官之第十四阶。

20.《府志》：王闢寇归州[1]，图入蜀，哨聚者众[2]，其锋甚锐，公统兵收王闢，复收郡邑，蜀赖以安[3]。

《宗谱》：王闢寇归州，图入蜀，其锋甚锐，公统兵收王闢，并共郡邑，蜀赖以安。

考释：

［1］ 王闢，文献一作王癖或王辟，为同一人。归州，属荆湖北路，辖今湖北秭归、巴东、兴山一带，治所在今秭归。

［2］ 哨聚，或作啸聚，呼喊汇聚。《后汉书・西羌传》：“招引山豪，转相啸聚。”《宋史・蛮夷四》：“踯躅啸聚。”

［3］ 王闢寇归州，田祐恭率兵抵挡之事，《宋史・高宗本纪三》(480 页)载：建炎四年(1130)秋七月，“后军将王闢叛，陷归州，钤辖田祐恭击败之。己酉，王闢犯房州，宋臣韦知几弃城走”。《建炎以来系年要录》卷三十五载：“后将军王辟复叛去，至是陷兴山县，遂破归州。辟不知地利，帅臣直龙图阁张上行檄本路钤辖、中亮大夫、贵州防御使田祐恭率义兵以木弩射之，辟败去。祐恭，思州人也。”据毕沅《续资治通鉴》卷 108(584 页)载，王闢于建炎四年九月被金、均、房州安抚使王彦招降，腰斩。

21.《府志》：绍兴元年[1]，覃恩迁中亮大夫[2]，再赐金带金币[3]。已而，桑仲、郭希叛于兴山[4]，图蜀与王闢同，而军势倍之，公复统兵击破[5]，迁正侍大夫，以功转五官[6]。

《宗谱》：绍兴元年，覃恩迁中允大夫，再赐金带金币。已而中侍大夫，转五官。

考释：

［1］ 绍兴元年(1131)，南宋高宗年号。《宗谱》于此条内容记述明显脱漏。

［2］ 覃恩，指帝王广施恩惠，普行封赏。中亮大夫，武散官之第八阶。《黔记》、《宗谱》和《续志》均作"中允大夫"，查《宋史·职官志九》无此职，当中亮大夫之误。

［3］ 金带金币，《宗谱》、《续志》皆同此，然根据上下文看，当为"金带器币"之误。

［4］ 兴山，属荆湖北路之归州，今湖北兴山。桑仲、郭希，据史载，与前面提及的王闢都是宋朝军官，高宗建炎间相继反叛，对荆湖地区带来严重的骚扰。

［5］ 田祐恭击桑仲、郭希之叛，《宋史·高宗本纪三》有载(484页)，建炎四年(1130)十一月丙寅，"金、房州贼郭希犯归州，田祐恭击却之。"然墓志铭所记时间在绍兴元年(1131)，比《宋史》记载晚一年。

田祐恭积极配合并参与朝廷的平叛活动，尤其在保蜀时立有大功，颇受褒励。《宋史》卷382《勾涛传》(11771页)载："建炎初，(涛)通判黔州，田祐恭兵道境上，涛白守，燕劳之，祐恭感恩厉下，郡得以无犯。湖湘贼王闢破秭归，桑仲、郭守忠攻茶务箭窠寨，将犯夔门，夔兵素单弱，宣司檄祐恭捍御。"又《思州》所载《夏总干墓志》所载："建炎初，蜀人张上行(张上行即张浚，四川绵竹人，时任川、陕、京西诸路宣抚处置使)帅夔门，剧贼王闢、郭守忠(或作郭守中，即郭希)破归州入巫山，将拔瞿唐关径入蜀。帅命正卿(正卿，墓主夏总干之子夏大均，大均字正卿，时为奉节簿)调田氏兵，曰：'正卿厚田氏(指前面所述政和八年夏大均辅田氏入觐一事)，比至，田氏宜即就道。事急矣，可日夜兼行以济吾事。'正卿发田氏兵，不一月至巫山，摧贼锋，贼还走保归州，再战，贼大败，收归州，乘胜逐北至房州、竹山(今湖北房县、竹山一带)。当是时，峡外大贼以十数，连百余万，荆楚赤地数千里，至是以人为食，莫不妄意蜀郡富饶，人人垂涎，瞀突入瞿唐关，快其所欲。自田氏破王闢、郭守忠，夔路(即夔州路)军声大振，自是群贼始不敢有意于蜀矣。"

《府志》墓志铭下文有关于田祐恭击郭希之事的细节记述(见第30条),可与前引文献互为发明。

又据《宋史》卷368《王彦传》(11451页)和《续资治通鉴》卷108(584页)载,追击桑仲之事乃在建炎四年九月,时任金州(今陕西安康)、均州(今湖北武当)、房州(今湖北房县)安抚使王彦,追贼至竹山县而还,未见有田祐恭追击桑仲的记载。所以,墓志铭所记田祐恭击破桑仲之事未必可信,最多不过如《宋史·勾涛传》所言,仅仅捍御而已,如《宋史·高宗本纪三》所言"却之"而已。即铭文下文所谓的"挫桑仲锋"。重庆酉阳《冉氏族谱》记载犹可为证:"时贼甚猖獗,又田祐恭军无纪律,部将苏选等淫掠不用命,故历建炎四年、绍兴元年,屡战未能克。"①

[6]　正侍大夫,武散官之第三阶。《续志》作"侍中大夫",查《宋史·职官志九》无此职,当误。五官,赠官。

22.《府志》:绍兴二年[1],以保蜀劳勣[2],加华州观察使[3]。

《宗谱》:绍兴二年,以保蜀劳勋,加华州观察使。

考释:

[1]　绍兴二年(1132)。

[2]　劳勣,《宗谱》和《续志》均作"劳勋",也通,皆功劳之义。

[3]　华州,据《宋史·地理志三》(2144页)载,属永兴军路,辖今陕西华阴、郑县、渭南、下邽、蒲城一带。观察使,武职,位在防御使之上。据《思州》所引《国朝会要·杂录门》载华州观察使,早在绍兴元年已授。

23.《府志》:三年[1],金人侵犯梁洋[2],四川宣抚处置使张浚会集诸路将帅御之[3]。公被檄行,无逗遛。既至,金人望风退走[4]。赏军器鞍马等物,迁通侍大夫,知思州军州事[5]。

《宗谱》:三年,金人侵犯梁阳,四川巡抚处置使张浚移檄于公,公无逗遛,及至,金人退走,赏军器鞍马等物。通侍大夫,知思州军州事。

考释:

[1]　三年,即绍兴三年(1133)。

[2]　梁洋,即梁州和洋州,《宗谱》误为梁阳。据《宋史·地理志五》(2221

① (清)冉崇文总纂:《冉氏族谱》,现藏酉阳县图书馆。

页)载,均属利州路,梁州即兴元府,辖今陕西城固、汉中、勉县一带,洋州辖今陕西洋县、西乡、镇巴一带。

［3］　将帅,《续志》无“帅”字。宣抚处置使,《宗谱》误为巡抚处置使。绍兴三年,金人犯梁洋,川陕宣抚处置使张浚抗击之事,《续资治通鉴》卷112所载甚详。绍兴三年春正月乙丑,金人破金州,“先是,宣抚处置使张浚,召本司都统制节制兴、文、龙州吴玠,金、均、房州镇抚使兼本司同都统制王彦,利州路经略使兼知兴元府刘子羽,会于兴元,约:‘金人若以大兵取蜀,即三帅相为应援。’”但金监军完颜杲接连破金州、洋州、兴元府(即梁州),直逼蜀境剑州。至二月庚戌,张浚起用王庶为参谋官,使至巴州(今四川巴中、南江、通江)措置梁洋一带。王庶至,急散榜梁洋境上,召其军民,不数日,远近来会。金人犯梁洋,大致持续了三个月,蜀中大为震动,使得“剑南诸州,皆为徙治之计”。但在张浚的领导下,各路兵马艰辛阻击,最终迫使金人退走。

［4］　思州田祐恭被檄行而无逗留,当是受此时巴州王庶之召而前去会集,《宗谱》墓志铭谓“张浚移檄于公”的记述恐非事实。所谓金人望风退走,乃是金人迫于当时其孤军深入的形势,不战而退。据《续资治通鉴》卷112载:“金人破金、商,无所得,已失望,完颜杲至金牛镇(今陕西宁强县境内,当时直属京师),不见兵,疑有伏,自以深入,恐无归路。及闻(王)庶在巴州,吴玠阳为军书,会诸将欲断归路,敌逻得之。且野亡所掠,食少,乃引兵还兴元。”直至四月辛卯,金人去兴元。

［5］　通侍大夫,武散官之第二阶。知思州军州事,即掌管思州军民事。《思州》引证当时文献以为田祐恭在建炎以前止称知务川城,即前文第19条墓志所谓建炎二年“兼知务川县事”。据《思州》所引《国朝会要・杂录门》载,绍兴元年十月四日宣抚处置使张浚言:“恭依圣训便宜行事,将珍州管界境土,已选差正侍大夫、华州观察使、夔州路兵马钤辖、知务川城田祐恭充知州,依仿务川城例施行。”由此可知,田祐恭当时很多职务都是张浚便宜行事所授,上报朝廷后正式确认而已。这也是田祐恭积极参与朝廷抗金活动的产物。绍兴元年至二年间,务川城复为思州,田祐恭充知州,此临时之职,作为过渡,绍兴三年正式升为思州知州。知思州军州事一职的取得,表明田氏此时真正取得在思州的绝对统治权,并得以世袭。可以说,田祐恭最核心的职务是知思州,是由地方大姓转化为元明时期土司的关键一环,田祐恭是田氏思州确立之关键人物。

24.《府志》：七年[1]，朝廷以公抚循夷民[2]，备见勋劳，赐玺书金带[3]。明年，以母忧解官。又明年，披命起复[4]，仍领州事。

《宗谱》：七年，朝廷以公抚循夷民，备见劳勋，赐玺书金币。明年，以母忧解官。又明年，披命复起，仍领军州事。

考释：

［1］ 七年，即绍兴七年(1137)。

［2］ 关于田祐恭抚循夷民之事，参见《墓志铭》下文记载(第32、33、35、36、37条)。

［3］ 金带，《续志》同，《宗谱》作"金币"，币字繁体为"幣"，与"带"字形似。前文有"赐金带器币等物"之类的记述，此处也应为金带。

［4］ 起复，《黔记》、《续志》同此，唯《宗谱》作"复起"，误。起复，唐宋时期官员因父母丧而辞官守制，未满期而奉召任职。如《旧唐书·房玄龄传》："其年，玄龄丁继母忧去职，特敕赐以昭陵葬地。未几，起复本官。"又如《宋史·富弼传》："故事，执政遭丧皆起复，帝虚位五起之，弼谓此金革变礼，不可施于平世，卒不从命。"墓志铭原文"又明年，披命起复，仍领州事"正合此义。而到了明清时期，起复意思有变化，则是指服父母丧满期后重出做官。"复起"一词，多流行于明清时期，泛指复官职，无守制之义。可见，《宗谱》改作墓志铭时已不明"起复"之义，而妄以时文"复起"改作。

按：田祐恭按照朝廷官吏之礼，"以母忧解官"，可见田氏此时仍为流官之列，只是久处边地而已。

25.《府志》：十一年[1]，以累大功加边郡承宣使，又迁奉宁军承宣使。

《宗谱》：以累大功加边郡承宣使，又迁奉宁军承宣使。

考释：

［1］ 十一年，即绍兴十一年(1141)。《宗谱》缺载纪年。

26.《府志》：二十四年[1]，以疾薨于正寝。赠正任保康军承宣使。赠七子恩泽[2]，乃命子汝端袭守[3]，后以两郊大礼[4]，恩赠开府仪同三司，少师思国公。

《宗谱》：二十四年，以疾薨于正寝。赠正任保康军承宣使，赠七子恩荣，命长子汝端袭守。祀以两郊大礼，赠开府仪同三司，少师思国公。

考释：

［1］ 二十四年，即绍兴二十四年(1154)。

［2］ 赠七子恩泽，据《宋史·职官志十》(4097页)载，宋代文武臣死后，朝廷对其子孙有荫补，是谓恩泽。符合田祐恭身份的荫补具体是“诸卫上将军、承宣使、观察使、通侍大夫；子，成忠郎；孙及期亲，保义郎；大功以下，承信郎；及异姓亲，承信郎。”

［3］ 田汝端，即田祐恭长子，但不知袭守之职位，这种袭守很可能是因为田氏世为思州蕃部首领，袭守其父知思州军民事之职，不在朝廷荫补之列。

［4］ “后”，《黔记》、《续志》同，唯《宗谱》作“祀”，误。两郊大礼，古代在都城郊外祭祀天地，冬至祭天，夏至祭地。这里盖指朝廷用祭祀天地的礼仪来祭奠田祐恭之灵。

27.《府志》：初，公之生，名满于室，后数月，考妣笃于农桑，襁负而行，遇一老父，视之，悦，曰：“此儿骨气不凡，必兴家门，勿轻易[1]之。”俄而不见老父之何适。及长，禀赋殊特，才气过人，行己纯朴，发言简当，处众以宽，待下以仁，事君以忠义，治郡以公勤，廉谨律身，机变临事，不学而动合古人之作。[2]

考释：

［1］ 轻易，轻视。

［2］ 此第27条至33条《宗谱》与《续志》均无载。

28.《府志》：公用兵既久，奇功浸多，朋友问所能，答曰：“吾素不读兵书，夫复何所能？但于戎马间闻达者论曰：‘谋定后战，勇冠三军’，每深效之，是以取胜。”

29.《府志》：且泸南叛寇之侵也，卜漏负固据险以老我师。大将赵遹问计于公：“何日可破？”公曰：“不逾翌日，但迟明盛。疑兵为攻屯之势，无察，吾行一举而胜。”遹喜曰：“此乃密机，诸人莫及矣。”公领锐兵，自绝径徙峻崖，军不盈伍，们萝攀木丙(柄)夜登。达旦，疑兵鼓噪，公破屯焚栅，出贼意外。卜漏无敢动，至有从天上来之语，遂一举而胜。果如前约。议者以比李愬至□瓠城擒吴元济[1]，比公之有谋者也。

考释：

［1］ 悬瓠城，指蔡州。李愬擒吴元济，事见《旧唐书》卷170《裴度传》和卷133《李愬传》。

30.《府志》：兴山之役，郭希袭已至油口，大师张上行速欲收讨，召公至夔，促其行师，曰："希众之帜，不可捷图，公将如之何？"公曰："不旬间，当以捷闻。"遂伏兵，舳舻冒涨而下[1]，才抵油口[2]，望见贼势甚众，遂命其子汝端率兵遵陆[3]截其要冲，诱之以战。公乃移其舟石门，迎其来道，败，觉，众自溃乱，反覆受击，俘馘[4]不可胜数，其后投崖入水又不知几何。进及归州，贼以隔水难济，略不为备。公结筏夜渡，复捣其营。比及贼破，不喻[5]十日。议者以比李靖乘水传垒擒萧铣[6]，此公之勇也。

考释：

[1] 舳舻(音 zhú lú)，舳，船后舵，舻，船前头，指船只首尾相连。冒涨，趁水涨。

[2] 油口，今湖北公安县。

[3] 遵陆，沿着陆路。

[4] 俘馘，俘，俘虏，馘(音 guó)，战争中割去敌人左耳以记数报功。

[5] 喻，当作"逾"。

[6] 垒当作壘。李靖擒萧铣，事见《旧唐书》卷 67《李靖传》、《新唐书》卷 93《李靖传》、《旧唐书》卷 56《萧铣传》、《新唐书》卷 87《萧铣传》。

31.《府志》：方北兵[1]深入，盗据中原，公痛愤之，必期扫荡妖氛，肃静夷夏，乃累上表章，顾欲自效[2]。会朝有和议[3]，弗所志。公太息曰："吾能知不获施虏之幸矣。"

考释：

[1] 北兵，指金兵。

[2] 顾欲自效，顾，思虑、眷念，指思虑着为抗金兵而效命。

[3] 指绍兴和议。

32.《府志》：公慨然于施惠，专勤于向善。凡宾客踵门，亲戚来归，以寒苦告者，赠以衣帛；以饥歉告者，赠以菽粟；以贫乏告者，赠以货财。殊无吝色。狄[1]中闻饥□(逃)命，开仓以济贫乏宿者，乡民多有借贷，其契券命火焚之，无留，且曰："吾岂可重利轻身，以此遗忧于人。"其施惠类如此。名山胜地，琳宫梵宇[2]，或舍良田，或立浮屠，或铸洪钟，或建宝藏，一功一德，祈求之意，即非觊觎私门之福，皆以祝君王之万寿，其向善类如此。

考释：

[1] 狄，从下文看，当为獠。

［2］ 琳宫梵宇，佛道寺庙。据《舆地纪胜》卷 176《黔州》和卷 178《思州》记载，田祐恭于绍兴十一年奏乞在黔州彭水县盐井镇其祖父母坟地附近，立一小寺院以安僧众，赐名“集福院”。

33.《府志》：方无事，会堡寨僚属，置酒为欢，即席言曰：“吾与诸君以武弁进身，比肩岁久，吾当以耄[1]辞职。诸君方壮年，各宜协心捍南边徼[2]，不容有二，勉之哉！”

考释：

［1］ 耄，年老之义。田祐恭年近八十，退休无事，会饮僚属，故言耄。

［2］ 徼，边界。南边徼，思州南部边界。

34.《府志》：及疾[1]，召子孙立于前，诫曰：“吾自入仕仅五十年，历事三朝，治郡九域[2]，建功立业，始终如一。今爵高禄厚，无愧无怍，尔等子孙当效祖考，勤修乃职，惟忠惟孝，惟仁惟义，惟惠惟养[3]，谨守边方，安集居民，匪懈匪怠，勿违，吾其阴相尔也。”子孙潸然奉敕训，公乃瞑目，享年八十。公娶邓氏，累封恭人，赠溱国夫人。子五人，孙十二人，曾孙十三人，以绍兴二十四年冬[4]葬公于归义乡祖茔之侧[5]。

《宗谱》：当公疾，召诸子立于前，诫曰：“吾自入仕仅五十年，历事三朝，治郡九域，建功立业，始终如一。今爵高禄厚，无愧无怍，尔等子孙当效祖考，勤修乃职，谨守边方，安集居民，匪懈匪怠，勿违。”

考释：

［1］ “及疾”，《宗谱》作“当公疾”，《续志》作“当疾”，皆通。

［2］ 田祐恭入仕五十年，即从徽宗崇宁三年至高宗绍兴二十四年（1104—1154），历事徽宗、钦宗和高宗三朝。治郡九域，包括靖州、黔州、泸州、播州、石泉军、思州、归州、梁州、洋州。

［3］ “惟忠惟孝，惟仁惟义，惟惠惟养”这三句《宗谱》和《续志》均不载。

［4］ 冬字，依前文看当作秋，即九月二十六日。参看第 1 和 2 两条考释。

［5］ “吾其阴相尔也”至“葬公于归义乡祖茔之侧”数句，《宗谱》和《续志》也不载。

35.《府志》：公亡未踰岁，郡效林蛮[1]之间，旗帜隐显，有出伍[2]之状。一日，溪夷[3]相犯，闻公引军压境，遂更相慑服，民从以安，乃为祠堂于水东。梵宇以备瞻仰，旱潦[4]祈祷，常获昭应。九月之忌辰，远近生熟夷僚[5]，溪洞境上居民不约而会，皆共携香纸，结为一社，诣公祠[6]前稽颡奏献，各祈保佑而去。

《宗谱》：公亡未踰岁，郡郊林峦之间，旗帜显隐，有出师行伍之状。一日，汉夷相犯，闻公引军入境，遂相畏服，民从而安，乃立庙于水东。旱潦祈祷，尝获感应。九月忌辰，远近夷苗，溪峒居民，诣祠奠祭，不约而合，结为一社，各祈保佑而去。

考释：

［1］ 郡效林蛮，《宗谱》作“郡郊林峦”，当是，因字形近而误。

［2］ 出伍，当为出师行伍。

［3］ 溪夷，《宗谱》作汉夷，当是。从下文“溪洞境上居民”一语看，称居民，可见不止有夷僚，也当有汉人。“漢”与“溪”，因字形近而误。

［4］ 旱潦，即旱涝。

［5］ 远近生熟夷僚，《宗谱》作“远近夷苗”。宋代常称“夷僚”、“蛮夷”，罕见“夷苗”之称。先秦时期，“苗”曾作为专称，魏晋至宋代罕见使用，元代又出现，明清时期成为少数民族的泛称，可见《宗谱》作“远近夷苗”明显有明清时期的痕迹。僚与夷苗本来是有区别的，据当代民族史研究，僚一般是指魏晋至唐宋时期的越人和濮人的总称；而夷苗，当指夷和苗，夷，属于氐羌族系，苗，属于南蛮族系。从前后文看，以上四种族系的族群在宋代思州地域内都有。

［6］ 田祐恭祠，（嘉靖）《思南府志》卷四记为“少师庙”云：“其神即田祐恭也。其后裔田宗鼎建以祀之，年久圮废，遗址在今兵备道前左。嘉靖十年知府张镖以置社学。”思南府少师祠虽明初方建，然当由来已久也。

36.《府志》：初，公之未亡也，夷栅[1]种族或相仇杀，其寨首领谕以祸福，凌以军旅，终莫能折服其心，惟示公之文押，则皆惊曰：“吾父知也。”遂不敢动。其威瞻夷狄[2]如此！[3]

《宗谱》：初，公之未亡也，夷獠种类或相仇杀，其寨首领谕以福善祸盈，为利为害，凌以军旅，势莫能慑服，惟执公之符券字押，群皆惊讶，遂不敢擅动。其威风服乎夷獠，虽死犹生。

考释：

［1］ 夷栅，《宗谱》作“夷獠”，当是。

［2］ 夷狄，《宗谱》作“夷獠”，当是。

［3］ 此整段文字《府志》与《宗谱》文字出入较大，以《宗谱》文字比较合理。

37.《府志》：呜呼，公之为人，生为夷民信服，死为夷民钦畏，可谓安边之良将也。

《宗谱》：呜呼，公之为人，生为夷民信服，死为夷民钦畏，可谓神武过于人，安邦之良将也。

38.《府志》：观谨依事实叙之，以俟大手笔铭焉。绍兴二十六年冬月吉日，于观撰[1]。

《宗谱》：观谨依事实叙之。

考释：

［1］ “以俟大手笔铭焉。绍兴二十六年冬月吉日，于观撰”句《宗谱》和《续志》均无载。绍兴二十六年，即1156年，田祐恭葬后两年，参看前第5条。从《府志》整个墓志铭看，大致可分为五部分。第一部分（1—5条），交代撰写墓志铭的背景和有关事宜；第二部分（6—9条），回顾田祐恭以前思州田氏列祖迁徙发展的历史，着重于田氏与朝廷的关系，但与史实多有违逆，《宗谱》和《续志》均无此部分；第三部分（10—26条），按时间早晚叙述田祐恭的生平事迹，基本符合史实；第四部分（27—37条），详细补叙田祐恭事迹，与前部分互为补充，比较可靠；第五部分，歌颂之铭文。我认为，于观真正撰写的仅为第一部分和第三部分，其文例整齐，削笔精当。第四部分当是辑录门人李庄平昔所记之事实片段，文字上未作过多修饰，故于观自述说“谨依事实叙之”。又说“以俟大手笔铭焉”，看来铭文部分，也非于观所撰。而第二部分可能采自田氏谱牒，这部分正如靖道谟所谓“其文词鄙俚，不似宋人手笔”，其着重于记录田氏服从于朝廷的朝贡和征调，明显地受到土司时代观念的影响，而与田祐恭及其以前的田氏被宋朝作为流官来看待的现实是格格不入的。至明嘉靖年间修《思南府志》时，已有人补作第二部分和铭文，并托名于观，遂合成一文，形成定本，并落名为“朝请郎知重府行夔州路提刑提举事黔州别驾于观撰”。据思州田氏发展历史推测，这个定本当在元末明初田氏二房分据思南之地，为其合法性寻求历史根据而作①。《宗谱》世系部

① 参见叶成勇著：《关于贵州岑巩县木召古城的再认识》，《地方文化研究》2014年第3期；叶成勇著：《两件元代思州田氏土司的刻文考释》，待刊稿。

分及所载墓志铭则又是对《府志》墓志铭作了再次修改，其“永隆年事”、“武略将军”、“复起”等处正是改作的痕迹，其余改作之处还可见以下各条的考释。

39. 铭曰：维思为州，实古黔中[1]。田氏世领，肇唐永隆。[2]有闻家声，[3]刻铭在钟。传逮正允，当宋熙丰。[4]夷乱剪寇，[5]庸亢厥宗。云聚鸦散，军虓臣雄。[6]庆流三世，[7]生少师公。

《黔记》：维思为州，实古黔中。田氏世守，肇唐永隆。有闻家声，铭刻在钟。传逮正允，当宋熙丰。夷乱剪寇，庸亢厥宗。云聚鸦散，军虓臣雄。庆流三世，生少师公。

《宗谱》：维思为州，实古黔中。田氏世守，肇唐永隆。有闻定声，铭刻在钟。传逮正允，当宋熙丰。除乱剪寇，庸亢厥宗。云聚鸦散，军彪臣雄。庆流二世，生少师公。

《续思南府志》：维思为州，实古黔中。田氏世守，肇唐永隆。有闻家声，铭刻在钟。传逮正允，当宋熙丰。除乱剪寇，庸亢厥宗。云聚鸦散，军虓臣雄。庆流三世，生少师公。

考释：

［1］ 思州地区在秦为黔中郡辖地，唐天宝、至德时曾改黔州为黔中郡。

［2］ 田氏世领，肇唐永隆。世领，其他文献皆作“世守”。据1972年在遵义高坪出土的南宋末年《播州安抚使杨文神道碑》，有“杨氏世守此土”、“许以世守”之语，故“世守”应为宋元时期的常语①。而“世领”一词乃土司时代的观念，由此也可见《府志》铭文非于观原作。“田氏世守，肇唐永隆”一说与《黔南田氏宗谱》世系一致，然与史实明显抵牾，前第7条考释［6］已辨明。可见这个铭文当是田氏后来在修谱时所作，《黔记》就直言此铭文为安少保作。再者，《黔南田氏宗谱》前载有宋绍兴二十三年春正月吉旦《少师公家谱原序》，这里有两个矛盾的地方：一、少师公乃田祐恭逝世后赠官，此称一定是绍兴二十四年他死后的事情，二十三年他仍活着，何来少师公之称？二、“绍兴二十三年春正月吉旦”这种用语，为明清时期，尤其是清代民间树碑修谱常用，宋元时罕见。假如田祐恭身前（绍兴二十三年）确是修过家谱，也写过序，后人再修谱时因尊称而有《少师公家谱原序》之文，又按后来记时日方式落款。果若此，那么《宗谱》还载有清康熙年间的

① 《播州安抚使杨文神道碑》，载贵州省博物馆编：《贵州省墓志选集》，内部资料。

《续光裕宗谱序》，其中提到田氏谱牒修订自宋重和初赠开府仪之少师公始，这又与于观所述田祐恭事迹相违背，因为开府仪同三司、少师、思国公都是田祐恭死后赠官。看来，于观根本未见田氏谱牒，田祐恭身前修谱实在可疑。前面第7、8、9条分别详细分析了《府志》墓志铭与《宗谱》世系之间的矛盾，若田祐恭确实修谱，也不至于对其父与祖之名都不清楚，以致混乱。所以田祐恭死后两年于观撰写墓志时，根本未见过当时田氏家谱，也不可能撰写田氏家谱。又《黔记》所载，源于《府志》，郭子章凭其史学见识，径改《府志》的个别明显错误，如改"剌州驻扎"为"利州驻扎"(见第18条)。而有不少地方的改动不知可否，实难确信，如改"潦南"为"溱南"(见第8条)、"田定基"为"田定募"(见第9条)、"播州兵"为"播州边"(见第14条)、"边面巡检"为"边西巡检"(见第18条)、"中亮大夫"为"中允大夫"(见第21条)，其中这后两条是明显被误改了的。更重要的是，《黔记》中增加了思州田氏始祖田克昌立功于唐永隆年的说法，明显不符合史实。然而，这第14、21两条被改之处连同永隆年之说，均在《宗谱》中保留。可见，郭氏误改在先，田氏家谱袭误在后。这说明，在郭子章修撰《黔记》时，《黔南田氏家谱》并未完全定型为今所见的面貌。

［3］ 有闻家声，唯《宗谱》作"有闻定声"，"家"、"定"二字形近而误。刻铭，或作"铭刻"。

［4］ 传逮正允，当宋熙丰。熙丰，即北宋神宗熙宁元丰年号(1068—1085)。依《宗谱》世系，田正允(978—1065)，为宋太宗太平兴国三年至英宗治平二年时人，与事实明显不合。若于观真的见过田氏家谱，并以此作此铭，以其才学当不会犯此等常识性错误。

［5］ 夷乱剪寇，《黔记》同，《宗谱》、《续思南府志》作"除乱剪寇"。夷、除，皆平定之义，改"夷"为"除"，显得更通俗一些。

［6］ 军虓臣雄，虓，同"枭"，勇猛貌，唯《宗谱》作"军彪臣雄"，虓、彪二字形近而误。

［7］ 庆流三世，唯《宗谱》作"庆流二世"。《府志》墓志铭所记的世系为：田正允——？(字迹模糊不可辨)——定基——田祐恭，自然应作"三世"才对。《宗谱》作"二世"，依《宗谱》载世系：田正允——田士儒——田祐恭，自然应作"二世"才对。这个矛盾也表明田祐恭时未修过谱牒，而且，后世的《府志》铭文和《宗谱》所记世系各有所据。可见，撰写这个铭文时，田祐恭之前的世系未统一成今《宗谱》的样式，故与后来田氏谱牒之书所载互有出入。

按：我们大致推测，田祐恭支系的谱牒在元末明初由田氏二房修订后，到郭子章手中有所修改，郭子章之后又有不断的修改。元末明初田氏长房也可能修过族谱，而形成与二房所修的不同版本。《思南府志》墓志铭所载当是直接沿袭二房版本，贵州省博物馆藏《黔南田氏宗谱》所录之《祐恭祖墓志铭》①可能是源自长房所修版本。在元末明初，长房与二房势同水火，互不相容，这些会明显地影响到族谱内容的修撰。永乐十一年，思南、思州两司土司改流后，田氏矛盾有所缓解，两个版本可能走向融合。且田氏支系繁多，除此之外，还有别的版本，如道光二十七年贵州布政使罗绕典撰《黔南职方纪略》，于卷八《土司下》思南府随府办事六品长官"田氏条"则云："其先陕西蓝田人，唐末为思州刺史，五代时黔南陷落，田氏世守思州，兼有今思南、石阡、镇远、铜仁、思州地。传至三凤，宋代授安抚使，数传至仁，洪武五年改授思南宣慰使，传至宗鼎。永乐十一年改土归流，以其地为思南府，授宗鼎子为随府办事长官，又传至仁溥。"所谓田三凤在宋代授安抚使之事，爱必达《黔南识略》卷十六《思南府》则云"宋时田二凤以功授沿边溪洞军民宣抚司"。可见谱牒之书所载颇多歧出，可能反映的是田氏同源异流中的不同支系的历史记忆和记述，其中不乏后人重构的成分，与《府志》、《族谱》所载宜合而观之。

40. 子礼其字，讳曰祐恭。孝不辞难，代父匪躬。冉万四族，歆梁蛸蛉。[1]戮于藁街[2]，资公折冲。解卜漏围，晏州讨凶。安宁播城，遏绝维聪。乡国连筑，白沙退戎。击走郭希，挫桑仲锋。不一其书，韪[3]哉骏功。再朝阙廷，晋接春容。锡赐承宣，赠开仪同。踵冠三少，剖符腰金。治郡国域，禄厚爵穷[4]。策勋立业，无愧始终。少师之生，勇气贯虹，死而不泯，神民与通。旗帜显隐，悦犹公逢。[5]

《黔记》：子礼其字，讳曰祐恭。孝不辞难，代父匪躬。冉万四族，跳梁蛸蛉。戮于藁街，资公折冲。解卜漏围，晏州讨凶。安宁播城，遏绝惟聪。乡国连筑，白沙退戎。击走郭希，挫桑仲锋。不一其书，伟哉骏功。再朝阙廷，晋接春容。锡赐承宣，赠开仪同。踵冠三少，剖符腰金。治郡国域，禄厚爵隆。策勋立业，无愧始终。少师之生，勇气贯虹，死而不泯，神明与通。旗帜显隐，恍犹公逢。

《宗谱》：子礼其字，讳曰祐恭。孝不辞难，代父匪躬。冉万四族，跳梁蛸蛉。戮于草街，资公折冲。解卜漏围，晏州讨凶。安宁播城，遏绝惟聪。乡国连筑，白

① 《祐恭祖墓志铭》，载《黔南田氏宗谱》，贵州省博物馆藏，1956年岑巩县公安局捐赠。

沙退戎。击走郭希，挫桑仲锋。不一其书，伟哉骏功。再朝阙廷，晋接春容。锡赐承宣，赠开仪同。剖符郡国，禄厚爵穹。策勋立业，无愧始终。少师之生，勇气贯虹，死而不泯，神明与通。旗帜隐显，恍犹公逢。

《续思南府志》：子礼其字，讳曰祐恭。孝不辞难，代父匪躬。冉万四族，跳梁蛸蛉。戮于藁街，资公折冲。解卜漏围，晏州讨凶。安宁播城，遏绝惟聪。乡国连筑，白沙退戎。击走郭希，挫桑仲锋。不一其书，伟哉骏功。再朝阙廷，晋接春容。锡赐承宣，赠开仪同。剖符郡国，禄厚爵穹。策勋立业，无愧始终。少师之生，勇气贯虹，死而不泯，神明与通。旗帜显隐，恍犹公逢。

考释：

［1］　散梁蛸蛉，散字，其他三种文献都作"跳梁蛸蛉"，意思通俗易懂。

［2］　"藁街"，唯《宗谱》作"草街"，与《宗谱》所载相应的墓志正文同，这也说明两个版本的铭文各有所本。

［3］　韪哉骏功，其他三种文献均篡改"伟哉骏功"。韪，有是与善两种意义，这里强调其行为的正义性，韪哉，修饰骏功。而改为"伟哉骏功"，伟和骏皆有高大之义，前后显得重复，没有表明一种正义性，实乃改之欠妥！

［4］　禄厚爵穷，《黔记》作"禄厚爵隆"，改"穷"为"隆"。这四句中的金字属侵部韵，而穷字与其他每句末字都属东部韵，明显不叶韵，有误。另外两种文献仅两句，为"治郡国域，禄厚爵穹"，穷、穹又因字形近而误，明显可以看出是对前一铭文的篡改。

［5］　显隐，墓志正文作"隐显"，前后刚好相反。唯《宗谱》铭文作"隐显"，这种现象缘于篡改时的不仔细，实不知孰是。"悦犹公逢"，其他三种文献均作："恍犹公逢。"悦与恍，逢与逢，皆字形近而误，应当作恍、逢。

41. 溪夷震讋，风静四封。[1] **何以致之，曰惟一忠。咨以云来，**[2] **无忝乃翁。监此诗铭，**[3] **永永无穷。**

《黔记》：溪夷震讋，风静四封。何以致之，曰惟一忠。资以云来，无忝乃翁。鉴此哀铭，永永无穷。

《宗谱》：溪彝震慑，克靖四封。何以致之，曰惟一忠。咨以云来，无忝乃翁。监此哀铭，永永无穷。

《续思南府志》：溪彝震慑，克靖四封。何以致之，曰惟一忠。资以云来，无忝乃翁。鉴此哀铭，永永无穷。

考释：

［1］ 溪夷震讋，风静四封。“溪夷”，《黔记》同，《府志》正文作“溪夷”（第35条）。《宗谱》与《续思南府志》作“溪彝”。然而《宗谱》墓志正文则作“汉夷”，此处因袭《府志》铭文“溪夷”之误，《黔记》改之未能彻底。“风静”，《黔记》同，《宗谱》、《续志》为“克靖”。所谓“风静”指田祐恭死后，仍以其声誉风化整肃土著之义，而改为“克靖”重在军事压制，少了风教这一层含义。

［2］ 咨以云来，《宗谱》同，《黔记》与《续志》作“资以云来”，当是。资，即资历、资望之义，因形近而误作“咨”。

［3］ 监此诗铭，《宗谱》作“监此哀铭”，《黔记》与《续思南府志》作“鉴此哀铭”，实不知孰是。

42. 朝请郎，知重府，行夔州路提刑提举事、黔州别驾于观撰。

考释：

此落款与前面第38条落款有重复，但又明显不同。撰者于观职官罗列整齐，当为元末明初时田氏二房为了分据思南之地，撰写田祐恭之前田氏世系（第二部分）和铭文（第五部分）时，与于观原文合成一文后所补录。为了使其更加有说服力和影响力，托名于观。

传统彝族经籍的特征及其在彝族古籍中的地位[①]

◎ 王明贵[②]

一、彝族传统经籍的特征

（一）彝族传统经籍起源早

彝族宗教经籍包含两种形式的经籍，即以彝文书写的书面形式的经籍和以口碑形式传承的口头传统文献。一般说来，口头传承的言说比书面文本为早。至于各个民族的口头言说比文字记录和创造的文本要早多少时间，情况很不一致。以汉族为例，口头言说可能从汉语产生的时期就有了，而书面文字却只能以汉字产生的时间来推定，也就是说，不会早过甲骨文产生的时代，即殷商时期，因为甲骨文是现在能够判定的汉字最早的形式。

彝族的口头言说，包括了各种神话、传说、民间故事，特别是产生年代较早的原始宗教卜筮辞、祭祀辞、祝咒辞等等。那么，彝族传统口碑文献特别是有关原始宗教的口头言说，自然要以原始宗教产生的时期来判定。现在最为权威的对早期宗教生活的判断，是法国文化人类学家、法国社会年鉴学派的代表杜尔凯姆（也译作涂尔干，下同）在他的名著《宗教生活的初级形式》中，所给出的“图腾崇拜是宗教生活的最初形式”的论断[③]。彝族有图腾崇拜，而且根据各个氏族组织情况的不同，各个氏族所崇拜的图腾物又各不相同。根据杨和森在《图腾层次论》中的研究，彝族的图腾崇拜还有层次区别，其中虎为彝族的原生图腾，并且以黑虎为图腾[④]。其他的图腾则是演生图腾。他说：“我们之所以说虎为彝族的原

---

① 基金项目：本文是作者主持的国家社科基金一般项目“彝族传统经籍文学研究”（项目编号：12BZW139）的阶段性成果。

② 作者简介：王明贵，男，彝族，贵州工程应用技术学院彝学研究院院长，研究员。

③ 夏建中著：《文化人类学理论学派——文化研究的历史》，北京：中国人民大学出版社，1997 年版，第 100 页。

④ 杨和森著：《图腾层次论》，昆明：云南人民出版社，1987 年版，第 9 页。

生图腾，主要在于彝族以虎族（罗罗）自命，把虎和自己的氏族和民族视为一体，视祖先为母虎（罗摩），认为自己死后也要还原为虎。”[①]“图腾有原生、演生、再演生乃至多次再演生等多层次形态。彝族的虎图腾是保留其先民古羌戎的原生图腾，其他图腾都是虎图腾的演生、再演生乃至多次再演生的图腾。这些通过多次再演生出现的图腾在特定的社会条件下仍能继续演生出新的图腾。古老的原生图腾经过多次演生之后，亦只徒具图腾躯壳，渐失其图腾实质，乃至被人们遗忘。”[②]由此可知，彝族很早就有图腾崇拜，这必然伴随一定的仪式活动。这些仪式活动，会留下一些祭祀、纪念性的言辞，而这些言辞，有的会不断传承下来，形成一些民间口头祭献辞，或者被掌握祭祀权的族长、祭师等保存下来，形成宗教口碑经籍文献，结合彝文的发明和使用，或者其他记录工具的发明，从口传形式向书面形式转变。例如，《彝族毕摩经典译注》第五十二卷《母虎神祭辞　楚雄彝族口碑文献》[③]，就是这样形成和流传下来的。根据杜尔凯姆的理论和杨和森的研究，这类宗教经籍，应该算是彝族传统宗教经籍中最早的一类经籍了。

当然，根据弗雷泽在其巨著《金枝》中提出的“人类智力发展经过巫术、宗教、科学三阶段”的理论[④]，在宗教时代之前，似乎还应该有一个巫术时代，巫术虽然不是严格意义上的宗教，但它是宗教的前身。在彝族传统社会中，有从事传统宗教活动的毕摩，他们有用彝文创作、抄写和传承的经籍；同时也有从事巫术活动的苏尼，他们只为病人跳巫舞驱鬼、逐疫，没有经籍也不使用经籍[⑤]。多数人认为苏尼的产生比毕摩要早[⑥]。其中的依据之一，就是苏尼从事的是巫术活动，而毕摩则有系统的祭祀、仪式活动程序和书面经籍的使用与传承。这从一个侧面反映了当下仍然传承在彝族传统社会中的有关巫术和宗教的口碑文献，也许比书面的彝文传统经籍还要早一些出现。这样的经籍，在一百零六部《彝族毕摩经典译注》中，除了上述《母虎神祭辞》这部应该是最早的文献之一以外，还有《第二卷　祭神祈福经　南华彝族口碑文献》、《第二十卷　丧礼祭辞　楚雄彝族口碑文献》、《第二十一卷　丧礼祭经　禄丰彝族口碑文献》、《第二十二卷　颂魂经

---

① 杨和森著：《图腾层次论》，昆明：云南人民出版社，1987 年版，第 96 页。

② 杨和森著：《图腾层次论》，昆明：云南人民出版社，1987 年版，第 97 页。

③ 参阅楚雄自治州人民政府编，夜礼斌、杨洪卫主编：《彝族毕摩经典译注》第五十二卷，昆明：云南民族出版社，2009 年版。

④ 黄淑娉、龚佩华著：《文化人类学理论方法研究》，广州：广东高等教育出版社，2013 年第四版，第 41 页。

⑤ 王明贵著：《彝族》（中国少数民族人口丛书），北京：中国人口出版社，2013 年版，第 51—58 页。

⑥ 孟慧英著：《彝族毕摩文化研究》，北京：民族出版社，2003 年版，第 37 页。

广西那坡彝族口碑文献》、《第三十七卷 丧葬祭辞 永仁彝族口碑文献(一)》、《第三十八卷 丧葬祭辞 永仁彝族口碑文献(二)》、《第三十九卷 丧礼祭辞 南华彝族口碑文献》、《第五十一卷 丧葬祭经 楚雄彝族口碑文献》、《第五十二卷 母虎神祭辞 楚雄彝族口碑文献》、《第五十三卷 丧葬祭经 姚安彝族口碑文献》、《第五十四卷 丧葬祭经 牟定彝族口碑文献》、《第五十五卷 祭祀经 巍山南涧彝族口碑文献》、《第七十卷 祭祖经 大姚彝族口碑文献》、《第八十五卷 丧祭经 漾濞彝族口碑文献(一)》、《第八十六卷 丧祭经 漾濞彝族口碑文献(二)》、《第九十一卷 教路经 南华彝族口碑文献》、《第九十七卷 丧葬经 大姚彝族口碑文献》,合计十八卷[①]。这些还不包括为毕摩收集、抄写、翻译或者整理的其他口碑文献(如果加上这些,一共有二十卷)。可见这类口碑经籍在彝族传统社会中,留存的数量不少。在这一百零六卷中占据的数量是十八卷,约为六分之一。

从语言的发明,到文字的发明,是一个有先后顺序的历史过程。应该说,没有哪一种文字是出现在语言之前,因为学术界普遍的观点都认为,文字是记录语言的工具。由此推测,口头文献,如果是发生在人类文明史早期的口头言说,它要比用文字记录的文献要早。同一文献的产生,在没有文字之前,必然先以口头的形式传承,然后才笔之于书,用书面的形式传承下来。后来有了文字这个有力的工具,有的文献的创作才直接用文字的形式创造和传承。因此,从一百零六卷彝族毕摩经典中尚有十八卷之多的口碑文献的情况来分析,彝族宗教经籍起源已经很早了,在彝族开始有巫术的时期、有图腾崇拜的时期,已经有了彝语经籍的创作和使用。

(二) 彝族传统经籍传承的历史长

这个历史时期有多长,可以从经籍产生的时期,一直计算到当代即 21 世纪,因为凡是毕摩所用的彝族传统经籍,在彝族当代社会特别是以传统的生活方式聚居或者杂居的区域,都还在被使用和传承着。

具体来说,彝族进入文明时期后,就有了宗教经籍的创制和传承。而人类文明史的考证,还有许多需要确证的工作要做。就以汉族进入文明时期的历史而

---

① 见楚雄自治州人民政府编,夜礼斌、杨洪卫等主编:《彝族毕摩经典译注》相关卷,昆明:云南民族出版社,2007—2012 年版。

言，现在多数中国的历史学家和广大中国人，都是言必称中华文明 5 000 年，而外国的一些学者却对此还有一些质疑之声，认为中国的文明史只有 3 500 年。比较普遍的计算方式，是以人类发明文字、建立制度、建立国家或者城邦，作为人类进入文明时代的标志。按摩尔根的《古代社会》的研究成果，文字的发明和使用是人类进入文明时期的主要标志①。中国有成熟文字体系，以陕西西安半坡出土的刻画文字符号为一个重要标志，而这一文字刻画符号，是中国殷商时期的产物，距今 3 500 年左右。

有个彝族老毕摩叫李八一昆，他不懂汉语，也不认识汉字。彝族作家李乔拿着西安半坡的刻画文字符号去找他认读，他也能够用传统彝文识读出大部分②。龙山文化中的一些陶刻字符，也可以用彝文进行识读③。中国境内的一些古文字、古刻画符号，也有专家能够用古彝文即传统彝文进行识读。有专家将之与世界上其他文字体系作比较，提出了"古彝文是世界文字的始祖"的观点④，引起学术界的关注。因而有专家经过用古彝文与中国发现的文字刻画符号的比较研究，提出了中华文明有万年历史的观点⑤。中华文明，当然包括了彝族文明，用彝族文字能够识读的那些刻画符号，是一个有力的佐证。

人类进入农业时代的历史，是一万年左右。历法是人类观测自然、指导农业生产的重要智力成果。《夏小正》证明中国在夏朝时期的农业文明已经相当进步。而泰勒的关于"万物有灵"的理论的提出，是对人类灵魂观念的最早的研究成果。在彝族尚在流传的口碑文献中，有专门的将粮食与灵魂观念联系在一起的口碑经籍，即在一百零六部《彝族毕摩经典译注》中，有专门的《双柏彝族口碑文献》一部，其中有一卷《招粮魂经》⑥，可见彝族在进入农业时代的时候，将粮食与灵魂观念一并联系起来，创作了招粮食灵魂的经籍。这一成果说明了彝族最早的宗教经籍，有可能与人类进入农业时代的时期相当，上限可以推测到一万年左右。当然，需要说明的是，这只是一个大胆的推测。

① 夏建中著：《文化人类学理论学派——文化研究的历史》，北京：中国人民大学出版社，1997 年版，第 32 页。

② 李乔著：《一个千古难解的哑谜》，《彝族文化》1991 年年刊；李乔：《三论半坡陶文》，《凉山彝学》2000 年第 10 期。

③ 冯时著：《龙山时代陶文与古彝文》，光明日报，1993 年 6 月 6 日(5)版。

④ 刘志一著：《古彝文——世界文字的始祖》，《凉山彝学》1997 年第 7 期。

⑤ 参阅朱琚元著：《中华万年文明的曙光》，昆明：云南人民出版社，2003 年版。

⑥ 见楚雄自治州人民政府编，夜礼斌、杨洪卫主编：《彝族毕摩经典译注》第六卷，昆明：云南民族出版社，2007 年，第 215—300 页。

虽然还不能确证中国境内发现的有万年历史的刻画符号就是文字，无论是古汉字还是古彝文，但是可以确定的是，在万年之前，人类就有了发明文字记录语言或者思想的行为。而那个时候，人类无疑已经有了语言。同时，进入农业文明时代是人类的一大进步，长期生存于中国南方地区的彝族先民，同样有农业历史和畜牧业历史。用于古代传统生活中的种种巫术与宗教，也势必离不开经籍的创制和使用，无论它是口头的还是文字的。因此，如果可以大胆推断，彝族传统宗教经籍的传承历史非常久远。

（三）彝族传统经籍使用覆盖的人群数量大

彝族传统经籍的使用，要从两个层面上来看待。一个层面是使用彝族传统经籍的主体，一个层面是彝族传统经籍使用时的受众。

1. 彝族传统经籍的主体

从使用彝族传统经籍的主体的层面上来说，可以分为三个部分：毕摩、摩史、普通的熟悉彝族传统宗教生活的民众。

毕摩。毕摩是彝族传统宗教生活中不可或缺的人物，它在彝族传统宗教生活中起着主要的作用，即无论是举行什么正式的宗教生活仪式，一般都离不开毕摩。毕摩通过各种仪式，使用各种牺牲、器物、法具，念诵相关的经文，对不同的宗教生活通过相关的程序，以此达到一定的目的。其中，对经籍的使用，可以说是所有正式仪式中都要涉及的。反过来说，如果没有使用相关的经书，在彝族传统生活中举行正式仪式是不可想象的事情。因此，可以说，没有彝族传统经籍的毕摩是没有的，没有彝文经籍的毕摩就不是毕摩。在传统社会的彝族人的心目中，拥有经书的多少，往往是人们评价毕摩地位的一个重要标准。经书越多的毕摩，往往社会地位也越高。前面述及的贵州省黔西北地区的毕摩，经书多的也往往是地位高的毕摩。在四川省凉山彝族自治州的一个统计中，一般毕摩通常拥有四五十卷经书，经书最多的毕摩，往往拥有二三百卷经书[①]。需要指出的是，在贵州的经籍中，一部经籍往往由许多卷经书组成。例如《爨文丛刻》中的《献酒经》，是目前所发现的《献酒经》类经籍中，收集的经书卷数最多的文本[②]。

摩史。摩史既具有毕摩的职能，还具有其他重要的外交、社交职能。（光绪）

---

① 阿牛史日、吉郎伍野著：《凉山毕摩》，杭州：浙江人民出版社，2007 年版，第 90 页。
② 王明贵、王小丰著：《增订〈爨文丛刻〉中的〈献酒经〉研究》，《毕节学院学报》2014 年第 2 期。

《大定府志》中记载的摩史的职能，是“掌文字之伐阅，歌宣颂之乐章”，其实这里记载的是彝族官府中的摩史的职能。摩史在官府中还有外交的职能。在“改土归流”之后，彝族失去了统治政权，官府的摩史回到民间，有的成为毕摩，拥有了彝文经籍，同时还记录和创作了新的彝文书籍。他们平常像毕摩一样服务民众、大姓，在参与吊唁等活动的时候，他们被客方请去参加吊唁时的身份，与丧家即主家毕摩身份相对应，就变成了摩史，代表客人一方与主人家的毕摩相酬答。因此，摩史掌握的彝文经籍，绝大多数也是彝族传统的经籍。

普通彝人。有一些普通民众，家世并不是世袭的毕摩，家中也没有学习做毕摩和摩史的人，但是也会拥有一些经籍。这些经籍的来源，有的是亲戚转移过来的，有的是家族中转移过来的。例如，笔者在 1999 年 6 月到贵州省纳雍县董地苗族彝族乡尖山村嘎吉寨调查，该处陈国良家拥有 15 册毕摩经书[①]。他家没有人做过毕摩，也没有告诉笔者这些经书从何而来。这些经书大部分已经朽坏，且不愿意转让给政府机构或其他人，就这样任其毁坏了。从另外一个角度上看，许多民间信仰，包括一些简单的宗教仪式需要的言说、祭献之辞、祓禳之语，也作为口碑经籍文献，广泛地保存在普通的彝族民众之中。

由此可以看出，彝族传统经籍，并不只是毕摩所拥有，摩史和彝族普通民众中，也有部分传统经籍的收藏。虽然在普通民众中收藏有传统经籍的情况极少，但是也说明了彝族传统经籍在专业的毕摩、摩史中是必备的典籍，在彝族民众中也可以发现经籍的藏本和大量的口碑经籍文献。人民群众的创作与传承，是彝族经籍文学的一个重要的组成部分。

2. 彝族传统经籍使用时的受众

彝族传统经籍使用时的受众，无疑就是广大彝族人民。除了受到外来宗教的影响，改变自己传统宗教信仰的情况外，彝族人的一生，几乎没有不和毕摩打交道的人，也没有不经过毕摩使用彝族宗教经籍就能走完一生的人。特别是人生结束的时候，如果没有毕摩主持丧祭活动，念诵《献酒经》、《解冤经》、《指路经》等经籍，洁净灵魂，指引去路，等于彝人的一生还没有找到最后的归宿，是一生中最大的不幸。因此，在彝族传统社会生活中，没有不接触传统经籍的人。

（四）彝族传统经籍分布的地域广

彝族自古以来居住的区域主要是西南地区。进入现代社会以后，彝族在全

---

① 王明贵著：《鹰翎撷羽》，香港：香港天马出版有限公司，2005 年版，第 183—188 页。

国各地流动,全国各个省市区都有彝族分布。根据2010年第六次人口普查的情况看,云南彝族人口有504万多人,四川有254万多人,贵州有84万多人,是彝族人口最多的三个省。其次,在广西壮族自治区、重庆市,常住彝族人口也在万人以上。而流动彝族人口最多的省市有浙江省、广东省、山东省等[①]。但是彝族人口在当代社会分布的广泛性,并不能说明彝族传统经籍的分布的广泛性。彝族传统经籍的分布,主要在云南省、四川省、贵州省、广西壮族自治区和重庆市等传统彝区,其次是北京市等首都地区和一些高等学校、研究机构较为集中的地区。因此,说彝族传统经籍分布的地域广,首先是指在彝族传统生活区域即滇、川、黔、桂、渝各省市区,都有分布,然后才是指北京等地有收藏,再次是指国外的一些机构如法国、英国、美国、日本、越南等也有收藏。也就是说,彝文经籍的分布,在国内主要在西南的滇、川、黔、桂、渝五省市区和北京市等地,而国外主要分布在欧洲的法国、英国,美洲的美国,亚洲的日本、越南等国家,分布的地域是十分广泛的。

(五)彝族传统经籍数量多

根据现在已经公开的出版物和一些报道,全国的彝文古籍的数量,在一万册以上[②]。但是实际上并不止这个数目。例如贵州的情况,毕节市境内散藏的彝文古籍有5 000多册,六盘水市散藏的彝文古籍有7 000多册;而贵州有16个机构收藏有彝文古籍8 000多册;仅是毕节市彝文文献翻译研究中心(原毕节地区彝文翻译组)收藏的彝文古籍就有5 000多册[③]。如果将这些数字加总计算,也有20 000多册。另外,清华大学图书馆等单位还收藏有251册,国家图书馆收藏有507册,整个北京地区收藏有彝文古籍1 100册[④]。经过对全国各地发现的彝文古籍收集、收藏情况的粗略统计,全国的彝文古籍应该有数万册之多[⑤]。另外,在法国境内收藏的彝文古籍有73册,英国有8册,美国、日本、越南等国家也有收藏[⑥]。

---

① 王明贵著:《彝族》(中国少数民族人口丛书),北京:中国人口出版社,2013年版,第1、61页。

② 朱崇先著:《彝文古籍收藏情况和问题》,《贵州彝学》1991年第3期,载朱崇先:《彝族典籍文化》,北京:中央民族大学出版社,1994年版。

③ 陈乐基、王继超主编:《中国少数民族古籍总目提要——贵州彝族卷(毕节地区)》,贵阳:贵州民族出版社,2010年版,第5页。

④ 徐丽华主编:《北京地区彝文古籍总目》,北京:民族出版社,2011年,第258页。

⑤ 王明贵著:《彝文古籍状况述要》,《贵州文史丛刊》2002年第2期。

⑥ 徐丽华主编:《北京地区彝文古籍总目》,北京:民族出版社,2011年版,第257—258页。

据四川省凉山彝族自治州美姑县“中国彝族毕摩文化研究中心”2008年提供的一个数据，当年整个美姑县的彝族人口不足20万人，全县却有1 500多名毕摩，确实称得上是“中国毕摩之乡”。按照阿牛史日、吉郎伍野合著的《凉山毕摩》中的统计，每个毕摩少则有四五十卷彝文经书，多则有二三百卷彝文经书，则以最大数量计，整个美姑县2008年有75 000多卷彝文经书，最少也有60 000卷彝文经书。这个庞大的数量确实十分惊人。但是，应该明白，这些经书多数是师徒传承的同一内容的不同抄本，从内容上讲，去除重复的部分，不会超过一个毕摩收藏的经书的最大数量，即三百卷。也就是说，这些经籍的内容，最多的有三百种，而不是75 000种内容。这就好像是一部《论语》的七万多种抄本或者印刷本，其内容都只是一部《论语》的内容，是一样的道理。

这些古籍，当然不能说全部都是传统经籍。但是根据彝族古籍内容的总体情况来看，特别是参照《彝文典籍目录》（贵州卷一）所收录的典籍的内容摘要[①]和《中国少数民族古籍总目提要·贵州彝族卷（毕节地区）》所收录的古籍提要[②]的情况来看，大部分都是彝族传统经籍。

（六）彝族传统经籍的创制主体以毕摩为主

毕摩是彝族传统的知识分子，在不同的历史时期，身兼不同的职能。在人类历史发展的早期阶段，毕摩曾经是酋长兼祭师的身份。后来成为“酋长左右斯须不可缺”的人物，是彝族古代“兹、摩、布”“三位一体”的政权结构中的“布”（即“布摩”），是统治集团中的重要人物。在清朝初年“改土归流”之后，彝族失去了统治政权，布摩即毕摩也不再是统治阶级中的一员，而成为为人民大众服务的彝族传统知识分子。

毕摩是彝族传统文化的主要创制者和传承人，他们对彝族文化的贡献是巨大的。在彝文古籍《物始纪略》中，记载着“有布摩就有史，有布摩就有书，有布摩就有文”的诗句，表明彝族的历史、书籍和文字，都是毕摩所创制。四川省凉山彝族自治州就有毕摩阿诗拉则创制了彝文，用彝文写下了许多彝族毕摩经书的传说。云南省也有毕摩通过插神枝得到启示，创制了彝族文字的记录[③]。在贵州

① 参阅陈长友、王继超、禄智义、陈开荣、陈朝贤著：《彝文典籍目录》，成都：四川民族出版社，1994年版。

② 参阅陈乐基、王继超主编：《中国少数民族古籍总目提要——贵州彝族卷（毕节地区）》，贵阳：贵州民族出版社，2010年版。

③ 张纯德著：《树枝文字——彝文起源新探》，载《彝学研究文集》，昆明：云南民族出版社，1994年版，第111—122页。

的《西南彝志》、《彝族源流》、《彝族创世志》等彝文史籍中，记载有彝族古代的大毕摩举奢哲、阿买妮创制文史的记录："举奢哲来讲，阿买妮记录；讲的讲不停，记录不停歇。"[①]

笔者在《彝族古代文学总观》一文中，对彝族古代文学进行过总结，认为彝族古代文学是"以经籍为载体，以诗歌为主体，以五言为形式，以三段诗为精华，以毕摩为主创，以人神为观照，以寻根为旨归"的观点[②]。对毕摩在彝族古代文学中的重要作用作了较为深入而切实的研究，这一观点得到了学界广泛的认可。而基于彝族古代传统经籍的文学，同样地，它的创制主体仍然是毕摩。

由于古代彝族一直没有发明印刷术，在明代以前，没有发现彝文古籍有印刷本的流传。明代虽然有木刻印刷本的彝文古籍《太上感应篇》，即《劝善经》[③]，清代也有木刻本彝文古籍《摩史苏》[④]，但是大量的经籍，却还是靠手抄的方法抄写。就是直到已经信息化、电子化的今天，彝语北部方言区的文字已经被规范为现代彝文，可以进行电子计算机输入[⑤]，但是许多毕摩的经书，还是用抄写的方法，来达到流传的目的。云南也开发了一些古彝文计算机输入法，但是至今流传的经籍，大部分还是用手抄的方法抄写。贵州的情况也是这样。这一是因为古彝文计算机输入法没有开发完成，也没有申请到国际标准区位码，二是因为彝文经籍的传授，在师传徒受的传统道德的要求中，都要求徒弟要亲自抄写。因此，至今流传和使用的彝文毕摩经书，实际上还是由毕摩自己抄写。

同时，应该看到，在当代各地的彝文经籍，除了已经被国家机构、科研院所、有关单位收藏的以外，民间散藏的彝文经籍，绝大多数都是在毕摩或者毕摩世家的后代手中。

（七）彝族传统经籍传播宽广

由于彝族在较早的历史时期就发明了文字，传统古彝文的超方言功能，使彝文经籍能够超越语言的障碍，得以在更加宽广的区域流传。

晋代常璩在其《华阳国志・南中志》中记载："夷中有桀黠能言议屈服种人者，谓之耆老，便为主。论议好譬谕物，谓之夷经。今南人言论，虽学者亦半引夷

---

① 王继超、王子国著：《物始纪略》（第三集），成都：四川民族出版社，1993 年版，第 207—208 页。
② 王明贵著：《彝族古代文学总观》，《民族文学研究》1999 年第 3 期。
③ 黄建明著：《彝文文字学》，北京：民族出版社，2003 年版，第 256 页。
④ 王继超主编：《摩史苏》，贵阳：贵州民族出版社，2001 年版，第 201—285 页。
⑤ 参阅沙玛拉毅著：《计算机彝文信息处理》，成都：四川民族出版社，2000 年版。

经。”这里的“耆老”，经专家考证，就是彝族毕摩[①]。而常璩所称的“夷经”，其中的一部分自然也就是毕摩经书，是彝族传统经籍。在那个时候，南方学者谈论事物，都要经常引用“夷经”，可见这些彝族传统经籍传播范围是十分宽广的。

彝族古代文艺理论也是在魏晋南北朝时期开始出现，并且出现了一个繁荣时期[②]。魏晋南北朝时期的彝族古代文艺理论家举奢哲有《彝族诗文论》等著作，同时期的阿买妮有《彝语诗律论》等著作，对当时和后世都产生了很大的影响。举奢哲和阿买妮都是著名的大毕摩，他们在诗文理论之外，还有许多经书流传于世。在佚名所著的《彝诗史话》中记载：“他们二人呀，白绸当纸写，所写的白绸，花花绿绿的，真是美丽呀。那些白绸上，像花儿正开，如百花争艳。在成都城时，那些陀宜人，看了很羡慕，他们用花纸，用黄纸抄下。只塔部族中，也有人羡慕，他们也抄去。本德孟布摩，也来借去抄。天师举奢哲，恒也阿买妮，他俩写的书，经古额布摩，他也借去抄，又抄又修订。在那时候的，五位大布摩，都来借去抄。奢哲的诗文，诗文遍天下；阿买妮诗音，诗音到处传。”[③]

无论是“夷经”，还是“诗文”，其实许多都是彝族毕摩所传承的经籍。因为就是大量的彝族诗文理论也是从毕摩世家传承的大量经籍中，选择有关诗文理论的部分，经过整理、翻译，介绍给当代人的[④]。

以上所述，虽然只是古代的情况，但也说明被称为“夷经”的彝族传统经籍，影响面十分宽广。如前所述，即使到了今天，世界的一些国家都还保藏有彝文经籍。而现代出版技术的不断发展，也推进了彝族传统经籍的传播。例如云南民族出版社出版的一百零六部《彝族毕摩经典译注》，就是一项影响很大的工程[⑤]。

二、彝族传统经籍的地位

（一）彝族传统经籍地位高

彝族传统经籍的主要收藏和使用者是彝族毕摩。毕摩在彝族传统社会中地位是相当高的，彝族谚语中有“君来师不起，师起伤君面”，“主来毕不起，毕起伤

---

① 余宏模著：《彝族布慕刍议》，《贵州文史丛刊》1981年第3期。

② 参阅康健、王子尧、王治新、何积全编：《彝族古代文论》，贵阳：贵州人民出版社，1997年版。

③ 漏侯布哲等著，王子尧翻译，康健、王治新、何积全整理：《论彝族诗歌》，贵阳：贵州民族出版社，1990年版，第12—13页。

④ 康健、王子尧、王治新、何积全编：《彝族古代文论》前言，贵阳：贵州人民出版社，1997年版。

⑤ 楚雄自治州人民政府编，夜礼斌、杨洪卫等主编：《彝族毕摩经典译注》一百零六卷，昆明：云南民族出版社，2007—2012年版。

主人"的谚语，其中的"师"、"毕"都是毕摩。同样地，彝文传统经籍在彝族古籍中的地位也是最高的，这不仅仅是因为这些经籍是由毕摩创制、收藏和传承的，还因为彝族对知识的崇拜[①]。知识崇拜的一个表象，就是对彝文古籍的看重。正如专家研究后指出："彝文文献的拥有象征财富、权力、精神。"[②]

彝族毕摩在收藏彝文古籍的时候，有种种特别的保护手段。例如收藏古籍的书箱，有的十分讲究，制作考究，内涵丰富，上面还写上彝文"知识神哺育，见识神守护"、"知天白鹤，通神黑鹰"等对联[③]。对于《玄通大书》(有的称为"署舍"、"署莫"或者"札署"等)一类的经籍，每到农历年终，毕摩要专门杀一只白公鸡进行祭祀，扯些鸡毛粘在书中，放到房屋的最高处供奉起来，不让一般人接触到。而对于其他彝文古籍，却并不需要每年都举行祭祀仪式。在一些正式的祭祀中，举行仪式之前，有的毕摩常常要举行一个简要的称之为"打处坛"的洁净仪式，用清洁水泼洒在烧红的石灰石上激发白色蒸汽，把需要使用的经书、法具等在蒸汽上进行"清洁"，清除经书、洁具等可能受到的污染，保证法事顺利、成功。

彝族传统经籍的地位高，还体现在有的统治者曾经用法律的形式，规定只有毕摩才准许收藏彝文古籍，一般民众不得私自收藏。彝文史籍《夜郎史传》记载的夜郎王武夜郎君长的20条法律中，第十四条明文规定：各种典籍均为毕摩掌管，凡私藏者严办[④]。在人类社会各个民族、族群中，以法律的形式专门规定某一阶层的专职人员才能保藏典籍，这恐怕是极其罕见之举，目前只有夜郎国有这样的规定。这从一个方面反映出彝族君长、彝族古代社会对典籍的重视程度。

不让妇女接触或者参加神圣仪式，是世界上不少地方的许多民族在历史上都发生过的事情。这并不是像现代人想象的那样是对妇女的歧视，而是人类的一些民族或者族群为了达到某种目的、保持某种神圣性或者高尚性的行为。彝族也有不让妇女接触经书的规矩，这在彝语的北部方言区现在还有此习俗。东部方言区的毕摩故事中，有一个关于著名毕摩眨眨昂里为乌撒君长做法事的故事，乌撒君长不仁要杀害眨眨昂里，当他背着经籍逃走的时候，乌撒君长在门上挂了妇女的裤子和裙子企图阻止他逃跑，如果他从门下逃走，其经籍将受到污

---

① 王明贵著：《彝族知识崇拜论》，昆明：云南大学出版社，《楚雄民族文化论坛》2008年第3期。

② 张公瑾主编：《民族古文献概览》，北京：民族出版社，1997年版，第112页。

③ 张纯德著：《一个内涵丰富的彝文专用书箱》，载《彝学研究文集》，昆明：云南民族出版社，1994年版，第162—165页。

④ 王子尧、刘金才主编：《夜郎史传》，成都：四川民族出版社，1998年版，第67—68页。

染，他本人再做法事也不会灵验。眨眨昂里只好将经书丢过墙头，自己翻越围墙逃离[①]。这也是表明经籍的地位很高，不能受到任何不洁净的事物污染的用意。

（二）彝族传统经籍代表了彝族人的真诚信仰

就好比《圣经》一般情况下能够代表基督教信仰，《古兰经》一般情况也代表伊斯兰教信仰一样，彝族传统经籍，一般也能够代表彝族对自己的传统宗教的信仰。对自己所信仰的宗教的真诚，往往也表达在对自己所奉为经典的经籍的真诚情感和意念之中。

同时，彝族对传统经籍的信仰，还源自其他的一些具有独特的民族特色的原因之中。一种情况是前面已经述及的对知识的崇拜思想，另一种情况是对彝族毕摩的信任。毕摩在彝族传统社会中曾经是与君长和大臣一起治理方国、土司政权的统治集团中的重要成员，即使是失去了统治地位之后，由于毕摩创造、掌握、使用和传承着彝族传统文化，以经籍为代表形式的传统文化基本上由毕摩所垄断，因此对毕摩的崇拜也往往延伸为对经籍的崇拜。而经籍的崇拜，就是彝族日常生活中的信仰生活的一部分。彝族传统意识中万物有灵、鬼神与人同在的思想观念十分突出，在生活中遭遇到什么与平常情况不相同的异常情况，特别是灾害、病痛、各种反常行为等，往往都怀疑是出现了鬼神的干预或者妖孽的侵害，一般都要请毕摩翻看相关经书，给予测查、验证是什么问题。就是作比较重大的决定时，如打冤家、造房屋、行婚嫁、出远门、搞交易等，也都要请毕摩测查一个好的日子。而毕摩所赖以测查的依据，就是翻看经书——主要是《玄通大书》，根据主人的情况给予定夺。《玄通大书》也常常被称为"金书"，有珍贵如金的含义[②]。对于通过翻看《玄通大书》所选择的日子、用牲等，没有哪一个事主会对之怀疑。

综上所述，彝族传统经籍是彝文古籍的主体，在彝文古籍中是起源最早、历史传承的时间最长、使用的人群最多、覆盖的地域最广、保有的数量最多、由在彝族传统社会中拥有崇高地位的毕摩创制、保藏、使用和传承、在彝族信仰生活中地位最高、被彝族人民奉为金子一般珍贵的经典，是彝族最为重要的典籍。因此，开展对彝族传统经籍的研究，特别是从文学人类学的角度进行研究，是认识彝族信仰世界、彝族传统生活、彝族文化传承的一个重要的方面。

---

① 中国民间文艺研究会贵州分会编印：《民间文学资料》(第六十八集)，内部出版，第119—121页。
② 马学良主编，罗国义审订：《增订爨文丛刻》，成都：四川民族出版社，1986年版，第576页。

贵州少数民族金石文献的现代意义

——基于黔南地区布依、苗、水、毛南、瑶族几块“榔规”碑的解读

◎ 樊　敏[1]

一、引言

金石文献，狭义的金石文献，专指以金、石为载体的文献。金指青铜器，其铭文又称金文或钟鼎文；石则含各类石料，包括石片、玉片、石鼓、石碑、摩崖等。广义的金石文献，则旁及甲骨、砖瓦、钱币、玉石等古代非纸型载体，门类繁多，内容各异。这些载体的共同特点是坚固耐久，用以记事，能“传诸久远”。这一特征，符合古人求立“三不朽”的意愿，因而与中国古代人们的社会生活、精神文化生活息息相关。也正因此，历代传承的金石类文献不仅数量庞大，而且极具史料价值。作为汉文化中一种独特的文化样式的金石文化，在逐步传入黔南少数民族地区后，与当地少数民族的社会制度、历史文化、语言文字、风俗习惯等等相互交流、融合，具有显著的黔南地区的民族特色。

布依族、苗族、水族、毛南族和瑶族是黔南的世居少数民族，有 225 万人口，占黔南总人口 406 万的 55%。在长期的社会实践和生产劳动中，各世居少数民族创造了悠久灿烂、丰富多彩的传统文化，留下了内涵厚重、独具特色的民族文献。其中的金石文献是中华文献的重要组成部分，分布较广，每一个世居少数民族聚集区都有分布；这类文献形式多样，有钟铭、岩刻、碑刻、木刻、钱币等；文种独特，有民族文字（水文）、汉文、民族文字与汉文合璧等情况；内容十分丰富，有民俗、建制、营建、斗争、教育、传记、交通、经济、生态、旅游等等方面。而民俗类的金石文献是黔南少数民族金石文献的一枝奇葩。民俗是依附人民的生活、习惯、情感与信仰而产生的文化，是了解民族品格、增强民族认同、强化民族精神的

---

① 作者简介：樊敏，女，布依族，贵州平塘人，黔南州民族研究所副研究员。

载体。对民俗类"榔规"金石文献进行研究,既可洞察民族历史,又可强化对良风美俗的信仰崇尚,更可借鉴为社会管理创新的理性参考。

二、少数民族金石文献的原生形态

(一) 布依族：贵定县新巴镇甘塘寨《乡规碑》

《乡规碑》立于贵定县城北20公里的新巴甘塘寨前面的道路旁,碑高1.1米、宽0.5米、厚0.1米,碑刻有"乡规"二字,1982年列为贵定县文物保护单位;1985年列为贵州省文物保护单位。碑文如下:

乡　规

窃闻朝廷设例禁以警佥壬,草野立乡规以□□。究古来夜不闭户、路不拾遗者有由。致吾党避居三庄,固多说礼敦诗之士,亦有寡廉鲜耻之徒,日窃山林五谷,夜盗牛马家财,扰害乡村,人所共恨。爰集各寨乡耆明人合议乡规,值五谷将熟,薄俗宜维,使之各务正业,国课早完,由义居仁明,风情俗美,庶乎出入相友,守望相助,安见三代同风之盛,亦可复见于斯耶。是为议:

一议课早完,开征后即运食米上仓,不得拖欠聚累;

一议乡间大小事故不得以强欺弱,逞刀蛋骗;

一议乡户不得窝藏匪徒,勾引外棍,瞌害地方;

一议盗窃牛马家财,各散户自备饭米,追赶捕捉;

一议盗窃山林五谷、园圃瓜菜者勒拿;

一议牛马残踏五谷,相地赔还,不准田坎放牛;

一议米杆不准乱获;

一议各寨守卡不得疏虞;

一议失主被盗,拿获送官,自备盘缠,不得多派。失主仍照散户出钱,不得推诿被失五谷。甲首不得妄摊酒饭。

以上各条倘有不遵议者禀官。

一共乡户十六寨。

道光三十年荷月二上一日立旦[①]

① 刘世彬著,黔南州民族宗教事务局古籍办公室编:《黔南民族古籍》(三)"黔南碑刻研究",黔新出[图书],2004年,一次性内资准字第021号,第22页。

这块《乡规》是布依族历史上民主管理“榔规”的一种金石文献形式，其中的内容反映了一些生产、生活习俗和伦理道德，对了解当时的社会、村寨情况很有价值，特别是“出入相友，守望相助”等条款，依然传递着当今社会的正能量。

（二）苗族：惠水县摆金镇打铁寨《乡规碑》

据《定番县乡土教材调查报告》（中华民国二十五年抄本）（六）记载：“我们在一个苗寨中得见已有一百多年历史的‘乡规’，至今奉为他们的法典，虽则只有十二条很简陋的条文，但……已把他们生活的各个方面全部顾到，现特照录。”在第十二章“人物”中又照录了全文。后来陈国钧在《贵州苗夷社会研究·苗寨中的乡规》也“特录全文”。且说“地点在定番县属一个打铁苗寨中”。打铁寨在今惠水县摆金镇打铁村。另据《惠水苗族》一书记载：“苗族村寨有一种群众性的自我管理组织，即由一寨或数寨群众联合组成的乡议，有乡议头，并制定有极严厉的乡规民约，违者要受到处罚。群众公推德高望重、能讲善辩、办事公道的寨老担任乡议头，不取报酬，不可世袭，一年或数年公推一次。”乡规碑全文如下：

自古养民要术，莫甚农桑；卫民良规，莫如保甲。保甲相联无异志，则匪类无以容身。一甲相应有同心，则匪徒安能聚首？由斯而移风移俗，廉耻可以借此以返朴归淳，忠孝可作，仁里德邻，不以重见于吾身哉。爰集保甲，共议条程，宜存至爱之心，无负自尊之意，谨刊乡规于后：

（一）议衣租食税。自古维昭，进草纳粮，于民宜急。毋因父母仁慈，乘间延玩，倘故事抚违者，捐名禀官，自干罪戾，莫谓其不情也。

（二）议父母之恩诚如大地。子媳之职，理宜顺从，勿以习成骄傲，任意忤逆。倘有不孝者，甲内投明保长，总甲送官究治，如有隐匿酿大事，一律连坐。

（三）议联甲编保。弭盗安良，作奸犯科，害人害己。倘有自行不法及窝藏匪类者，九家投知保甲，送官惩治。如隐瞒，一经查出，自干连坐之罪。

（四）议害民之蠹，莫甚于盗。倘有夜间偷取什物，本人乡邻齐执器械，捉拿送官。如故意不前，公议重罚。或被贼伤，同甲俱派钱调理；伤重而死，同保俱派银拾两安埋。拿获为盗之人，同保尝银三两；杀毙贼犯，有事合团一律耽当；至于挟隙借故杀死者，不在此例。如有得赃贼两全及真窝家，传齐东西，按照各团章程处治。

(五) 议牛耕马载，最利人民。勿论日夜被盗，本人传呼同保，齐执军器口粮，连日追赶，拿获牛马，失主出牛马之半价，以作东道。若拿不获，同保派半价以帮失主。拿获贼犯，送官究治。至于贼党扛帮，众保同挡。倘有与贼私和者，公议众罚。

(六) 人伦之道，夫妇为先。自古嫁女婚男，须当凭媒正娶。前经悬示，严禁抢亲。如保甲估嫁估娶，甚至纠众劫夺，其保投保甲总长，送官究治，以儆习风。

(七) 议处世持身，安本分，须儆口角忍耐。忍住能消去无理之事，亦见甘棠之爱。如甲内有不平之事，当凭甲长理明说息；万一不了，再经众人及总甲公断，以免悬主动乱方心；倘刁逞估抗不遵者，大众公禀，送官究治。

(八) 议盗贼之根，始于赌博。各宜安分，倘敢妄为，同甲必须报公议处，如甲隐忍，别人发觉，一律同罚不贷。

(九) 议滋事生端，于酒为甚，虽不戒，切不可贪。倘有借故胡闹，干犯长上，同甲捆绑送官，即欺侮平人，保甲亦公议重罚，决不徇情。

(十) 议田园为养命所需，山林为栖身仗赖。如盗五谷、杂粮、菜果及竹林、柴草者，除填还外，公议重罚，并饬伊出结永保所偷之地。

(十一) 议勤耕苦种，利用厚生。牛马践踏，何由半稔？如放野牛、野马伤践大春、小春及放鸭践人稻田粪草，除向他填还外，议重罚。

(十二) 议士农工商各有本业。能作苦，岂难谋生？如有惯习游闲、串同敲诈、奸淫邪盗、包揽词讼，种种不法，同甲人投鸣保长、总甲，合保送官究办。

以上各条协同公议，如有干犯言出必行，顾谨守规程，各遵条例，同感仁厚，共乐升平，不懿欤？①

这块金石文献年代无考，碑况不明，但其所反映的内容包含了苗族社会的方方面面，对苗族有研究价值；其所制定的条款“忠孝可作，仁里德邻”、“宜存至爱之心，无负自尊之意”、“人伦之道，夫妇为先”、“处世持身，安本分”、“父母之恩诚如大地”等等涉及了今天的社会主义核心价值观，更具有现代意义。

---

① 刘世彬著，黔南州民族宗教事务局古籍办公室编：《黔南民族古籍》(三)“黔南碑刻研究”，黔新出[图书]，2004年，一次性内资准字第021号，第23页。

(三)水族:都匀市归兰水族乡阳和村《乡禁碑》

《乡禁碑》立于清道光二十五年(1845),在今都匀市归兰水族乡(原阳和水族乡政府所在地)东南约150米处,即今阳和中心学校慈心楼北围墙外。碑高1.3米,宽0.68米,厚0.12米。碑文如下:

乡禁碑

夫乡禁之设,乃各方之乡规也。然我两套人俱系良善,务农为本,勤俭为生。先皇乾隆、嘉庆年间,吾等地方三年,皇册一伙,盗家磕索者少,地方富产者多,是以地方清静。至道光一三年以来,皇册连年苛派,于年即三四者也。今地方之穷者多,富者少,苛派之频难出。甚有本乡之滥棍,勾串外为匪徒。若有一毫小事,波成仓天大祸,或磕银几十或几两方休,不然非刑而民不安。再者,外来面生,歹人日间三五吃食为名,夜间偷窃为事,偷鸡盗狗,磕害良人。又有本乡地棍,勾串本官役,伙串外来匪徒,差来至我乡寨内,无牌无票锁磕良人,遭者甚众。我等两套之人尽属良善,是时不省,过后方知被害者银钱已去,思明时毁家破产也。乞食之人或死于寨边,或死于田地埌。我等念在路毙,各出白米一升或一碗,埋其死尸,安葬后反被磕索,是以人人皆切齿。为此,地方不服,传齐两套公议设乡禁碑。

自今以后,上行一切公文仍照先皇之派,地方敢不遵命?如若照今之行,地方诚有不安,百端尽遭恶毒。今乃地方寒苦,俱系首盘磕实,万不得已,传来两套议此乡规,以静地方,以安良善者也。

计将公议各条乡规开列于左:

——议各寨有大小事件总由公论。无许本乡滥人勾串外人入乡,和盗人勾结并确磕索。实由各甲自出钱相帮,将来磕之人捆解送官究治,无许一人推诿。如有推诿,罚银五两入公。

——议各家无许窝藏匪类。如有窝藏者,经人查出指实,谢银一两二钱;若不报者,罚银二两四钱。各寨自拿获贼者,众人亦出钱相助解官究治。如不服者,以同罪官治,后无许入乡。

——议各寨老人包禁各寨生无许作贼。如有哪寨之人犯贼案者,众出公票解官究治后,逐贼出境不准入乡,罚寨老出银五两入公。

——议如贼人入寨偷窃闻听鸣角为号。各寨人众自往要路截拿,如有一家不到者,罚银五两入公。

——议盗窃牛马。众寨每家出人一名，各带白米随身，牛脚至哪寨，搜寻哪寨。如还送，搜者与贼同情，即向寨老赔赃。

——议偷盗田禾五谷。若见指实者，谢银一两二钱；若人不说者，罚银二两四钱。拿获贼犯，交与贼族，赔赃后，逐贼出境，不准入乡。

——议我等地方不准毁田找地。如有强敷重伤者，传齐人众，相帮出钱上控，无许私和。贯磕之人，如私和者，罚银二两四钱入公。

——议我乡苗礼。老人死后，外家来讲鬼头钱，并簪派首饰铜鼓器等项，如哪家出银私和者，罚银三两六钱入公。

——议外甥钱。只准一两二钱为定，无许多出，并女出嫁只准送亲十二人，如多去者，罚银二两四钱入公。

——议偷山盗渔园内瓜菜。拿获者，罚银一两四钱入公。

道光二十五年春三月吉旦　　公立[①]

都匀市的阳和俗称外套、基长俗称内套，所以金石文献中有“我两套人俱系良善”的说法。此地区主要聚居的是水族，自清道光十三年(1833)以来，“皇册连年苛派于年即三四者也”，又有人勾结外来匪徒，磕害良人，在此情况下才“传来两套，议此乡规，以静地方，以安良善者”。这块金石文献的内容是都匀内外套水族清末拟订的乡规民约，对保护本地群众生命财产安全、维护社会治安都有重要作用，对违犯者不仅要罚银，重者还会被赶出去，“不准入乡”。其内容还记载了不准毁田找地、群防群治及婚丧等习俗。后来许多村寨新拟定的乡规民约都以它为依据，对研究这一地区水族人民的生活、社会状况和风俗提供了可贵的资料。

(四) 毛南族：平塘县六硐熊桥摩崖《乡规》

熊桥摩崖《乡规》是清道光年间平塘六硐地区毛南族所议榔规，位于平塘县城南 25 公里的毛南族聚居的者密六硐熊桥边上的峭壁上，现完好无缺。1991 年列为平塘县文物保护单位。摩崖全文如下：

盖闻朝廷律法之严，民间有乡禁之规。兹我抵楼山居，异姓杂处人繁，

① 都匀市民族事务委员会编：《都匀市民族志》，黔新出(92)，内字第 166 号，第 231 页。

近有不法之徒，三五成群，则在山积聚，诱拐民间妇女，夜藏孤林独户，抢劫良善财物。愚顽被害，甚属不少，地主遭累，实已甚多。似以众性合议禁规。后如遇有盗家物牛马猪只者，宜即投报，众人供出路费追寻。倘隐匿不报，报之不追者，听众议罚，此乃弥盗除匪安定青地之美举。所有条规列后：

——盗窃牛马家物者，贼入室偷窃被获，刻即沉河丢洞，如有□论公同理讲。

——盗刁拐民女者，拿获报官解究。

——颗串□□诈磕良民者，从实禀报拿究。

——盗田中谷、草、水林、树木者，照桩公罚。

——盗山地杂粮、瓜果、豆辣者，公罚。

——知强盗踪迹，并捉获盗者，公奖。

——挖墙、割壁、携衣物者，即拿沉河丢洞。

计开，头人刘□□、刘官内、熊方明、刘阿生、刘应珍、刘已珍。

道光九年九月□日公议①

在清道光九年(1829)平塘县六硐地方的毛南族民众已认识到成文“榔规”的重要性，于是就有了熊桥壁上的金石文献，主要内容是防盗防匪，还涉及社会风尚、提倡良风美俗等。这则金石文献不仅对毛南族文化、习俗有研究价值，而且对研究民族地区乡村治理的历史和今天基层民主管理的互动，同样有参考价值。

(五) 瑶族：荔波县茂兰镇瑶麓村《婚规碑》

荔波县瑶麓、茂兰的瑶族在“瑶老制”的基础上，又发展了另一种组织形式，即“石碑制”。所谓“石碑制”就是把经过当地瑶民共同民主议定的、关于维护生产和社会秩序的条文以及官府对赋役的批示，刻在石板上或书写在木板、纸上，竖立或贴在集会的公共场所，要求全体瑶民共同遵守。凡应遵守这些习惯法、榔规、民约的瑶民，即视为“石碑制”组织的成员。又因这些条文往往带有私法性质，故而又称“石碑律”。这些石碑律金石文献，是研究地方民族史，特别是研究茂兰地区瑶族政治、经济、习俗、社会历史的宝贵资料。

---

① 黔南州民族识别工作组、平塘县民族识别工作组编：《佯僙人族别调查资料汇编》，1983年，第93页。

瑶族婚规碑有两块，一块立于当年议事的覃家议事坪处，碑高 0.91 米、宽 0.28米、厚 0.20 米，三面刻字，正面碑刻“永留后代”四个字，楷书、阴刻。碑文如下：

永留后代

一议□□□□□□□□□□□

一议讨外甥□□□□□□□□□

一议□□□□□□□□□□□□

一议讨外甥女，男家罚牛八只，钱三十千。

一议上户财礼二十四千，中户十八千，下户十二千，众议不准多要。

一议寡妇财礼，放水牛二只，钱六百文，穷者钱三百文。

一议犯奸者，案犯上户罚钱二十千，中户十八千，下户九千。

同治二年三月立①

此碑因立于清同治二年(1863)，年代较久，风雨剥蚀，字迹有的已不可辨认。从碑文的内容看，主要是改革“九牛婚姻”和废除“姑舅表婚”，这在瑶族婚姻习俗上是一个进步。

另一块“永流后代”的婚规律，立于民国三十八年，位于瑶麓上韦寨边，碑高 0.90 米，每面宽 0.20 米，方柱形，正面碑刻有“永流后代”四个字，右面碑刻有“地方父老”四个字。瑶族婚规甚严，凡同宗同族不能通婚。1948 年，瑶麓发生过一起同族通婚事件，经地方父老众议，制定七条法规，勒石以记，严惩了违规者。此碑 1985 年被列为贵州省文物保护单位。碑文如下：

永流后代

盖闻我瑶麓风俗习惯，自古以来，覃姓与卢姓，原是同宗共族，不能通婚。乃有卢金贵，先暗与覃氏之女通奸，后又娶为妻室。查与地方规律，有坏伦纪，经地方众老等议定，立碑革除，条例如下：

一、不准卢金贵与瑶族，即卢、覃、欧、莫、姚、常、韦各姓互相工作；

二、不准交借工具；

① 荔波县民族事务委员会编：《喀斯特山区瑶族人》，1987 年，第 51 页。

三、不准与亲戚及房族往来；

四、不准其子女与本瑶族通婚；

五、办理婚丧喜事，不准参加；

六、如有人违反本规律者，罚洋七百二十毫，猪一百二十斤，酒、米供全瑶民尽量饮食，不准包回；

七、凡今后有人败坏伦纪者，按地方规律赔榔，否则也照章实行，立碑革除。恐后无凭，立碑切记。[①]

三、少数民族金石文献的内涵特征

金石文献所承载的内涵特征异常丰富，无论是古代，还是近现代，任何流传至今的金石文献都是其时代风貌的反映，更是当时历史的真实再现。黔南世居少数民族在历史的发展进程中，存在着"榔规"、"议榔"、"寨老制"、"瑶老制"和"石碑律"等社会组织和制度，在其社会发展中起着不可忽视的作用，有的以金石文献的形式留存至今，不仅仅是研究这些民族社会组织和制度，更是研究其历史发展、文化传承的实物依据和科学借鉴。

人类要生存发展，必须进行物质和精神的生产，创造物质文明和精神文明；但人的生产生活不是孤立的、个人的活动，而是社会的、群体的活动，这就需要协调人们的关系、规范人们的行为、安定社会的秩序，从而建立必要的组织和制度。这是黔南少数民族地区"榔规"、"议榔"、"寨老制"、"瑶老制"和"石碑律"等社会组织和制度产生的主要原因。但它还有其特殊的历史原因，由其天然的地理环境所致。黔南的世居少数民族往往都崇拜多神，在传统文化中，盛行着崇拜自然的观念，多数崇拜自然物，其中主要以敬奉社神、山神、石神、树神、竹神最为普遍。这种多神的自然崇拜一方面是由于生产力低下引起的，另一方面是对自然物的畏惧与崇敬而产生的。而这种自然崇拜反过来又影响了人们的生产生活习惯，乃至日常的村寨生活和纠纷处理的方式。因此，通过"榔规"金石文献的形成、形式、内容的不同，我们可以窥见黔南世居少数民族的历史渊源、地理环境、社会形态、道德文化发展的脉络和轨迹，进而加深对黔南世居少数民族历史的认识和理解。

从以上贵定县新巴镇甘塘寨布依族《乡规碑》、惠水县摆金镇打铁寨苗族《乡

---

① 荔波县民族事务委员会编：《喀斯特山区瑶族人》，1987年，第50页。

规碑》、都匀市归兰水族乡阳和村水族《乡禁碑》、平塘县六硐地区熊桥摩崖毛南族《乡规》和荔波县茂兰镇瑶麓村瑶族《婚规碑》可以看出，这些乡规、乡禁、婚规等等金石文献所反映的内容是黔南世居少数民族社会中的一种行政管理制度和习惯法，是黔南世居少数民族村寨公众制订、共同遵守的一种社会管理条款，是保障本村寨、本民族的安全、生产、生活和发展的一种手段，是广泛流传于黔南世居少数民族民间的一种金石文化现象，具有强大的生命力和社会约束力。贵定县新巴镇甘塘寨、惠水县摆金镇打铁寨、都匀市归兰水族乡阳和村、平塘县六硐地区和荔波县茂兰镇瑶麓村制定的若干“榔规”、“婚规”金石文献，既可以指导人们的言行，使人们明辨是非，对危害社会利益的行为和肇事者予以惩罚，以此追究责任，也可加强内部的团结和凝聚力，共同抵御外来的不良行为及侵害。

黔南世居少数民族这六块“榔规”性质的金石文献是维系村寨团结的纽带，是维持社会秩序的法规，是维护伦理道德观念的准则。其特征如下：一是自发形成的，由大家讨论、民主产生、寨老署名，具有绝对的权威性，任何人不得违反，倘若违反，则秉公处罚，严加追究。二是具有当地成文法的作用，这些“榔文”内容都明文规定，公之于众，经寨老当众宣布之后，刻于石上、立于寨内或路边显眼的地方，以金石文献的形式保留至今。如贵定新巴甘塘布依族《乡规碑》就立于道路旁；平塘六硐地区毛南族就把“榔规”刻在内外往来必经之地的熊桥石壁上。三是其中的条文，大同小异，主要内容是禁止“以强欺弱”、“窝藏匪徒”、“残踏五谷”、“毁田找地”、“滋事生端”、“昼夜游赌”、“偷牛盗马”、“偷谷盗瓜”、“诱拐妇女”等等及群治群防、社会交往、各种权益、婚俗、丧葬等情况。四是一旦形成，立即付诸实行，违反者按规定处理。五是使村寨形成一种严密的防范网。遇有盗窃事件、诱拐妇女儿童等亦能齐心追捕查获。因此村寨秩序良好，地方安定团结，人民和睦相处，使黔南世居少数民族地区成为历代战乱纷纭之中的世外桃源。

四、少数民族金石文献的现代价值

对于少数民族金石文献，大部分研究者关注的是其史料价值。而作为一种文化现象的“榔规”金石文献，它是黔南世居少数民族历史的遗留物，是世居少数民族在共同缔造中华文明的历史进程中，形成的独具特色的民族自治习惯或方式。它是相对于国家政治系统的一种非正式制度，有着极强的凝聚力和社会动员能力。其基本职能之一就是制定管理本村或自然村组的规范，这种规范一旦通过并固定下来就是村寨的传统习惯法，具有极强的社会约束力。历史上，这些金石文献在维护村寨的正常秩序、村寨政治民主的生成、国家政治系统对村寨的有效整合、加强村寨的利益表达与利益整合、加强国家政权对民间的渗透与管理等方面发挥了积极作用。新中国成立后，特别是在党的民族政策的光辉照耀下，黔南世居少数民族群众的政治经济都得到了发展，享受着民族平等的权利，在社会主义制度下不断发展和进步。“榔规”金石文献虽然已经失去了它存在的社会基础，但是它作为维护民族乡村社会秩序、规范民族群众行为的重要作用已融入少数民族群众的生活之中，解决了很多的社会矛盾，使得民族乡村社会保持了长期的和谐与稳定。而且，有些积极的、有益的因素还以乡规民约的形式保存下来，并且随着社会的发展进步，不断赋予新的精神和内容；同时，这些因素汲取社会主义精神文明、政治文明和法律制度的崭新血液，被赋予了适应新环境、新农村、小康社会建设的能力，在政治、经济、文化、生活等方面仍然不同程度地发挥着作用。不过，我们也要摆脱金石文献本身的束缚，从有利于社会主义各项制度日趋完善的角度去解读，从社会主义核心价值观着力培育的践行中去推陈出新，更要在当代社会管理的现实境遇中去展开。因此，少数民族金石文献的现代意义，可从以下五个方面去挖掘与阐发：

（一）有利于乡村社会管理的民主与自治

诚然，“榔规”金石文献保留着原始民主制的残余，但是，就其民主性而言，其产生、运作和变动，乃至制定、修改和执行，都是通过民主协商解决的。就自治性而言，有对内和对外两个方面。对内主要是按照金石文献的记载，调解和处理村寨内部的纠纷和矛盾，维护治安，保证正常的生产和生活秩序；搞好社会公共事业和公益事业；调解处理有争执的田、土、山、林、河等边界和所有权纠纷、偷盗纠纷、婚姻纠纷、财产纠纷等；调解处理违反风俗、禁忌的事件和有关内勾外引互相残杀的事件等。对外也是按照金石文献的记载实行自治与联防相结合。这里所谓的“自治”，就是自卫，是为了村寨和民族的安全，自动组织起来，通过立约的方式，团结一心，共同对外，以解决各种不安全问题。实际上，其中的民主和自治，就是今天乡村社会管理的重点和难点。

（二）有利于党和国家各项政策、制度贯彻落实

“榔规”金石文献是由大家讨论、民主产生、寨老署名，具有绝对的权威性，党和国家的各项政策、制度通过纳入“榔规”金石文献，少数民族群众易于接受、理

解和遵守，使党和国家的各项政策、制度落到实处。特别是如民族区域自治是通过在民族自治地方设立自治机关、行使自治权来实现的。因此，在民族区域自治地方，加强对“榔规”金石文献的尊重、吸收与利用，是有效落实民族区域自治制度、行使自治权的体现，是传统与现代相结合的体现。

（三）有利于伦理道德教育

“榔规”金石文献在于帮助人们正确认识个人与他人、个人与社会的关系，明确自己的责任与义务，让人们懂得区分什么是善、什么是恶，学会做人的道理。这不仅能够规范民族群众的思想和行为，更能有效地促进民族乡村的和谐发展。首先，它教育人们认识“榔规”金石文献在道德生活中的重要地位。其次，教育大家团结互助，宣传集体主义思想。第三，教育人们遵守民族成员之间的人伦关系，防止乱伦行为发生。第四，教育人们的行为符合“理”的原则，提高道德修养。

（四）有利于社会主义精神文明建设

“榔规”金石文献丰富了社会主义精神文明建设的内容。它是少数民族群众自己管理自己、自己教育自己、自己约束自己的好形式、好传统。不可讳言，“榔规”金石文献中也不乏落后、封闭、迷信的因素。“榔规”金石文献应区分为优良与不良。今天，在建设社会主义精神文明中，优良的“榔规”金石文献将会继续发挥它对精神文明的促进作用。同时，通过改革、教育，不良的“榔规”金石文献将逐渐被淘汰、抛弃，仅保存其史料的作用。而且，各少数民族还要适应新的时代需要，发展新的“榔规”金石文献。

（五）有利于社会主义法制建设

“榔规”金石文献既代表了民族的利益，又符合国家利益和社会公共利益。但再健全的法制也无法像“榔规”金石文献那样渗透到少数民族群众的衣食住行之中，表现在日常生活的各个领域。“榔规”金石文献弥补了国家法律法规的不足，在执法中成为一种有效的补救手段和协同方式。其实，“在现代法律的干预之前，乡土社会是稳定的，人际关系是和谐的，人们彼此信赖，有一种默契与预期，可是现代法律以其僵硬的规定，看似合理的干预破坏了这种和谐”[①]，而“榔

① 于语和主编：《民间法》，上海：复旦大学出版社，2008 年，第 50 页。

规”金石文献就能在一定程度上弥补国家法律法规的不足。中国的社会主义法制建设,固然要学习国外先进的经验,但它的土壤在中国。要符合中国社会主义现代化的需要,就要充分利用法制传统上的本土资源。从这一方面来看,“榔规”等金石文献,无论在立法、执法、司法、守法、普法、法学理论研究方面,都有重要意义。

五、结语

建设社会主义和谐社会是一项艰巨复杂的社会系统工程,需要调动全社会各种积极因素和可能调动的力量。“榔规”金石文献的特色就在于针对各少数民族的实际,把道德与法有机地结合,把法与生产生活有机地结合,不是消极地局限于单纯的惩治手段,使人慑于刑法的威力而不敢以身试法,而是注重思想、习俗、习惯、教化等手段,积极地,并且是潜移默化地从根本上培养人的和谐与发展,培养人的守法意识,使人们自觉地抵制各种犯罪或不道德的行为,也使社会局面井然有序。费孝通先生就说过,“即使在一些国家权力难以到达的乡土社会,那里也并没有陷入混乱不堪的局面而是秩序井然”。[①] 我们必须运用辩证的观点去正确处理传统文化与现代文化之间的关系。通过研究“榔规”这一民族传统文化现象,充分尊重、充分发挥“榔规”金石文献的优势和潜能,吸收“榔规”金石文献合理的、积极的内容,适当参考“榔规”金石文献的有关规范,消除“榔规”金石文献与社会主义制度的冲突,实现“榔规”金石文献与社会主义制度的良性互动,为民族乡村社会的包容性发展和重构少数民族地区的乡村秩序奠定良好的基础。

---

① 费孝通著:《乡土中国·生育制度》,北京:北京大学出版社,1998年,第48页。

黔南赋[①]

◎ 葛明义[②]

源远兮黔南！历史悠久山地，华夏文明一域。千里苗疆，中土翕来；[1]百万黔山，九州一脉。殷周属牂牁，秦汉归夜郎。[2]铜鼓声威，传上古之遗音；芦笙悠扬，承中华之流韵。[3]《水书》乃《周易》之宗，[4]甲骨之本，舍我其谁？岩画是先人之书，[5]千年之文，谁言荆蛮？悬棺濮人栖息之佐证，洞葬骆人生活之遗迹。[6]沐民族政策光辉，始有黔南布苗自治地方；仰西部开发战略，更成西南交通枢杻要冲。地扼西南南大门，境跨贵州南北中。襟云贵川渝，带闽粤湘桂。州府置都匀，郡辖十二县。三线建设，[7]曾雄起于西南；改革开放，正崛起于神州。五条铁路，贯南北东西；四条高速，通五湖四海；三个港口，连长珠两江；两个机场，飞宇内各地；一策开放，聚八方贤人。

美目兮黔南！千岩横空竞秀，万水沧浪争流。苗岭横逦，云山苍苍；流分两域，江水泱泱。[8]斗篷山[9]逞黔中至高，独步九霄；紫林山[10]举五云独秀，印踏苍穹。朱家山[11]夺武陵遗爱，峰林耸翠；尧人山[12]揽九万情怀，岚烟云海。国家公园乘四山而生辉。乌江腾而哮长江，剑江泻而奔洞庭；红水滚而逐番禺，都江出而探苍梧。[13]东南两洲[14]得清流而繁荣。龙里草原[15]可牧马，几疑大漠；槟榔红豆生罗甸，[16]仿佛南国。天赐一池青莲，世界自然遗产荔波；[17]地造一绝奇书，国家地质公园平塘。[18]千浪湖纳红水凌波，誉胜天然；贵州滩穷岩溶百态，蜚声海外。[19]最神秘，声波泉、振荡泉、间歇泉，[20]世间称奇。更美妙，风流草、月光树、古银杏，[21]举世罕见。天然氧仓清心洁肺，澄澈江河沐浴解渴。嘉木繁茂，

---

① 注：《黔南赋》先后发表于《光明日报·百城赋栏目》、《贵州政协报》、《黔南日报》、《夜郎文学》、《黔南工作》等刊物。2011年收入中国集邮总公司、黔南州人民政府发行的《地球绿宝石、风情黔南州》邮册，同年5月《黔南赋》纳入全州中小学校教材。

② 作者简介：葛明义，贵州省作家协会主席团委员，黔南州作家协会主席，中国辞赋学会贵州分会副会长，黔南州诗词楹联学会顾问，黔南州民间文艺家协会顾问。

瑰奇林立，峰存甘露，水扬清波，是为绿色黔南；昔之边荒，今之热土，纳凉处子，避暑胜地，斯处谁不倾慕？

文昌兮黔南！山明水秀地灵，文脉毓秀人杰。一支健笔，文峰挺秀；[22]七级凌霄，振起人文。辞赋盛览，合组列锦；诗曲竹庄，桑梓鸳鸯。[23]汉尹珍杏坛一代之宗，诠《说文解字》；清友芝西南儒学之魁，辑《黔诗纪略》。[24]霞客临佳地，著成《黔游记》；则徐入奇境，得解三叠诗。[25]以升东来，叹镜桥之工巧；廷杰西去，牧陕甘之宏方。[26]洪武立乡学，开举士之途俊彦迭出；二子[27]谪都匀，兴讲学之风慧泽流芳。一朝两帝师，誉为佳话；百里三状元，传为美谈。[28]六千举人，七百进士，讲述明清文脉之恒昌；两千学堂，十万学子，话说当今人文之蔚起。[29]宋桂芳督抚台湾，山河一统；刘松斋重修蓬莱，声名远播。[30]陈书长征雄歌，但开电影先河。[31]昔有父子俩翰林，[32]兄弟俩进士，得云贵风气之先。今有任君掌华为，唐君执联想，列复兴名流之前。[33]

雄迈兮黔南！豪杰壮志匡世，英雄辈出名扬。山海关抗清军，禾嘉[34]帝依长城。为共和刺袁贼，二杰[35]杀身成仁。灭洪宪反帝制，戴戡[36]讨袁护国。铲旧世信念坚，恩铭[37]舍生取义。传谍报密泄露，少农[38]宁死不屈。邓张百色起义，[39]燎原黔桂边地。红军长征转移，旗指所向披靡。会议猴场，孕转折之洪波；强破乌江，旋天堑为通途；[40]赤色光辉，尽染黔中大地。阮则文死谏抗日，黎明关痛击倭寇。[41]肖国宝身堵机枪，誉授马特洛索夫英雄称号；[42]毛泽东义释匪首，成就当代女孟获一段佳话。[43]嗟呼！雄魄傲天，魂撼八方！

情浓兮黔南！民族团结和睦，风情异彩多姿。十里天不同，五里俗相异。上午瑶家客，下午水家宾。才酣苗家酒，又啜布衣茶。《好花红》响彻寰宇，《桂花开……》唱遍南北。[44]锦鸡舞散尽风情，长衫龙舞活祥云。[45]山歌飞翔云水间，象雨象风；风情激扬民族地，多元多彩。花灯独山，艺术之乡。[46]八音坐唱，玉水金盆。[47]大明遗风尤存，可观五百年前汉家女儿异采；[48]苗族服饰缤纷，能赏百个支系苗家阿妹多姿。[49]马尾绣水家一绝，枫香染布依独秀。[50]吊脚楼蜡姬倚栏，风雨桥村娇歌甜。[51]铜鼓、唢呐、姊妹箫，鸣和谐之音；芦笙、芒筒、古瓢琴，奏发展之曲。冲冲糕黔人至爱，折耳根乡党常念。[52]德超茶中极珍，都匀毛尖誉冠中华；义盖酒中至圣，三都九阡醉倒天下。[53]美赛佳肴千烩，独山三酸[54]味开万家；香撼仙宫神厨，惠水牛头[55]牛气冲天。范禹心仪斯壤，《远方的客人请您留下来》。[56]

怡然兮黔南！梵音仙乐和鸣，黔山清宁逸心。思允炆[57]潜隐避祸，抚琴白云古刹，娱悠然之趣；想上师义薄云天，弘法阳宝禅林，[58]抒淡然之怀。衣钵古源，悉心净土，崇慈启悟而德化苍生；[59]福耘山水，泉运太极，三丰道成而浪逸山林。[60]或寄兴于空山鸟语，或悟道于佛理玄趣。宁静之间，妙理全得；淡定之中，任君从容。聆梵音阵阵，经声朗朗，荡涤灵魂；听仙乐琤琤，钟声悠悠，祈世祥和。峰腾细浪，峦走泥丸。山不厌其高而成耸峻，水不厌其深而为渊博。夫仁智之乐，起于山水之悟；善美之心，修于圣贤之行。古寺藏于深山，钟鼓响自幽林。德高能化凡土，智慧常蕴紫烟。无奈总会相随，慈怀能够包容。从来千嶂居隐者，君至黔山便是仙。

奋进兮黔南！和谐跨越路长，各族仍需努力。昔之故郡，水网密布。远观牧樵归舍，升起袅袅炊烟；近看渔夫收纶，撑回渔舟数只。村妇浣纱，玩儿嬉水，疑是江南。今之州府，道路纵横。仰观高楼栉比，竞放万家灯火；俯瞰虹桥飞度，沟通康庄坦途。熙来攘往，商贾云集，已然都市。北入贵阳城市圈，组成贵州崛起之强势；南接粤港经济区，汇入泛珠发展之大潮。磷都瓮福，名扬亚洲；烟都贵定，海内独宠。[61]射电望远镜，[62]世界第一，可探九天银河。工业现代化，渐成体系，大展吾州宏图。民族师范三十州唯我独有，续百代人文；高等医学专科聚杏林后生，育良医济世；职业技术学院汇乡土英才，固发展根基。余思曰：黔南之重，在于和谐；今日迈步，标举科学。权为民用，政通人和；利为民谋，百业兴隆。经济腾飞，惠我百姓；和谐跨越，乐我人民。凝心聚力，再创佳境；锦绣黔南，必成盛名！

歌曰：西南佳丽地，多彩贵人州。天然大氧仓，绿色养生堂。

注　释：

［1］ 千里苗疆，中土裔来：指苗族先民从中原迁来，同为中华子孙。

［2］ 殷周属牂牁，秦汉归夜郎：指古牂牁国和夜郎国。

［3］ 铜鼓：为水族、布依族、瑶族等少数民族节日、祭祀用的重要礼器；芦笙：为苗族等少数民族节日、祭祀用的乐器。

［4］《水书》：专家认为水书《连山易》可能是早已失传的《易经》中的夏代《连山》。2004 年水书专家对河南偃师二里头文化遗址出土的夏代陶器上的 24 个符号进行识读，居然有 18 个符号与水书完全相同。另，水书太极图与史前的含山玉版图如出一辙。

［5］ 岩画：即龙里县的巫山岩画和长顺县的傅家院岩画。考古研究发现，巫山岩画在 1.2 平方公里范围内共有 8 处，计上千余米，上限可追溯到殷商和石器时代。这些岩画集

中反映了上古先民祭祀、狩猎、征战和社会习俗，以及世界观、审美观、宗教信仰等，同古夜郎文化有着密切的联系。

［6］悬棺濮人栖息之佐证，洞葬骆人生活之遗迹：据不完全统计，黔南州有悬棺洞葬20余处，洞葬规模小的有500具以上，规模大的有2 000具以上；悬棺或在岩壁上凿窟而放，或利用悬崖裂缝将棺木放置进去，一层叠一层非常壮观。其中瑶族洞葬风俗持续到20世纪70年代。黔南的悬棺洞葬无论从规模和数量来说都是无与伦比的，堪称中国悬棺洞葬的博物馆。濮人、骆人为生活在贵州的古代先民。

［7］三线建设：20世纪60年代末70年代初，国家为应对世界大战爆发，将战场分为一线、二线、三线，贵州属于第三线，其时许多工业基地内迁入黔，黔南也迁入了大量的以电子工业为主的工厂。

［8］苗岭横亘、流分两域：苗岭为由东南向西北延伸、横跨贵州的著名山脉，是长江和珠江的分水岭，其北面为长江流域，南面为珠江流域。

［9］斗篷山：位于苗岭中段，海拔1 960米，是贵州中部最高的山峰，为国家风景名胜区。

［10］紫林山：位于独山县与三都县交界处，海拔1 600米，一山四季，为国家森林公园，其山峰上有一巨石，形状似翻天之印。

［11］朱家山：位于瓮安县境内，为武陵山脉的支脉之一，为国家森林公园。

［12］尧人山：位于三都县境内，是九万大山的重要组成部分，为国家森林公园。

［13］乌江、剑江、红水、都江：乌江是长江的主要支流；剑江为沅江的源头；红水河为珠江的支流；都江即都柳江，为珠江的主要支流。

［14］东南两洲：指长江三角洲和珠江三角洲。

［15］龙里草原：位于龙里县境内，为高山台地，上有草原10余万亩，苗族同胞放牧着无数马牛羊。

［16］槟榔红豆生罗甸：在罗甸县班仁乡生长着野生的槟榔树和红豆树。

［17］世界自然遗产荔波：荔波县的中国南方喀斯特峰丛，远看酷似一朵朵含苞待放的莲花，被联合国教科文组织确定为世界自然遗产。

［18］国家地质公园平塘：平塘县的国家地质公园核心景区为一块一分为二的巨石，其中有自然形成的“中国共产党”五个大字，被誉为世界地质奇观。

［19］千浪湖：指红水河龙滩电站蓄水后在罗甸县境内形成的人工湖泊，取“千峰如浪红水起，罗甸飞来水泽乡”之义。贵州滩：指罗甸县三叠纪大贵州滩，其涵盖了岩溶地貌的所有特征，已成为世界地质学上的专用词。

［20］声波泉：位于荔波县永康乡董亥村名叫落笔的山坡，平时不见泉水，用石头敲击石壁泉水涌出。振荡泉：位于长顺县长寨镇冗雷村，当地人称砸龙洞。间歇泉：位于长顺县威远镇永增村，当地人称潮井。

［21］　风流草：产于三都县，其枝头嫩叶能闻歌起舞。月光树：发现于三都县尧人山，夜晚发出荧光。古银杏：位于福泉市，是世界上最大的银杏树，已载入吉尼斯世界纪录。

［22］　一支健笔，文峰挺秀：指建于都匀市的文峰塔，此塔取科甲挺秀，人才辈出之意。

［23］　盛览：汉代贵州三贤之一，著名辞赋家，牂牁名士（今瓮安人），与司马相如亦师亦友，两人讨论辞赋时提出了著名的辞赋理论："词赋者，合綦组以成文，列锦绣而为质。一经一纬，一宫一商，此赋之迹也。赋家之心，包括宇宙，总览人物，斯乃得文于内，不可得而传。"著有《合组歌》、《裂锦赋》两篇辞赋。竹庄：傅玉书，号竹庄，瓮安人，清乾嘉时期一代诗宗。著有贵州第一部私家方志、第一部戏曲等。

［24］　尹珍：汉代独山人，许慎的学生，诠说《说文解字》，开西南庠序之先。友芝：即莫友芝，独山人，晚清著名学者，西南大儒。毕生穷究经史，精于版本目录和金石考证，他是黔南影山文化、黔北沙滩文化的开创者，开启了"黔学之光"。

［25］　霞客：即徐霞客，一生最后一次游历途经黔南的六个县（市）。则徐：即林则徐，其被发配新疆途经贵定县，一老和尚出了一首"观音瓶净泉水生济世人众声赞"13 个字的回环诗让其解读。林则徐把这 13 个字按人辰韵回环读，三叠回环可解读为七言诗一首、四言诗一首、三言诗一首。

［26］　镜桥：指葛镜桥，位于福泉市。1937 年，唐山交大迁至福泉市，随校迁居的茅以升对葛镜桥进行多次实地考察，并载入其主编的《中国桥梁技术史》。廷杰：陶廷杰，清代都匀人，先后出任甘肃布政使、陕西巡抚等职。

［27］　二子：明代的张翀和邹元标。二人先后被贬谪都匀，在匀期间开办南皋书院和鹤楼书院，为都匀文化教育的发展立下了卓越功勋，后人把二人与王阳明一道合称"南下三迁子"。

［28］　一朝两帝师：即孙应鳌与丘禾实。孙应鳌，明万历时曾任礼部侍郎掌国子监祭酒；丘禾实，明代贵定人，授翰林院编修。百里三状元：即清代都匀府麻哈州的夏同禾、贵阳青岩的赵以炯、平越（今福泉市）的曹维城。其中曹维城为武状元，贵州《平越直隶州志》记载，曹维城之父曹元甫系康熙十二年癸丑科武进士。

［29］　六千举人，七百进士：明清两朝贵州出了六千位举人，七百位进士。两千学堂，十万学子：黔南州现共有大中小学两千余所，在校学生十余万人。

［30］　宋桂芳：清代福泉人，任台湾总兵。刘松斋：清代长顺人，任山东登州（蓬莱）总兵，任上重修了蓬莱阁，今阁地有碑记之。

［31］　陈：陈靖，瓮安人，老红军、作家，长篇小说《红军不怕远征难》、《金沙江畔》的作者。但：但杜宇，长顺人，中国电影创始人之一。

［32］　父子俩翰林：但明伦、但仲良父子，清代长顺人，先后入翰林院。但明伦著有《但批聊斋》。

[33] 任君：华为集团总裁任正非，都匀人，其父任摩逊为都匀一中校长。唐君：联想集团副总裁唐旭东，独山人。

[34] 丘禾嘉：贵定人，明朝宁远巡抚辖山海关总兵，抗清名将，崇祯皇帝授“帝依长城”匾褒奖，山海关现立有其塑像。

[35] 二杰：都匀人张先培、贵定人黄芝萌，均为革命党“北方共和会”成员。1912 年 1 月与汪精卫等人刺杀袁世凯，未成功，被捕就义于北京。

[36] 戴戡：贵定人，任护国军滇黔联军右翼军总司令，随蔡锷讨袁护国，曾任四川省长兼督军。

[37] 恩铭：邓恩铭，荔波人，中共一大代表，中国共产党的创始人之一。1931 年在济南就义。

[38] 少农：冷少农，瓮安人，周恩来的军事秘书。1929 年，根据周恩来的指示，打入何应钦身边收集情报，为红军第二次反围剿立下大功。1932 年，就义于南京雨花台。

[39] 百色起义：即邓小平、张云逸领导的广西百色起义，之后转战黔南的荔波、罗甸等县。

[40] 会议猴场：1935 年 1 月 1 日，红军长征到达瓮安猴场镇，在此召开了著名的猴场会议，为之后遵义会议的召开奠定了基础。强破乌江：猴场会议后，红军旋即突破乌江天险，进军遵义。

[41] 阮则文：民国罗甸县长，1936 年日本大举进攻华北，抱着强烈爱国心，阮则文到南京向蒋介石上抗日万言书未得回复，遂于同年 5 月投水玄武湖，死谏抗日，轰动当时。黎明关痛击倭寇：黎明关在荔波县，1944 年 11 月 26 日我抗日军民在此痛击日军第三师团 2 000 余人。

[42] 肖国宝身堵机枪：1950 年在长顺的剿匪战斗中，解放军战士肖国宝挺身堵住敌人的机枪口，他的英雄壮举比黄继光还早 23 个月。故新华社报道称之为苏联“马特洛索夫式的英雄——肖国宝”。

[43] 毛泽东义释匪首：1953 年我军捕获了铁壁合围中漏网的布依族女匪首陈莲珍，李达到中央向毛主席汇报西南剿匪工作时谈到此事，并说：“这个女匪首，下面要求杀”。毛泽东当即果断表示“不能杀”，并半庄半谐地说：“好不容易出了一个女匪首，又是少数民族，杀了岂不可惜？”紧接话题，毛泽东又说：“三国时候，人家诸葛亮擒了个孟获，就敢七擒七纵，我们擒了个陈大嫂，为什么不敢来个八擒八纵？总之，不能一擒就杀，应采取七擒七纵的办法。”后来陈莲珍在清匪反霸斗争中发挥了特殊作用，并因此立功受奖。陈莲珍后来一直担任县政协委员。

[44] 《好花红》：黔南布依族民歌，曲调优美，50 年代即唱响全国，已列入国家非物质文化遗产名录。《桂花开放幸福来》：黔南布依族民歌，50 年代即唱响全国，为 20 世纪中华经典歌曲之一。

［45］ 锦鸡舞：都匀市苗族女子芦笙舞。长衫龙：贵定县苗族男子芦笙舞。均已列入国家非物质文化遗产名录。

［46］ 独山县：被国家文化部命名为花灯艺术之乡。

［47］ 八音坐唱：布依族说唱艺术，已列入国家非物质文化遗产名录。玉水金盆：平塘县三面环水，被誉为玉水金盆。

［48］ 大明遗风尤存：黔南长顺县屯堡人文化，至今屯堡妇女仍着500年前的安徽凤阳女装。当时朱元璋屯军于以广顺为中心的周边地区。

［49］ 苗族服饰缤纷：贵州苗族有上百个支系，数百种服饰，仅黔南州就有100多种服饰。

［50］ 马尾绣：水族人独有的绣种，被誉为古粤绣的活化石，已列入国家非物质文化遗产名录。枫香染：布依族人特有的印染工艺，用枫香树叶汁作定色剂。

［51］ 吊脚楼，风雨桥：分别是苗族、侗族的传统建筑。

［52］ 冲冲糕：都匀著名小吃。折耳根：贵州人最喜爱的野菜，性甘，有清热解毒功效。

［53］ 都匀毛尖：中国十大名茶之一，1905年与茅台酒同在巴拿马博览会上夺得金奖，105年后再次被上海世博会确定为十大名茶。九阡：水族人酿造的一种米酒，酒先埋于地下窖藏若干年后，再取出饮用，性绵，外来的善饮者常常醉而不知。

［54］ 独山三酸：即盐酸菜、虾酸和臭酸。盐酸菜，被鲁迅誉为中国第一素菜；虾酸，用河虾发酵后放入糟辣酱中制成；臭酸，用多种蔬菜炒熟放入坛中窖制而成，开胃可口。贵州人有“三天不吃酸，走路打捞窜”之说，即没精神的意思。

［55］ 惠水牛头：惠水县的牛头牌牛肉干，为贵州著名品牌，产品行销全国乃至东南亚。

［56］ 范禹：著名词作家，《远方的客人请您留下来》的词作者，黔南州文联高级研究员，获贵州省“山花奖”终身成就奖。该歌曲自诞生以来，常唱不衰。

［57］ 允炆：即明朝建文皇帝，为避靖难之祸，削发为僧潜隐长顺白云寺。

［58］ 阳宝山禅林：明清时期与四川峨眉山、云南鸡足山并称西南三大佛教名山，至今山上留有和尚塔林100余座，为中国南方绝无仅有的佛教遗址奇观。

［59］ 古源：禅师，清代西南著名高僧，为惠水九龙寺开山鼻祖，寺周有九座山峰环拱，故有九岚拥寺之说。崇慈：法师，现惠水九龙寺主持、中国佛教协会常务理事、贵州省佛教协会副会长，恢复重建了九龙寺。

［60］ 福泉市的福泉山道观为张三丰修道处，其下有一条小河，其水成太极状环流。

［61］ 磷都瓮福：在瓮安、福泉两县市，有亚洲最大的磷化工生产基地。烟都贵定：国内最大的卷烟生产基地之一。

［62］ 射电望远镜：在黔南州平塘县开工建设的射电天文望远镜，直径500米，投资约7亿元，为当今世界第一大射电天文望远镜。

福泉苗族生态文化实践的借鉴意义

——以王卡村为例

◎ 范　波[①]

贵州是中国喀斯特地质地貌的中心分布区域，喀斯特地貌分布广泛，发育强烈且类型多样，全省近75％的国土面积皆属于喀斯特地形地貌，境内碳酸盐岩出露面积占总面积的61.9％。而在喀斯特地形地貌的山地环境中，主要以少数民族人口分布为主，历史上贵州众多的少数民族同胞大多又都曾或多或少地进行过“刀耕火种”的生计方式，使得当今喀斯特地形地貌普遍遭遇石漠化问题。而同样存在于喀斯特地形地貌区，并在较长历史时期里保留“刀耕火种”生产经营方式的福泉王卡苗族地区，在他们的生产活动范围内，并未见到石漠化景象的产生，森林覆盖率高达65％以上。这在一定程度上可以说明，如果人类的生产生活活动，能够有效规避当地自然生态的薄弱环节，就可以有效地避免石漠化问题的出现，在利用环境的同时也能保护环境[②]。因此，对王卡苗族在生产和生活中生态文化的总结和研究具有很大的现实意义，一方面可以引起当地政府和更多学者的重视，有利于在当地继续保持和传承这些生态智慧；另一方面能够对已经石漠化地区的治理提供有价值的经验和借鉴。笔者对王卡村进行实地调研，通过采访的形式，客观记录当地村民的口述，并对相关文献及论文进行研究后，发现了当地生态保护与生产、生活实践之间的联系，现就王卡地区民族起源、节日民俗、神树崇拜、狩猎习俗、农耕生产、民族医药、民族服饰工艺等方面与喀斯特地貌地区生态保护的联系进行讨论，总结少数民族地区传统风俗的生态实践和生态智慧，这对当今社会的生态建设应具有重要借鉴意义。

---

① 作者简介：范波，女，贵州省民族研究院副研究员，研究方向为民族文献、民族文化与旅游。

② 韩荣培：《福泉市仙桥乡王卡村农业生态调查》.贵州省民族研究院编：《贵州民族文化调查》(内部资料).第1—2页，2014年。

一、王卡村自然生态现状

福泉苗族主要分布在仙桥乡的王卡等地，属川黔滇方言洛北河次方言“小花苗”支系，当地文化学者认为他们是史称的“西家”。

王卡山高路险，树木葱郁，各个自然村寨分布于半山坡，周围耕地围绕，常绿阔叶林点缀其中，以枫香树、青冈、香樟树等为主，也有梨子、桃子、李子、柿子、柑橘、葡萄等水果树种，还可见野生核桃树、桑树等。竹林在河谷山林中有大片分布，但房屋周围只零星分布。在各个自然寨之间除耕地外，广大地域被常绿的原始次生林或石灰岩灌木草丛覆盖。在半山坡或山顶台地，海拔约 1 100—1 200 米的地方通常是大片的草地，随处可见退耕还林栽种的杉树林。村寨的房前屋后除保留和维护枫香、香樟、榉木等神树外，还栽种生长快、用材广泛的紫木。杉树、柏树是政府推广用材，在杉木林的维护上，主要采取修伐其他树种，同时蓄留青冈树、板栗树等与用材林伴生，当地苗族的解释是因松鼠喜吃这些树的种子而有利于传种，这样既有利于杉木的生长，森林也能够自然地较快恢复。

二、苗族古歌中体现的生活环境和生态

“苗族古歌”通过口耳相传的形式保留了苗族的历史文化，罗鋆等人收集整理的川黔滇方言洛北河次方言（即包括了王卡苗族）的《苗族古歌》“创世之处，万物生成史话”中唱到：

> ……造太阳月亮，才制十二个雷神……才造太阳月亮，才造碧蓝的天空…… 才造河水滚滚……才造泥土石沙…… 造石岩石壁，石洞岩孔，来当山坡山岭……才造柏杨树，它来得早，它植根山冲两旁，青冈它来得晚，它扎根陡坡；才造峡谷杉木，陡坡的青冈，才制青藤茅藤……才造满山茅草……才造巴芒茅草，来做山坡山岭，它的皮和它的毛，造岭连着岭，造坡连着坡；才造浸水沼泽，才造饮用水源，洗浴的水，流水潺潺…… 才造虾蟹鱼蛙……才造青山碧绿，森林茂密，才造青冈鸡血椰，枝桠想抱，根须相缠，树尖相绕……才造野兽野物，去坐深山森林，山坡山岗；才造小鸟画眉，小雀黄鹂，去站在树巅吟调，茂密处歌唱；造蟋蟀傍冲，蜜蜂成群，造完造全，造周造到。

这首古歌叙述了当地苗族认识中的自然界中山、水、植物、动物的来源，通过

这首古歌,我们可以看到王卡苗族的居住环境:在山岭相连的地方森林茂密,在山冲两旁最早有白杨树,在地势较陡峭的山坡则是青冈林,此外还有各种藤本植物如青藤、茅藤,还有大量的巴芒茅草,以及高大的青冈和榉木树(俗称“鸡血槲”),山谷中流水潺潺,有虾蟹鱼蛙,树枝上有画眉、黄鹂、蜜蜂、蟋蟀等歌唱,山林中有野兽等动物。这些与我们今天看到的树木葱郁、潺潺小溪清澈见底的景象基本一致,这些口述的记忆,成为我们研究当地苗族生活环境中生物多样性的自然生态环境提供了依据。

另一首苗族古歌的“祖先起源”中唱到:“姑女姑妙,她坐在那边,她住在那边,她用几墩来编成房屋,铁蓝来编人。人上坡不弯腰杆,下坡不弯脚跟,做不够吃,做不够用,她编得不好。”于是,又“用几墩来编人,各狼来编房”,“用阿红来编龙”,后来就生活其乐融融了,其中,“几墩”、“铁蓝”、“各狼”、“阿红”都是植物名,可见多种植物对当地苗族生活具有重要的影响,并在他们的生活中具有重要的作用。

“祖先迁徙”中记述,在某地“一直住到土壤贫瘠,水源枯竭,禾稻干死,没有水吃;坡没有柴烧,做来不够吃,做来不够用,才来纷纷协商……他们搬到了那边,他们迁到了那边……用阿沙阿桑,来做房子仓库的柱子”。阿沙阿桑也是一种大树,而每到一处,“去栽枫香鸡血槲岩青冈,去建造宽敞高大的好房。”从这首古歌可以看到,由于在喀斯特石山中刀耕火种的粗放农耕方式,随着土地肥力的下降,人口的增加,水源枯竭,不得不进行迁徙,每到一处都要栽种枫香、鸡血槲、岩青冈等树,当地苗族认为枫香是苗家的标志。在王卡,今天仍能看到苍翠葱郁的枫香古树。

从当地苗族迁徙的古歌中可以看到过去苗族原生的生态环境是林木葱郁,鸟语花香,人与自然和谐相处的。随着人口的增长,刀耕火种的生产方式也对生态造成了破坏,但苗家每到一处都要执行栽种枫香、鸡血槲、岩青冈等树的传统和习俗,对被破坏的生态环境起到了一定的修复作用。

三、节日民俗活动体现的生态文化

1.“杀鱼节”习俗

苗族杀鱼节在 2006 年被列为省级非物质文化遗产保护名录。杀鱼节起初为当地苗族在河边祈求龙王降雨的求雨节,也叫鱼猎节,“杀鱼”,在苗语中称“停米”。杀鱼节按村寨所在位置和规定,分为六个河段,各寨或宗族的几寨集体分段闹鱼。杀鱼节没有具体时间规定，要根据当年的气候而定，一般在每年清明前后，以山上的化香树叶长到 5 寸长的时间确定为开始杀鱼的时间。“约头”提前派人通知各村寨的“约头”开会，各寨派两人“传药”，统一时间和行动。之后各村寨派人上山采摘化香叶，并将其捣烂舂融制成“闹药”。杀鱼前各个河段都要举行相应的祭祀仪式，即“祭河神”活动，在“约头”宣布杀鱼开始后，投药手将“闹药”撒到河中，待吸食了闹药的鱼儿浮出水面，人们抛出鱼叉捕杀那些药晕了的大鱼，半斤以下的小鱼一般不杀。

杀鱼节是王卡苗族的重要传统节日，从上述的节日过程中，我们看到了他们良好的生态意识。首先，从杀鱼节的起源看，由于这一地区是喀斯特山地，山高坡度大，降雨较难积存，而且土层较薄，土地贫瘠，遇有干旱则可能没有收获，所以人们用鱼做祭品，祈求龙王降雨，反映了农耕民族对雨神龙王的敬重。在杀鱼开始前还需祭祀河神，同样反映了人们对大自然的尊重和敬畏。通过这种神圣庄严的仪式，教化人们尊重自然，对自然怀有敬畏之心。在杀鱼时间的选择上，没有固定日子，是根据闹鱼药化香叶的生长情况来确定，等到化香叶长到 5 寸时才采摘，这时采摘的树叶较大，药性好，同时对化香树的损害较小。而且采用化香来捕鱼，其毒性不大，河流有不断流入的清水注入后，鱼儿还能继续生长繁殖。在早年的捕鱼活动中，若捕到半斤以下的鱼儿，就放归河里，足见他们对河流水体生物生态安全的维护意识。而且分段杀鱼，各段时间不同，也使河流生态的承受度有所减缓。杀鱼节近些年来停办，原因除大量村民外出打工和交通原因外，由于上游大花水库筑坝蓄水发电，使得下游的传统杀鱼河段水量变得较小，而且清水江上游是来自贵阳的南明河，南明河在流经贵阳市以后的水质已是劣 5 类，根本不利于鱼类的生长繁殖，因而无鱼可杀而不得不中断。因此生态环境的维护不仅仅是局地的维护，而是整个区域甚至更大区域的维护，同时在修筑水电站等大型工程时也应充分论证其对当地生态的影响，否则可能对本地自然生态和人文生态造成不可逆转的影响。

2. “六月六”习俗

六月六除“晒龙袍”习俗外，当地还有“大米不出小米出”的说法，希望今年庄稼有好的收成，能够五谷丰登。这一天，家家户户男子都要砍几棵白刺插在自家的稻田里，据说这样做，蝗虫就不会来吃稻谷或稻叶。白刺是当地的一种有刺的丛生灌木，小枝灰白色，绿色叶子，高 0.5—1.5 米，多分枝，枝牵丛铺散，少直立，或许是白刺的颜色和形状，使蝗虫不敢来侵害稻谷，当地苗族利用白刺的这种生长特点，用一种特殊的方式来维护生态。

3. “打保寨”习俗

活动在九月九举行。由寨上鬼师主持，在寨上的神树下、土地庙前，祭品主要有黄狗、公鸡、青鸭各一，以及香蜡纸烛等，各户派 1 个男子参加，在鬼师做完法事后，带领全寨青壮年男子牵着这条黄狗走进各家各户赶“鬼”驱“邪”，熄灭各家炉灶里的火种，教育人们注意防火，也保佑各家各户健康、安全、丰收。“打保寨”活动主要为提升大家的安全防火意识，各家各户都要去到，称为串寨。由于当地苗族的传统房屋建筑是全木结构的，防火就显得尤为重要，通过“打保寨”这种带有宗教色彩的活动，在庄重神圣的气氛中，树立人们的安全用火意识，客观上对村寨防火和山林防火有重要作用，因此对村寨的安全和山林的生态都很有意义。

四、神树及神树崇拜及狩猎祭祀中的生态文化

1. 神树崇拜

当地人认为枫香是苗家的标志，有枫香的地方就有苗家。因此，每到一处，便“去栽枫香鸡血榔岩青冈，去建造宽敞高大的好房”。对于枫香、榉木（鸡血榔）的认可和保护，使当地人每到一处，必栽种和保留，并视之为神树，对它进行祭拜。

在王卡，香樟、榉木、柏树、枫香等神树不但不能砍，而且也不能修枝剪叶，即使落下的枯树枝也不能捡来当柴烧，如有违反，他们认为会对子孙不利，并用罚收部分钱物的办法对违反人进行惩处。

每年农历三月三，要到神树下和土地庙处杀鸡、杀猪祭山神和土地神，祈祷山神保佑全村风调雨顺、六畜兴旺。王卡苗族拿枫香、榉木（鸡血榔）等树木作为神树来崇拜，并形成了一套习俗和宗教仪式，客观上对这些树木的保护起到了很好的作用。

2. 狩猎祭祀习俗

过去在打猎追山时，收获了猎物，需先用香纸等拜祭山神，感谢山神的赐予，做完仪式后收获的猎物始能分割。猎物平均分配，如是成绩大可多分配。通过这种谢山神的仪式，我们看到他们对自然的敬仰和感恩。

五、传统农耕中的生态文化

无论是稻田还是熟土、旱地，生产耕作中的土地肥力问题是一个重要的生态

问题。在这方面,王卡人有着尊重生物多样性与文化多样性的生态治理智慧。

王卡苗族的水稻种植历史比他们迁徙定居王卡的历史还要久远。过去王卡的水稻种植以糯米为主,大约在民国中期才逐渐改种粘稻。水稻年间连作,一年一熟,是当地苗族的传统耕作制度,也有部分瘦田实行轮歇而隔年种植的,当地人称这种轮歇制度为"三年两头种"。轮歇地分两种情况,一是瘦田必须轮歇耕地保存土壤肥力的;另一种是春耕时因干旱无水打田而被动轮歇的。因缺水而无法耕种的稻田,很多地方的经营方式是转而执行玉米或豆类等其他的旱作生产,但在王卡,人们基本上不对稻田执行旱作生产,而是直接丢荒。一旦雨水来临,丢荒的稻田会被蓄满雨水以"养田",到第二年春耕生产时除去杂草,只施少量农家肥甚至不施农家肥即可耕种。因为经过一季的丢荒"养田",耕地的肥力不但得到了尽可能的恢复,而且"养田"过程中杂草的滋生,在很大程度上也综合平衡了土壤中的各种有机养分及元素。由于直接引用山泉水实施冷水灌溉,加之部分山阴田受锈水浸入,王卡多数稻田均处于土壤结构不良、有机质含量不高、生物化学作用弱的状态,养分尤为不易分解。过去王卡对这种低产田的处理是栽种耐寒的高杆糯稻品种。到普遍执行粘稻种植后,对这类低产稻田,王卡人采取了3种改良方法:一是开沟拉厢排除冷水,降低地下水位,提高土体温度;二是用草木灰肥拌和油枯座灰栽秧,加速秧苗返青;三是增施农家厩肥等有机肥料时,结合施放烧石灰,烧石灰的强碱力既可有效杀灭病菌和害虫、提高田温,又可保持田泥较长时间不会板结,据测算,亩施烧石灰1 500—2 000斤,可使稻田保持10年左右不致板结,这也正是王卡人综合利用自然资源的必然结果,因为当地喀斯特的地质地貌环境,为他们提供了丰富的"烧石灰"原料。

由于采用"一年一熟"制,即所谓的水稻单作炕冬或泡冬的种植方法。目的是通过农闲休耕,让土地自然恢复肥力,是对土地的保养。到了民国以后,由于粘稻为种植大宗,收获时多事先放干田水以利于收割,因此,稻田休耕多采用"炕冬"的办法。王卡人对稻田"炕冬"有两种处置方式,对肥沃的向阳田多采取自然"炕冬",这期间,稻田里会滋生各种杂草,杂草越多,稻田越肥沃,人们尽可能不去破坏它,到第二年春耕时将这些杂草全部翻犁埋入泥底,增加田泥的有机腐殖质。对肥力差、缺乏有机质的"下等田","炕冬"时则需人工种植绿肥,最开始主要种植萝卜花或油菜花,当地俗称"满园花",新中国成立以后,王卡先后引进了苕子、紫云英、豌豆、紫花苕、建筈等绿肥品种。绿肥是猪、牛、马等大牲畜在冬季主要的青草饲料,开春后,待其长至最茂盛时,以镰刀砍碎翻犁埋入泥底,以人工手段增加和干预田泥的有机腐殖质。同时，绿肥在生长季节里，其根部所产生和释放大量的氮元素，也可以有效改善土壤的综合肥力。

与过去相比，现在王卡稻田的生产经营方式发生了较大变化，有水源保证的稻田多为：水稻——油菜轮作，两年三熟；少数地方表现为水稻——小麦轮作，两年三熟；望天水田一般为水稻——炕冬年间连作，一年一熟；部分瘦田实行水稻——绿肥轮作，一年一熟。

玉米是王卡苗族最大宗的农作物，一年一熟，其土地经营方式主要表现为玉米——冬闲的种植模式，大部分用巴山豆、饭豆、黄豆等矮秆作物与玉米间作，当地人称这种间作方式为"种脚粮"。同时，又多执行玉米——小麦或荞麦的一年两熟耕作制，小麦地同时间作豌豆、胡豆等冬种作物；也多执行玉米——洋芋轮作，夏中收获玉米后，翻犁土地，秋冬种洋芋，仲春套种玉米换茬。现在整个王卡大多执行玉米——油菜轮作，人们认为这种模式既可培养耕地的肥力，又不误农时；部分旱地则执行玉米——绿肥轮作，直接以恢复耕地肥力作为土地休闲保养的目标。

在王卡，除了水稻田和生姜地实行单作种植之外，旱地耕作中一律执行多种作物的混生种植，最典型和最大宗的如玉米地同时兼作黄豆、四季豆、葵花，乃至小白菜等，而且，人们的中耕除草也并不是铲尽一切杂草，而是有意保留一些诸如可用作喂猪的青饲料等有用牧草类益草。关于作物混生种植，王卡人的自我文化理解是：作物生长亦如人类社会的人际关系，它们亦具有相生、相克的生物习性，组合得好可以促进各种作物竞生竞长，达到多种植物的丰收。从生态科学的角度上看，这种混生种植正是生物多样性原则的具体体现。多种作物混生，可以使一种作物生长所需的化学元素和养分，从相邻生长的另一种作物所释放的废弃物中获得，形成多种作物相互依存的共生格局。而且，多种作物混生的生物多样性原则，还可以相互抑制病虫害的发生，从而减轻人们的劳动成本和生产经营成本投入。关于不除尽杂草，当地人的解释是：土地耕层中有很多依赖杂草根部为食的土体生物，若除尽杂草则这些土体生物会转而啃食作物根部，从而影响作物的收成；而在土地耕层中适当保留这些土体生物是十分必要的，因为它们的活动可以起到松动土层、保持土壤的通透性的作用。

在农业生产中，根据不同土地的不同肥力，实行不同的耕作方式。王卡苗族采用的休耕、轮作、种植绿肥、施用农家肥等传统方式使土地的肥力得以自然修复，采用多种作物混生套种等方式很好地利用了植物根系之间肥力的互给，同时节约了土地,也跟上了作物种植的时间,是既合理高效又很生态的种植方式。

六、民族医药中的生态文化

苗族医药历史悠久,内容博大精深,对医治一些常见病、多发病,往往有独到之处。王卡苗医既是医生也是药师,药物亲自采挖,亲自配方。他们认为行医者必先识药,采药者必先懂医,行医不识药则不灵,采药不懂医则无效。在王卡,药师采药时,不做祭祀仪式,直接采挖。用叶、用藤、用根、用草的较多,他们一般不会全部拔掉,而是留其部分或留其根让它还能生长,他们说这样下次还有得用,体现了他们较好的生态保护意识。有采药口诀为:“乔木多取茎皮果,灌木适当用全株,鲜花植物取花苞,草木藤本全株收,根须植物地上采,块根植物取根头。”由于世代经验的积累,他们对药物有较好的认识,采摘原则取其药性最高的部分,这样采药有季节之分和采叶、采藤、采果、采根之分等。同一药,在春夏用花与叶,在秋冬用根和茎,即所谓的“春用尖叶夏花枝,秋采根茎冬挖蔸”。这是符合植物的生物特性的,因为春夏的有效成分多在花和叶,而秋冬多在根和茎。而有的药物不在季节采摘就没有疗效,如“三月茵陈四月蒿,五月六月当柴烧”。

王卡苗医基本采用当地药材,多用鲜药和野生药,他们的医疗经验来源于世代相传或他人传授,有不少的实践经验。他们独到的医疗技艺是当地人生存的重要智慧,他们采挖药材时有意保留部分的生态意识,以及掌握季节采药使药性最好的经验,也具有生态维护的作用。

七、传统服饰工艺中的生态文化

麻是王卡苗族传统服饰的主要原料,从绩麻、纺麻、理麻线、制麻布等流程,以及点蜡、蜡染、挑花等工艺中,我们看到,其主要制作原料全部来源于当地的自然植物,如麻、蓝靛、核桃叶、花椒叶等,妇女是服装的制作人。每年农历六七月间是王卡妇女制作他们传统服饰的时间,这段时间刚好给地里的包谷等庄稼除完第二道草,施完最后一次肥料,正是一个相对空闲的时期,同时深山中的王卡只有这段时间晴热天气多,蜡染制作中反复地浸染、漂洗晒干的过程能够得以顺利完成。

服装上的图案来源于他们生活的地理环境,她们把生活环境中的花鸟虫鱼以其审美和灵感刻画在她们的衣服上。颜色上用亮丽的红色、黄色、绿色及各种彩色相互衬托,而显得艳丽漂亮。她们对颜色的审美也和她们生活的崇山峻岭的环境密切相关，在高山密林中，烂漫的山花和斑斓的锦鸡、小鸟特别引人注目，使人既惊喜又振奋，它们既将崇山峻岭点缀得更美，又能驱除满目青黛的单调乏味，这些自然界多彩和谐的美好景象熏陶了她们的审美意识。上衣用彩色的刺绣搭配在深色底色上，再配以下装飘逸的蜡染裙，非常漂亮。脚上过去缠青布绑腿，现改穿青色紧身裤，绑腿的穿着也反映了她们生活的地理环境，在山林中穿行时，能够防止茅草荆棘的划伤及虫蛇的叮咬。长期在深山中生产生活，无名肿毒也不时会发生，穿着蜡染服饰有很好的预防和治疗作用，这种完全用自然生态的方式来防病治病是当地人最经济有效的生态智慧。

结　语

王卡苗族经过世代的迁徙最后定居在王卡大山之中，过去采用坎山烧荒、赶山吃饭的粗放农耕方式，栽种小米、红稗、高粱、荞麦、香麦等多种作物维持生计，由于人口相对不多，地域较为广阔，并采用轮耕、休耕的方式，生态环境维持尚可。同时，当地苗族对神山神树的祭祀和崇拜，并形成了宗教习俗，客观上对古树的保护和当地生态的维护起到了积极的作用。在王卡的重要节日"杀鱼节"中，先进行的敬龙王和敬河神的宗教仪式，反映了他们对大自然的尊重和敬畏，利用天然植物分河段杀鱼以及放生小鱼的做法有利于生态的恢复。在疾病的治疗上，采用当地野生鲜药，现用现采，药性好，并注意留存各类药材。在传统服装上，服装用料和靛染都采用全植物的生态形式，环保健康，他们的服装审美来源于生活的自然环境，因而与众不同。近年来，通过退耕还林、持证采伐、集体林权制度改革等保护生态的措施以及乡规民约的约束，加上村寨人口本身不多，大量人口又外出打工，王卡地区的生态保持得越来越好。

总之，今天的王卡是一个自然生态和人文生态都很和谐的地方，当地苗族在长期的生产生活中，在他们的宗教信仰、节日习俗、民族工艺文化中体现了与自然和谐相处的乡土知识及生态智慧。乡民们合理利用自然资源，有效利用自然资源的生态实践，敬畏自然、尊重自然、爱护自然的生态理念，以及淳朴的乡风，值得肯定！

白云家族族源我国西北说

——以黔北南阳堂为例

◎ 白云洪飞[①]

黔北白云家族是以南阳堂为共同文化纽带，以白云氏及白氏为主体的血缘家族，分布在乌江流域地区，以凤岗为中心，包括思南西、南大部，石阡西、北大部，湄潭东小部，正安东南小部，务川南小部，德江西南小部，余庆中北小部等区域。白云家族在以上地区的分布大部分以山区为主，小部分临江河，主要呈点状自然村落分布。

一、有关白云家族的传说及其入黔三支的迁徙分布

关于黔北白云家族的来源，在其家族间流传着一则族源西北的美丽传说：

在很久很久以前，兵荒马乱之际，白云家族在敌军的围追堵截中，西天王母派其坐骑“虎狮马”助其杀开一条血路，一路向东南而来。他们越过了无数的山山水水，也度过了无数个日日夜夜，终于把追兵甩在了无穷无尽的茫茫大山之后，来到了青竹山脚下的茶蜡杆。族人见此地地势高敞开阔，土地也较肥沃，坡下两河汇合而去，于是打算留下来扎居，遂拜谢“虎狮马”，感激它的救命之恩并劝其回到主人身边去。“虎狮马”却说：“你们是王族之后，王母派我来保护你们，现在你们选定了新的居所，虽没有了追兵的外患，但你们还得开荒辟草，重建家园。这山野之地到处有神魔鬼怪出没，来时主人已吩咐让我留下来保护你们，这是我的使命。你们今后就在我化身的三山周围活动，将会子孙发达，万世安宁，我的灵魂会保护你们。切忌迁到三山之外。”说罢身体一分为三——老虎之身环卧伏守东南方成了“老虎岭”，

---

① 作者简介：白云洪飞，男，贵州民族大学图书馆助理馆员。

狮子之身立守西南方成了“狮子岩”，马形之身由西向东高高地站立在北方成了“马鞍山”，以挡住寒冬吹来的北风，它们的魂灵保佑着白云家族世代在此地繁衍生息。

以上是关于白云家族“虎狮马”的传说，没有具体时间和空间以及行经路径的介绍。从内容来看，主要是敷演了黔北星竹地区地方山名的来历，但提供的信息有“战乱”、“西天王母”和“虎狮马”等，其中西天王母和怪兽虎狮马在黔北地方文化中未曾见有记载，也无其他民间流传。马在古代是西域常见的战争用具和交通工具；虎在新疆消失的最晚记录是在1916年的罗布泊地区；古代西域各邦国与西亚民间贸易和官方互贡都较频繁，东汉末年波斯国曾借道西域向汉王朝进贡过狮子，可见西域王室饲养狮子或民间看到狮子并非难事；另外，西王母本是新疆地区民俗文化之人物，在中原汉文献中有关西王母的最早记载见于《穆天子传》。由是观之，白云家族文化中的西域文化因素正为其族源西北说提供了可考的线索。

白云家族由川入黔具有相同宗堂文化的有三大宗支：第一大宗支为远徙思南府安化县瓦窑堡[①]的开泰堂叔始祖长房，所派因修建思林水电站筑坝蓄水而搬迁，四散流布于今贵州省内四方[②]。第二大宗支为落脚石阡府龙泉县(今凤岗县)长十甲茶蜡杆的仲华始祖晚房，所派有过几次搬迁，基本都是围绕着“虎狮马”化身的三山方位挪动而未曾远徙，征戍思南府婺川县大峰岩[③]安姓土司营盘后，召集星竹地方十大姓合盟时，此支白云家族被公推为盟主，其长房智远祖派转驻邓子溪白家塆，后再徙土溪寺白家坡，此支族人遭咸丰丁巳年(1857)教民之乱十室九空；晚房智明祖所派就近转驻河桐坝白家硐白家坡；白云家族本支(直系晚房)天才祖派于帝兴祖时，由合桐坝迁回青竹山脚下大方坪落脚，使得家族文化得以较多的传承。第三大宗支为仲贵伯始祖长房，居住黄家池(今石径乡)，其族人成年男子清朝时大多惨遭官府抄斩，后以过寄四姓[④]为后，其原有分支于今永和镇青滩红岩子支系保其根种。此外，仲华祖下智远祖长

---

① 今思南县三道水土家族苗族乡、香坝土家族苗族乡和合朋溪镇交际一带。按：据考，清朝时今思南县瓦窑一带尚属石阡府龙泉县(今凤岗县)。

② 就近搬迁安置的有原白家寨上下两寨后山(白家山)、香坝牛角岩、合朋溪镇、长坝镇、许家坝镇、思南县城，以及德江县、铜仁市、贵阳市等地。

③ 今属思南县青冈坡镇沙坝场村大峰岩组。

④ 其中三姓异族为刘氏、王氏、田氏；同族过寄为当地白家塆白氏；另一部分为四川(今重庆)南川白氏后裔——此处后两支白氏亦仲贵伯始祖长房后裔。

房碧祖派由河桐坝搬迁黄家池，再外迁搬至永兴场（今湄潭县永兴茶场），在白家塆留有后人。

二、姓氏考辩

（一）白云氏称谓的古今异同

白云氏古书上写作“白雲”，与水有关，其中之“雲”与今下简化及古今含有言语意义之“云”不同：

1. 据《姓氏词典》载：“源于远古原始氏族的图腾崇拜，系出轩辕氏。”[①]

2. 据《日本国姓氏大辞典》载，日本国有白云氏者，多为武士之家。其记载乃元代之后，未必有所渊源。

3. 蒙古也有白云姓氏，但并非同宗；今贵阳地区也有此姓氏者，未得考其源是否同宗。

4. 黔北今下之白云氏者，自唐以降以父系为宗，尚南阳堂。

“据《台北县氏族略》记载，唐朝突厥人白元光系汉化改姓而来。”[②]另据黔北《白云家谱（旧谱）》载：“……唐，南阳郡王白元光者，白云赤光也。其本突厥人……会勤王助剿安史乱有功，封南阳郡王，实治之南阳……娶当地白氏为室人（非正妻）。后，（皇）上赐姓白，以融洽当地白氏家族……后人多以白为姓，望出南阳，遂以南阳为郡望堂号……”[③]按白云家族传说及家族语义，此姓氏为意译，原姓氏汉译义一为“白云”或“雪山之云”，另为“圣火”。另据《中华姓氏考》载：“南阳白氏成为当地望族，（白）元光多有尽力焉。”至于《旧唐书》与《新唐书》前后所述“白元光”是一人还是两人？或者是由突厥改姓而来？尚有异议。但治所南阳者当为家族传说及黔北《白云家谱（旧谱）》记载中的“白云赤光”无疑。

如果说家族传说及黔北《白云家谱（旧谱）》记载中的“白云赤光”与唐时封南阳郡王的“白元光”为同一人，那么按现今黔北白云家族语言来说，其姓氏“白云”当为音译后的再次意译。其原音为［dain^{11} fu^{12} $\mathrm{ʤi}^{12}$ li^{12}］，汉字注音为“丹佛吉

---

① 王万邦著：《姓氏词典》，河南：河南人民出版社，1991 年版，引自词典正文，第 8 页。（吕振羽著：《简明中国通史》，北京：人民出版社，1959 年版，第 48 页——“属于轩辕氏的有青云氏、缙云氏、白云氏、黑云氏。”）

② 信息引自 http：//wenda.haosou.com/q/1384799155069020。

③ 内容引自《白云家谱》，明末清初黔派一世祖祖茂（字仲华，号凤翔）编；清六世祖昇（字天才，号兴霸）续编；民国九世祖平康（字德安，号文若）续编。未引全文，其中省略号及标点系本文作者拟断注。

力”，系合成词，由“丹佛”与“吉力”组成。“吉力”系突厥词汇，意为“火”或引申为“圣火”，与西北曾经流行萨满教崇拜火的习俗有关；“丹佛”系外来词，受经中亚贵霜王朝整合后传来的佛文化影响，“佛”[fɯ¹²]系音译，“丹”借用汉语，本有“赤”或“红”义①，亦与西北民族当时的尚火习俗有关，组合并附会于外来宗教文化，既是一种文化的包容，同时也是仰慕他族文化的表现。“丹佛吉力”直接意译为“德凤金龙”，亦即“圣火”。当下黔北地区的白云家族其姓氏来源当为原始宗教的图腾崇拜，无论是“白云”或“雪山之云”，还是“圣火”，其音译汉字注音为“丹佛吉力”，第一意译为“德凤金龙”，再次意译为古之“白雲”与今之“白云”。

由于种种因素，汉人多误以为白云氏即白氏，致使现在户籍登记一个家族有“白云氏”及“白氏”两种称谓，并因“族源不详”及族人不辨之故，今被行政性地划分为汉、土家、苗、仡佬及侗等五个主体行政民族②。今希望将之复原并提倡白云家族文化：

1. 继承远祖姓氏及遗训③；
2. 纪念家族漂泊不定的迁徙史；
3. 告诫族人为人做事当崇尚光明磊落；
4. 比拟蓝天白云飘逸自如，追求自由；
5. 革故纳新，另立“白雲堂”。

（二）白云氏与白氏的关系及其他

中华白云氏与白氏的关系错综复杂，至于其他地方（包括现今河南南阳）的关系，不在本文讨论范围之内，本文仅以黔北地区尚南阳堂的白云氏与白氏家族为主要讨论对象。

黔北地区尚南阳堂的白云氏与白氏家族以南阳堂为共同的文化纽带，交流互动相对白氏其他堂派较频繁，但互不通婚。此外，当地白氏有“樊（凡）白二姓是一家”、“宁白二姓是一家”、“陆彭白是一家”、“苏白二姓是一家”等传言，无有坚实证据，多不足取。白云氏除不与当地南阳堂白氏通婚外，与其他姓氏及其他堂号的白氏皆可通婚，其因如次：

---

① 用汉字注音，几乎是中国各族群普遍存在过的现象，也包括中原人用汉字注外来语音。汉朝统一西域后，西域大小各国官方普遍使用汉字或旧文与汉文并行。

② 此为白云家族“传统”五族，另外布依族、黎族、哈尼族等为当代与外通婚的“新民族”。

③ “南阳受姓，世代簪缨。秉承祖业，国旺家兴。”（《白云家谱·传世家训第八·族训》）

1. “樊(凡)白二姓是一家”不足取信

据考，黔北香山堂其宗籍与白云氏亦本系同源，均由南阳而江西再经两湖四川入黔，如凤岗星竹土溪寺白家坡《白氏族谱(南阳堂)》载：“……江西籍南阳堂黔派始祖仲贵、仲华昆仲与亲房堂弟开泰，其先祖原籍派自江西省宁江府新喻县大砑头什字街居住，宋末阻蒙军南下，奉调增防湖北，后扎居湖北，少部返乡。元末明初，奉旨征剿四川、云南，元贵进川；及后湖广填川，遂大部入川。后，张献忠乱军入川，杀掠无数，兵败，遂避难黔地，开疆拓土，几经辗转，后仲华祖定居石阡府龙泉县长拾甲河对门茶蜡杆[①]；仲贵祖未知分发何处[②]，开泰祖搬(湄潭)永兴场居住，无有往来[③]……”今仲华祖派下已传至16代，合分散各地的白氏家族统计在谱者共计284户，2 207人[④]。湄潭高台太极坝《白氏族谱(香山堂)》载：“……(始祖)白应枝，原江西省宁江府什字街前定居，后迁湖南省长沙紫竹元(园)。明中期迁来贵州省东卜宅，后迁高溪田畔荣廷艾子元(园)，分居湄潭县高台乡太极坝……”至今已传17代，618户，3 200人。与前者相较，后者或许其中遗漏了由川入黔的介绍。

因史书记载唐代大诗人白居易有侍妾樊素，民间传言其后有姓“白”与“樊”者，此系白氏尚香山堂后代口传，无谱载，但此一说法在思南樊家坡流行较盛，亦在黔北南阳堂白氏家族中颇有影响。

白居易无后史书有载，白樊氏有无后代世无考，言居易嫡系正宗传人者，实属滑稽之谬谈；至于“香山堂”，仅系白氏后人对其文学地位和社会贡献的认同与尊重而已。至于“凡”姓，因音同字简，当地人囿于文化因素，常“樊”、“凡”不分，两家族也多互用，或误其同音，或为增进家族群体势力。是以“樊(凡)白二姓是一家”不足取信。

2. “宁白二姓是一家”无据

此说系凤岗土溪镇宁氏家族“归附”传言，但未见其谱。其言祖上清朝时因人命官司由川(今重庆)入黔，为逃避官家追捕和躲避仇家追杀，遂改姓易名世居

① 茶蜡杆，即今凤岗县王寨镇新民村(原星竹乡)街上组河对门白家塝。

② 2009年经查，凤岗县黄家池(石径乡)白家寨、永和镇清滩红岩子白家塆白氏系仲贵祖后裔。

③ 此系舛误。2009年经查，湄潭永兴茶场白家塆白氏系仲华祖下智远祖长房碧祖派支系。开泰堂叔始祖宗支后裔为今思南县三道水土家族苗族乡、香坝土家族苗族乡和合朋溪镇临乌江交界处原瓦窑堡白氏。

④ 因清朝咸丰丁巳(1857)年教匪作乱，土溪寺白家坡(此为仲华祖下智远祖长房珩祖派族人主要聚居地)族人被杀40余家，男丁被教匪杀害、充军战死及四散他乡，残存下来发展至今的仅存45户277人。

于此。为不忘故姓，改姓氏为相同笔数之“宁”（民间用作姓氏之“宁”古已有之，不同于“寧”；白氏同笔画改姓的还有“令”、“石”二姓）。虽有往来，其仅限于土溪高坪白家塆南阳堂白氏家族，黔北南阳堂以白云氏与白氏为主的白云家族整体上尚未认同其为“本家”。

3. “陆彭白是一家”系据神话传说附会

此一说法系中原（汉人）谱系，依据神话、传说及《史记·楚世家》所言，把陆终（陆氏始祖之一）、彭祖（彭氏始祖之一）、季连（芈姓，白氏始祖之一）串联起来，于是“追根溯源”，就又都回到“黄帝”一脉相承上了（“苏白二姓是一家”，缘此或为陆终、季连之后生姓氏的桥接关系）。这种攀附“历史文化名人”的做法，历来是中国家谱族谱编修的通病之一，且这与中华各族群、各姓氏之多族源、多源流的客观事实相悖逆。

4. “苏白二姓是一家”为后人误解“苏白二堤”之并称

就全国而言，“苏白二姓是一家”的说法在江浙和川渝一带较盛。考其缘由，一则是唐朝白居易和宋朝苏东坡都曾做过杭州太守，并都修有水利堤坝，当地后世居民感念其德，常把“苏白二堤”并称及简称“苏白”以指代之，久而久之在当地民间也混用或误用“苏白二姓是一家”；再则是苏东坡曾有“（白）乐天实为吾辈文宗”之语，此“文宗”绝非“祖宗”之称谓，彼此自然不存在血亲关系，当是指传承白居易“文章合为时而著，歌诗合为事而作”之写实主义文风而已，因其本是川人，故“苏白二姓是一家”流言于川渝地区自是在所难免。

就黔北地区而言，此说系凤岗永和镇清滩红岩子白家塆与黄家池（石径乡）白家寨传言。考其当地风俗，或谓与黄家池当地苏氏家族旧有仇隙之故之蔑言，大家彼此都“不服软”，互掐式地“骂亲”，借用出嫁的女性骂对方“家[gA^{11}]公”（外公）、舅爷（舅舅）、亲爷（岳父）之类；当地人或言外出打工在广西有苏氏者与其曾要认本家云云。不管出于何种说法，无有血亲关系证据，不足取信。是以当下除了两地白氏家族因老字派和堂属相同而认同为本家外，与苏氏无有宗族文化往来。

白云家族除与星竹“十大姓”[①]中其他九姓交往密切外，还与当地冉氏（土家族）、张氏（土家族）、姚氏（汉族）等亦有交往，但堂属不同，文化有异，皆不认其为本家。白云氏家族以“树”的理念为基础，革故纳新，以南阳堂为文化纽带，坚持

① “十大姓”是以“白氏”家族为首的明清时星竹地区十大姓政治、经济和军事联盟，包括“白氏”（汉、土家、仡佬、苗）、陈氏（汉、土家）、罗氏（汉、苗）、阮氏（汉、土家）、赵氏（汉、苗）、王氏（汉）、席氏（汉）、朱氏（汉、苗、土家）、宋氏（汉、土家、苗）和杨氏（汉、土家、苗、仡佬）。

“入我门来即为同宗”的原则，以历史“乱绳法”为考证方法，略古详今，在平等吸纳本家的同时，积极发展与周边各家族的友好关系。

黔北地区白云氏者现已多为白氏，然其地与全国之白氏者多非白云氏，或其变异而成，白云氏有化为白氏者，亦有化为他氏者，但至今无有他氏化入白云氏者。

三、文士赠诗

据清朝同治七年（1868）星竹土溪寺白家坡白帝瑞本《白氏族谱（南阳堂）》载，遵义府举人萧光远赠白玉堂七律一首：

美人窃异在西方，讵料美人舍故乡。共历风霜何久爱？交深贫贱也难忘。

托身沧海谁寄照，万里江河愿水长。为问玲珑何等贵？千宝身价数玉堂。

谱中所载萧光远确有其人。萧光远，字吉堂，清朝贵州遵义府北乡人，道光乙酉年（1825）举人，清朝咸丰年间遵义府教谕。白玉堂，即星竹土溪寺白家坡《白氏族谱（南阳堂）》修订者白帝瑞，“帝瑞系生于道光十六年（1836）岁在丙申”，咸丰丁巳年（1857）思南府刘义顺以斋教乱世，帝瑞祖避难遵义府，参加镇压白号军，曾与萧光远学习论道于遵义府，交情深厚。诗中“美人”意指黔北南阳堂白云氏与白氏始祖白元光（白云赤光），“西方”意指其族源源自西域，“舍故乡”意指白元光远离西域故土率兵助唐朝平剿“安史之乱”，及其因军功受封南阳郡王后留居中原之事。

从当时的文化环境与社会环境来看，白帝瑞与萧光远皆是文化人士，对其家族文化及相关历史文化是有所熟识的，作为交谊颇深的赠友诗，提及有关家常，其可信度也相对较高；当时世道混乱，咸丰年间黔北地区白教、黄教教民叛乱，烧杀抢掠以致民不聊生，萧光远赠此诗或别有深意——希望白帝瑞像其祖上白元光一样，披坚执锐，助中央王朝平定叛乱。后帝瑞祖因镇压黔北教民叛乱有功，于咸丰丁巳年（1857）经贵州巡抚引荐进川平乱，川乱平息后以五品顶戴由川进陕甘，与“巴图鲁田”一道平定当地叛乱，因功补五品蓝翎守府[①]，恰值

① 此官品与翎羽品级不合，或是清末政局动荡、朝廷为拉拢更多效命疆场之众而大肆虚衔封官泛滥使然。守府又叫守备，是明清时期地方武官，正五品，其官阶与府同知相当，是主管一府军事的副职。

同治戊辰年(1868)黔北教民之乱彻底平息,帝瑞祖在外漂泊十余年,思家心切,遂辞官归乡。由此可见,黔北星竹南阳堂白云氏与白氏族源西北说具有文史承载的可信性。

四、语言文字

白云家族中有自己特殊的语言(土狼语)和文字(土狼文),然由于种种历史原因其语言文字流传下来的不多。因家族军团习俗的传承得以部分的残存,主要保留于《白云家谱·蒙字垂训第十》和《白云家谱·称谓第十一》中,至于相关语言文字论述,可参见"黔北仡佬族家族语言文字流变调查与研究"课题论文——《白云家族语浅析》、《白云家族语流变探微》与《白云家族语共时对比研究》三文,今仅将其语音和文字图表罗列如下:

33 组 46 字符表

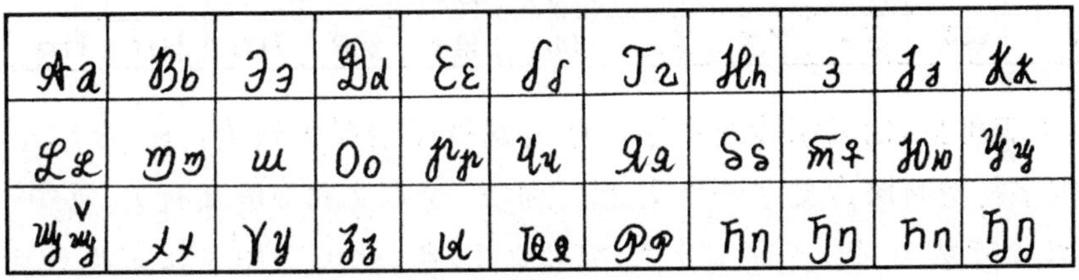

33 语族表

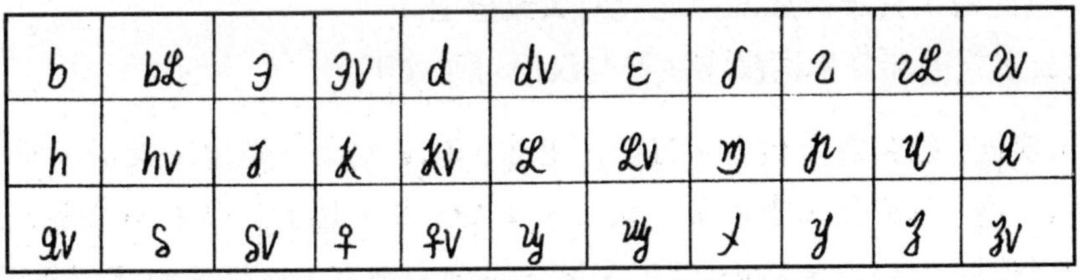

26 语支表

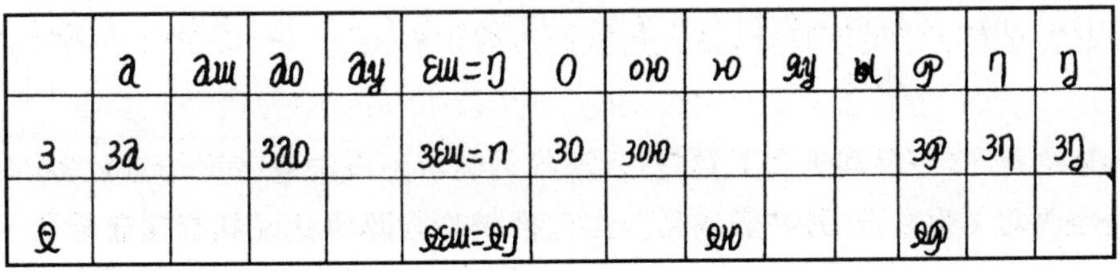

土狼文通用字符借用流变相关源流表

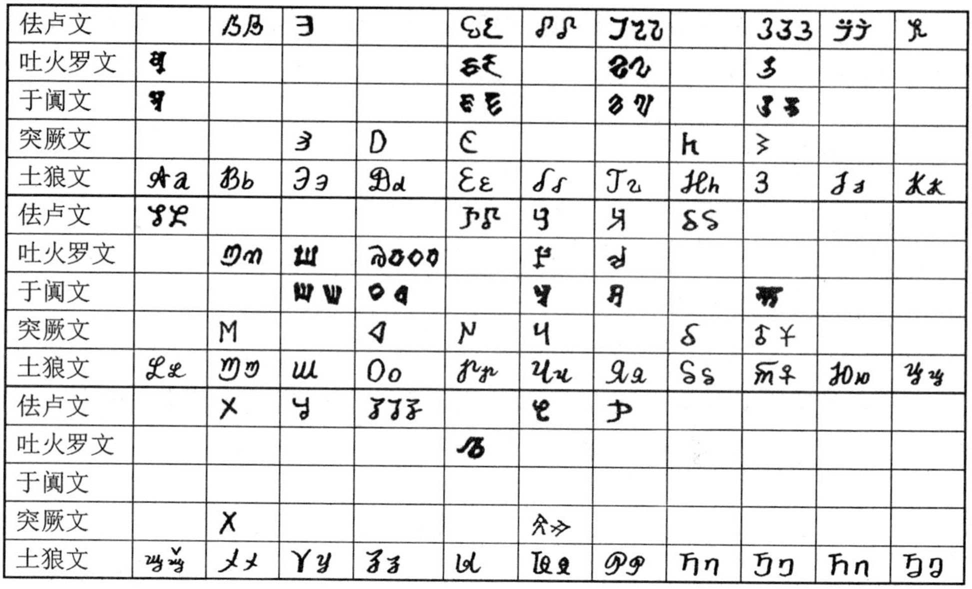

由上表可见，白云家族通用字符相关的借用情况大致为：在 33 组字符中，有 26 组字符与西域古文字佉卢文、吐火罗文、于阗文和突厥文有关，其中佉卢文 18 组，吐火罗文 10 组，于阗文 9 组，突厥文 13 组，佉卢文与突厥文共 23 组占绝对优势。同为西域曾流行的古文字，但受地域限制而带有明显的地理分布特征①，这也证明了其族群族源西北说的大致范围。

白云家族语部分称谓汉字注音与汉语对照如下：

土狼语：巴台吉・台吉・巴巴・巴布・俫・格桑・桑昆・桑干・桑干达
汉　语：高祖父・曾祖父・祖父・父亲・我・儿子・孙子・曾孙・玄孙

土狼语：巴台吉・蒙妑/蒙巴・妑・妈母・婆夷・格妮・桑妮・桑干妮・桑干达妮
汉　语：高祖母・曾祖母・祖母・母亲・妻子・女儿・孙女・曾孙女・玄孙女

从语言、文字及其流变上看，白云家族语继承突厥语系字符相对较多，大部分是经西北文化整合后的“舶来品”，由此推断其族源西北说具有文化传承上的

① 佉卢文、突厥文主要源于阿拉米字母，分布于北疆；吐火罗文、于阗文主要源于婆罗米字母分布于南疆。两种字母都是在腓尼基字母基础上产生的古印度文字。

可信性。

五、时空观念

在时间观念上，较大差异表现在白云家族族历“阴阳历”上，《白云家谱·杂记第十三·时制篇》中载：“古之时无有年①，有吉芒[ʥi^{12} maŋ^{12}]（月份，月数），实有年而意用虚。罗盘[lo^{12} pan^{12}]（月亮）绕腾格勒[tən^{12} gei^{12} lə^{12}]（天，天空），吉芒。阴阳交替，夕更（一日，一天）。一之日五分：上、上中、中、中下、下。金乌[ʥin^{11} ɯ^{11}]（日，太阳）、罗盘（月，月亮）、额泰[ŋei^{12} tai^{21}]（金）、克硃[kei^{12} mo^{12}]（木）、失依[sɿ^{12} ji^{11}]（水）、吉力[ʥi^{12} li^{12}]（火）、沙比[sᴀ^{11} bi^{51}]（土），日之所匹，吉芒以四分，鲁别（周，星期）。”从中可以看出，白云家族是以月为时间计时的基础单位，向下以昼夜交替为“天”（夕更），一天分为五段：早上（6:00—9:00）、上午（9:00—12:00）、中午（12:00—15:00）、下午（15:00—18:00）、晚上（18:00—6:00）；以日、月、金、木、水、火、土对应计时的“天”，为一“周”（鲁别），循环有四为“月”（吉芒）；向上受中原农历影响，后来总结出太阳年“（稍）”，一年十三个月，364天，与中国农历和西方公历相差无几。以月亮变化及其周期来计算时间，从客观地理环境来看，这是西南民族所不具备而只有在北方草原、大漠中才具有的天然优势，由此可以推断白云家族族源不在西南而在北方。

空间异俗上，表现在白云家族居住宅基与丧葬墓穴尚东、西方位。房屋坐落以坐西面东或坐东面西较多，除了客观上便于采光之外，与族源西北说和迁徙东来说的家族文化心理有关。在丧葬墓穴上，因强调点不同所指方位内涵各异：从黔派始祖仲华祖以降至第七代嫡系宗支皆以头西脚东方位葬，主张族源西北，进入中原后由东至西迁徙而来西南，死后希望能由西而东，再由东而西把灵魂带回族源故地安息；八世祖帝兴祖后以头东脚西方位葬，提倡在生与死后复归故俗，把灵魂留在太阳升起的东方。从尚东西方与尚日习俗看，西南本地民族无有此俗，而古之匈奴、突厥等有“朝拜日夕拜月”的习俗，由此可见白云家族源于北方无疑。

此外，空间观念上的殊异主要体现在宇宙观上，《白云家谱·杂记第十三·太虚篇》中载：“太虚无极，腾格勒有界，三十又三。各界有主，灵羊[lin^{12} jaŋ^{12}]

---

① 此有舛误。白云家族族历计年特殊字符为“”，汉字注音为“稍”，读作[sau^{11}]。

(狼)首之,老娃[lau^{51} wᴀ^{12}](鹰)其次,老变婆[lau^{51} bin^{21} pə^{12}](虎,老虎[①])、彪嗯[biau^{11} ŋən^{11}](狮子)、沙陀[sᴀ^{11} to^{12}](马)各次之,竹竿(人)、扁担(人)、扫帚(人)、撮箕(人)各依其序,各守其界。十三界之首,地处其中,扁担适焉,杂以万物。"由上可以看出,其内容乃系白云家族定居黔北后的产物。首先体现在文化心理上,"灵羊"是"狼"的汉字注音反切法的反用,狼与鹰是图腾崇拜的旧俗,放在天体分层之前也在情理之中,接着的排位是与家族迁徙的族源传说"虎狮马"有关,是纪念与报恩情结的产物。其次的竹竿人、扁担人、扫帚人、撮箕人是按事物的高矮来排位的,在黔北地区的农村,后三种皆由竹子制成,由此可见在族群自身文化上,白云家族已融入并接受了西南地方的"仡佬族竹文化"。最后,在构分的三十三层天界中,又分出前十三界,人界(扁担人)居中,这是"人类中心说"或"地球中心说"的文化心理使然。最主要的是,在三十三界天体中,狼排在第一位,这是中国北方狼图腾文化的余俗,加之西南无有狮子,"沙陀"意为马,在唐朝时"沙陀部"为突厥人主要分支之一,在北宋时分化为沙陀族。综而观之,从文化心理来分析《太虚篇》,可以进一步断定白云家族源自西北。

六、节日祭拜

据《白云家谱·杂记第十三·时制篇》载:"一之岁有时,各得布垄[go^{12} dei^{12} bɯ^{11} luŋ^{11}](节日)亦有制。祖制有法,汉制有礼,杂而用之,各取其宜,后宜效之。祖之制七月首之,金乌(太阳)炎而烈,一三(族历七月十三)罗盘(月亮)盈,拜月,祖祭。汉有乞巧尚七七,化而族历有之;引以为男冠,推之岁末一三(族历十三月十三)。汉有端节、重九、年节,化夷蛮而尚之。端阳有小大,五五(汉历五月初五)共一五(汉历五月十五),年节同制(也有大小之分),岁尾(汉历十二月最后一天)与首中(汉历正月十四);重九同。因汉制,后亦有年节,岁尾(族历十三月二十八)是也。"

在传统的节日习俗中,因白云家族除了应用自己的族历以外,还借用汉历并受其部分节日习俗影响而两相杂用,但其文化内涵与汉制存在一定的差异性:最大的节日为祖祭,也叫大年节,在族历的七月十三,现已融拜月、祭祖、吃新活动与仡佬族牛王节等为一体,是综合性的节日。其中的拜月活动相当于汉节的中秋,其次族历"七·七"女子节与"一三·一三"男子节是受汉节中女子乞巧活

---

① 白云家族语称虎、老虎又叫"十雷"[sɿ^{12} lwei^{12}]、"十节雷"[sɿ^{12} ʤi^{12} lwei^{12}]。

动演化而来，至于“一三·二八”的年节，相对要淡落些。也就是完全自己的节日只有祖祭(大年节)，女子节、男子节和年节算是舶来品；端节、重阳与汉历年节是借用或共用现象。除重阳完全相同外，年节分有小年大年之别。端节差异较大：小端阳是干儿干女拜干亲，与汉节的新年走亲类似；大端阳是万神之节，活动重视喝雄黄酒辟邪、与家人团聚，与汉节中秋相似。

在白云家族祭拜习俗与节日习俗中，差异显著而特殊的是拜日月与尚重阳而轻中秋等民间民俗文化现象。两者相结合，是家族历史的部分缩影，也是一种文化心理的折射。

祭拜习俗属民俗宗教文化范畴，白云家族的祭拜殊异主要体现在神龛上。神龛在汉族与其他民族中，多为祭拜历代祖先和各方神灵与先代圣贤之用；白云家族的神龛则主要是自然崇拜、图腾崇拜与祖先崇拜的结合体，龛首敬祖不是“祖德流芳”而是“世代簪缨”，中间神位不是“天地君(国)亲师”而是“日月水火土”，两侧左边是竹与族徽的合成图画，右边是灵羊(狼)图腾图画，左下龛角挂一竹筒，里面装有少许稻谷、小麦、胡椒、食盐和玉米。自然崇拜有金乌(日)、罗盘(月)、失依(水)、吉力(火)、沙比(土)，主要尚日月，在族徽中作为主体部分加以体现；图腾崇拜有狼图腾、族徽中日月拼合的飞鹰图腾以及竹图腾；祖先崇拜主要是在尚武好战精神上的“世代簪缨”。在所有崇拜物中，除竹图腾外，几乎都不是南方族群所具有的文化现象，而这些在古代的萨满文化中是习以为常的，几乎是北方族群所共有的文化现象。从白云家族的神龛祭拜对象综合而论，可以总体断定其族源为北方族群无疑。

汉历“八月十五月正圆”的中秋节，同为带有祭月拜月情结的活动，而在白云家族传统文化中没有记述。据传说主要是家族军团文化尚武好战而崇尚光明磊落，不齿元末中原汉人以八月十五“过节”而密谋造反的“暴民起事”，以及朱明王朝因此而成的“偷国”行为，是以在文化认同上反感并排斥之，但对力主亲情、友情的重阳节却倍加青睐。从文化心理来看，白云家族不尚中秋而尚重阳，是其族群在文化归属上对中原汉文化的中秋不具有认同感，此亦侧面反映了其族群非源自中原亦非南方而是北方。

七、军团余俗

受传统军团习俗的影响，在白云家族族内事务管理者称谓上，基本沿用旧称，具有明显的“三级七职制”，如统领[tuŋ^{51} lin^{51}]：大首领、合族之长、总族长，是家族事务最高掌管者、执行者、代表者，主要涉及政治、军事、文化、族际交往等；统管[tuŋ^{51} gwan^{51}]：总务首领，分管家族政治、经济、族际一般交往等；统带[tuŋ^{51} dai^{21}]：军事首领，分管家族军事事务；都统[dɯ^{11} tuŋ^{51}]：监军、督察首领，分管家族文化建设，协调族际关系等；总管[dzuŋ^{51} gwan^{51}]：地方大首领，掌管地方宗支政治、经济、族际一般事务；管带[gwan^{51} dai^{21}]：地方军事首领，掌管地方宗支军事事务；都管[dɯ^{11} gwan^{51}]：地方督察首领，掌管地方宗支文化建设、协调族际一般事务等。职务不同，功能各异，事务上各有分工，亦有合作。旧时（20世纪 90 年代中期以前）农闲时训练，后逐渐演变为族内置办酒席等事务后间断性训练。现在，称谓除在形式上有所保留外，并无实质性的“军事组织”及其训练存在。

因传统军团习俗的宗旨为尚武好战，是故家内族内主事者多为男性少子继承，从职业性特征而言，白云家族军团可谓“少壮派好战组织”。旧时族内所有男子和留继本家的女子五岁时就得参加各种特殊的野战生存训练。特能训练之余，传统的思想教育为族谱内容和宗族意识，家族文化以口授为主，文字及谱牒文书由少房继承与保管，为在位执事者和预备执事者习用并不断修订更新，阖族大事即为修谱与合谱事宜。

旧时“家族山野男丁多喜带刀，以之防身、割食。与人交恶，三言两语不爽者，往往拔刀相向；每逢婚丧嫁娶喜庆集聚等，则多以殴斗为趣”①。在这种尚武好斗的家族文化里，残酷刑罚在家族军团内部看来自是在情理之中的，凡出卖和触犯家族利益的族人，皆处以“照天灯”②的极刑，如清咸丰世乱与民国军阀混战时，族内两家因告密家族藏身与财物藏匿之地，事后其阖家皆被处以照天灯而灭家。这些与当地习俗殊异的文化现象，在《史记》、《唐书》中也曾有类似记载，胡人（匈奴、突厥等）好战，以杀人割耳为乐，取敌首领头颅为杯；在《白云家谱・礼训第十二》中也有所论述：“……杀人，割耳、取头。割耳者，以邀其功，彰勇武；取头者，以泄仇恨。凿骨为器，饮酒以唇，敬也……”从文化习俗来看，胡人杀人取右耳以记其功，斩敌首领，取颅为器，是出于对敌首的敬重，并非“杀人取乐”、“辱敌首领”，实为征战习尚。结合白云家族军团余俗及其谱牒记载与文化观念，比照西北民族民俗，能更加鲜明地印证其族源西北说的可信性。

---

① 《白云家谱・杂记第十三・族风》。

② 照天灯，即凿穿人头顶骨而不致其死，再灌入桐油燃烧致死。

八、地名考略

白云家族由川入黔的黔派仲华始祖所派定居地名“茶蜡杆[ʦᴀ^{12}lᴀ^{12}gan^{21}]”，亦称“茶杆[ʦᴀ^{12}gan^{21}]”，沿用至今，具体所指何意当地人无从知晓，更不能明详，只知其地另名为“白家塝”。至于“白家塝”之称，显而易见是“白氏”所居之地命名的，如当地的“罗家寨”、“阮家寨”、“白家塆”、“白家坡”等。以姓命名所居地地名，是各地地名文化中很常见的现象，至于同地异名的“茶蜡杆”、“茶杆”，考察当地，既无茶树，也无茶蜡树，依汉字注音来推断，很难寻出端倪，让人百思不得其解。然从白云家族语残存词汇中，可以追本溯源地推知一二，“察罕（音‘察干’）[ʦᴀ^{12}gan^{11}]”，不失为解决该问题的突破口。

“察罕”常写作“察干”，读音“察干[ʦᴀ^{12}gan^{11}]”，其意为名词“白天”和形容词“白色（的）”，按家族语汉字注音方式来看，“察罕”为训读，“察干”为音读，其同根词“察勒罕[ʦᴀ^{12}lei^{12}gan^{11}]”，亦作“察勒干[ʦᴀ^{12}lei^{12}gan^{11}]”，本意指“白色之地”，引申作“不毛之地、荒地”。同样构词方式的还有“额泰[ŋei^{12}tai^{21}]”——“额勒泰[ŋei^{12}lei^{12}tai^{21}]”，“额泰”本义指“金子”，引申义为“富有、富贵”，“额勒泰”本义指“产金子的地方”，引申义为“金山、矿山”。对比之，“察罕（察干）”——“察勒罕（察勒干）”与“茶杆”——“茶蜡杆”似乎为同音异译词或同源词。

从西域语言及地名的构词规律来看，古突厥语中“勒[lei^{12}]”有“处所、地方”之义；突厥语和现代维吾尔语中“阿勒泰”（亦译作“阿尔泰”）皆指“产金子的地方”。在突厥语里，词语中间加“勒”指处所或地方的词还有“哈密”——“哈勒密”，“哈密”有“眺望，盼望”之义，“哈勒密”本义指“眺望台”，引申义为“眺望塔、眺望楼，碉楼”等；而用白云家族语命名的当地地名另有“煞落[sᴀ^{12}liᴀ^{11}]”——“煞勒垭[sᴀ^{12}lei^{12}jᴀ^{11}]”，“煞落”本义指“太阳落山”，“煞勒垭”本义指“太阳落山的地方”，因语言流变经中间转词为“煞力垭 [sᴀ^{12}li^{12}jᴀ^{11}]”，现三者皆混用，意指“太阳落山较早的或太阳光照较少的山谷、沟谷地带”。另外，在突厥语和蒙古语中，“察罕”皆同有“白天，白色”之义，读音今读作“ʦᴀ^{12}han^{12}”。

再反观白云家族语自身语音现象，与现代汉语普通话相较，其中有借用汉字 h 声韵训读为 g 声韵的残存，如“横”、“虹”、“划”皆读作“gaŋ^{21}”音，“罕”读作“gan^{11}”音。由此可见，“察罕”写作“察干”并同音读为“ʦᴀ^{12}gan^{11}”，绝非偶然与巧合，而是其语言自身所独有的特殊语音现象。

综而观之，白云家族入黔扎居地之名源自西域传统语言的构词方式，“茶杆”、“茶蜡杆”皆同指“白氏”所居的地方，“白家塝”是其同义说明词，其中“蜡”当为“勒”的历史音变或汉字注音的变异，即“茶杆”与“察罕(察干)”、“茶蜡杆”与“察勒罕(察勒干)”为同音同义词的汉字注音异译。由此可见，西北文化无论在意识观念中还是在生产生活中，在白云家族文化中都有或多或少的继承，由此更加凸显了其族源西北说的可信性。

九、结语

社会的多元化与文化生态环境的多样性，不同文化体间能协同发展，是有其客观的可能性与必然性及其合理性的。白云家族作为一个特殊的族群，有自身独特的文化，作为文化的核心代表，便是其语言文字(土狼语与土狼文)，这是一种潜在而具有后发优势的语言。通过对白云家族族源文化的探索与研究，或将能填补民俗学、现象语言学、对比语言学、人类文化学以及民族学等学科在某些研究方面的资料。

黔北南阳堂白云家族因长期生活于中原内地与西南边陲，其固有的传统文化尚存多少还是个未知数，但从其残存的民俗文化现象不难看出：族源传说为其族源西北说提供了可资考证的前提和直观线索；从族谱中所承载的姓氏族源、宗堂文化及文士赠诗，可见其族源西北说的历史性及有据性；而生活中残留的时空观念、节日祭拜与军团余俗等民俗现象，则从文化心理上折射了其族源西北说的传承性与稳定性；此外，其残存的语言文字及相应的地方命名，更客观地印证了其族源西北说的可信性。

参考文献：

[1] 黄伯荣、廖序东主编：《现代汉语》，北京：高等教育出版社，2007年版。

[2] 伍铁平主编：《普通语言学概要》，北京：高等教育出版社，2006年版。

[3] 魏忠著：《中国的多种民族文字与文献》，北京：民族出版社，2004年版。

[4] 陶立璠著：《民俗学》，北京：学苑出版社，2003年版。

[5] 段宝林著：《中国民间文学概要》，北京：北京大学出版社，2009年版。

[6] 孙英春著：《跨文化传播学导论》，北京：北京大学出版社，2008年版。

[7] (美)鲁思·本尼迪克特著：《文化模式》，北京：社会科学文献出版社，2009年版。

[8] (美)鲁思·本尼迪克特著，晏榕译：《菊花与刀》，北京：光明日报出版社，2005年版。

[9] (清)白云仲华编，(清)白云天才续编，(民国)白云德安续编：《白云家谱》，家修本。

[10]　(清) 白帝瑞编:《白氏族谱(南阳堂)》,星竹土溪寺白家坡: 族修本,清同治七年。
[11]　白云洪飞编:《白云家谱(新谱)》,贵阳: 家修本,2008—2013 年版。
[12]　王万邦著:《姓氏词典》,河南: 河南人民出版社,1991 年版。
[13]　吕振羽著:《简明中国通史》,北京: 人民出版社,1959 年版。
[14]　黄万机著:《沙滩文化志》,贵阳: 贵阳长虹印刷厂,1986 年版。
[15]　贵州通史编委会编:《贵州通史简编》,北京: 当代中国出版社,2005 年版。
[16]　(后晋) 刘昫著,刘毅译:《旧唐书》,北京: 北京燕山出版社,2010 年版。
[17]　(北宋) 欧阳修,宋祁等著,刘毅译:《新唐书》,北京: 北京燕山出版社,2010 年版。
[18]　新疆历史教册编写组编:《新疆地方史》,乌鲁木齐: 新疆大学出版社,1991 年版。
[19]　王治来著:《中亚史》,北京: 人民出版社,2010 年版。

明代水西土司与中央政府关系的演变

◎ 胡 桃[①]

一、水西名称的由来及历史沿革

(一) 水西名称的由来

水西位于黔西北,地处贵州、云南、四川三省的交界处。这一区域以鸭池河为界,鸭池河以西的广大区域称之为"水西",鸭池河以东的广大区域则称之为"水东"。"水西"这一称谓最早见于《元史》,据《元史·本纪第十二》载:"(秋七月)丙寅,立亦奚不薛宣慰司,益兵戍守。开云南驿路。分亦奚不薛地为三,设官抚治之。……壬申……立亦奚不薛总管府,命阿里为总管。"[②]此时,水西称为"亦奚不薛","彝语'亦奚'意为'水',指六广河,'不薛'意为'西'。'亦奚不薛'即'六广河西边'之意。"后来,"水西"的概念逐渐发生了变化,由纯粹的地理位置名称演变成为特定政治区域名称,即指黔西北水西土司安氏统治的地区。水西的大致范围包括今天的大方县、黔西县、纳雍县、织金县、金沙县、七星关区、六盘水市水城县、六枝特区等区县的大部分地区及修文县、清镇市、息烽县、平坝县、普定县等县市的部分地区。

(二) 水西的历史沿革

水西故地,先秦时期为彝族先民的卢鹿部、卢夷国、朱提国,秦汉时期为夜郎国,此前这些彝族各部均建立了自己的国家,自立为君长。蜀国时期,彝族祖先妥阿哲正式被中央王朝赐封为罗甸王,建立罗甸国,受中央政府的羁縻统治。据《西南彝志》载,"蜀汉皇帝时,孔明先生出兵,征讨南方,与叛帅交战时,祖先妥阿

---

① 作者简介:胡桃,男,贵州省大方县人,2016年毕业于贵州民族大学民族学与社会学学院历史系,获学士学位。

② (明)宋濂等撰:《元史·本纪第十二》,北京:中华书局,1976年版,第255—256页。

哲，出兵助汉皇，供给军粮，为其后援，攻无不克。汉皇帝说：妥阿哲此人，是一位忠臣，将长官职位，赐给妥阿哲……”[①]唐宋时期，其君长被中央王朝封赐为滇王、普里王，受中央王朝的羁縻统治，为姚州刺史。元朝时，其君长被削去王号，改任土司，任顺元宣抚使。明洪武年间，其君长被中央王朝赐封为“贵州宣慰使”，赐“安”姓，开始有了“水西土司安氏”的称谓。清朝初年，设“水西宣慰使”，康熙三十七年(1698)在水西地区实行改土归流，结束了水西土司安氏的统治。

水西安氏的统治时间始于蜀汉后主建兴三年(225)，讫于清康熙三十七年(1698)，共一千四百七十四年，世代为水西统治者，受命于中央王朝，先后受封为君长、为罗甸王、为姚州刺史、为顺元宣抚使、为贵州宣慰使、为水西宣慰使，名号前后变更了六次。

二、明前期水西土司与中央关系的和谐发展时期

(一) 君臣关系的初步建立

霭翠，彝名陇赞霭翠，为水西安氏家族第六十六代君长，于元朝末年世袭顺元宣抚使。洪武五年(1372)，明王朝改元朝设置的顺元宣抚司为贵州宣抚司，仍然让霭翠世袭贵州宣慰使。据《明实录》载：“故元贵州宣慰使郑彦文及土官宣慰使霭翠……霭翠并世袭贵州宣慰使如故。”[②]明太祖朱元璋考虑到水西土司在西南地区具有极其重要的战略地位，水西地区“西接滇蜀，东连荆粤”[③]，对夺取云南有着至关重要的作用，于是有意拉拢霭翠，在政治上给予优厚待遇，“诏贵州宣慰使霭翠位居各宣慰之上”[④]。从此，霭翠受命于中央王朝，按例向中央政府朝贡方物，中央政府也因之回赐锦、绮、帛、钞等予以褒奖。这时，双方关系融洽。

这一时期明朝统治者之所以在政治上给予水西土司优厚的待遇，是从当时水西地区所处的地理战略位置以及当时的政治形势所做出的决策。首先，从水西的地理位置来看，水西位于黔西北，地处贵州、云南、四川三省的交界处，境内到处是崇山峻岭，大都属于乌蒙山脉，地势险要，易守难攻，是西南地

---

① 毕节地区彝文翻译组编：《西南彝志·第八卷·助孔明南征》，贵阳：贵州民族出版社，1994年版，第313—314页。

② 贵州民族研究所编：《明实录·贵州资料辑录》，贵阳：贵州人民出版社，1983年版，第5页。

③ (清) 张廷玉等撰：《明史·列传二〇四·贵州土司》，长春：吉林人民出版社，2006年版，第5347页。

④ 贵州民族研究所编：《明实录·贵州资料辑录》，贵阳：贵州人民出版社，1983年版，第8页。

区的军事战略要地和兵家必争之地。朱元璋建立明朝后,为了实现国家的统一,自然要经营西南地区,谋求西南边陲的巩固。其次,从明初的政治形势来看,虽然朱元璋已经建立了明朝,但云南地区仍处于元梁王把匝剌瓦尔密的统治之下。朱元璋多次派使臣前往云南下旨招降元梁王把匝剌瓦尔密,但元梁王并没有归顺明中央政府的意愿,反而将派去的使臣杀害。于是朱元璋决定远征云南,让云南回归到明中央政府的统辖之下。但是对云南用兵,必须经过水西土司的辖地,因此只有先在政治上拉拢水西土司安氏贵族,确保水西地区局势的稳定,才能收复云南。如果水西地区不能归顺中央政府,势必会影响到明军进军云南,一旦水西发生叛乱,将会影响整个西南地区局势的稳定。所以要实现国家的统一,进驻云南,稳定西南边陲,关键在于处理好与水西土司的关系,为大军远征云南解除后顾之忧。于是明初统治者积极改善与水西安氏贵族的关系。

(二) 积极维护国家统一,在辖区内大修驿道

明洪武十四年(1381),当明王朝派遣征南将军傅友德、左副将军蓝玉、右副将军沐英率 30 万大军远征云南时,霭翠曾准备马、毡、衫、环刀等大量物资帮助明军远征云南,对协助明军平定云南、稳定贵州的局势起了重要的作用。云南平定,标志着明王朝完成了国家的统一。但乌撒、乌蒙、芒部、东川等部又武装反叛中央政府,"乌撒等部诸蛮复叛,征南将军傅友德等率兵讨之,大败其众"[①]。在这场乌蒙等诸部复叛的战争中,水西土司一直保持中立,没有卷入战争,这对维护西南地区局势的稳定起了至关重要的作用,同时也彰显了水西土司对中央政府的忠心。

洪武十四年(1381),霭翠卒,由于其子年幼,由霭翠的妻子奢香夫人代袭贵州宣慰使之职。奢香夫人摄政后,进一步巩固与明中央政府的友好关系。洪武五年(1372),当霭翠归附明中央政府的时候,镇守贵州的都督马晔出于狭隘的大汉民族偏见,不以国家统一、民族团结为重,而是专断独行,屠杀广大彝族人民,以此达到"尽灭诸罗,代以流官"的目的。洪武十四年(1381),霭翠卒,奢香夫人代袭职务,马晔更是变本加厉,他公然凌辱甚至毒打奢香,想把奢香和水西四十八部激怒反叛,以此为借口出兵镇压水西土司,以便剿灭水西地

① 贵州民族研究所编:《明实录·贵州资料辑录》,贵阳:贵州人民出版社,1983 年版。

区的彝族,实行改土归流。奢香夫人识破了马晔的阴谋诡计,力劝被激怒而表示"愿尽死力助香反"[①]的水西四十八部归顺中央政府,若造反则正中了马晔的诡计。奢香夫人不计个人屈辱,决定亲赴京师揭露马晔的罪状,希望以和平的方式解决这次争端,以维护国家的统一。

洪武十七年(1384),当奢香夫人在朱元璋面前揭露马晔的罪状时,曾许下诺言:"愿效力开西鄙,世世保境。"[②]得到朱元璋的赞赏。

奢香夫人回到水西后,开始大规模修筑驿道,以偏桥(今施秉县)为中心,一条驿道向西,经水东(今贵阳市东北)过乌撒(今威宁县)到乌蒙(今云南昭通市);一条向北,经草塘(经瓮安县东北)到容山(今湄潭县);在水西地区修建了龙场九驿(龙场驿、陆广驿、谷里驿、水西驿、奢香驿、金鸡驿、阁鸦驿、归化驿、毕节驿),并将这九个驿站之间的驿道全部连接起来。这条官驿大道,纵横贵州北部,与湖南、四川、云南的驿道相连接,增进了汉族人民与西南各族人民的交往,促进了水西地区社会经济文化的交流和发展,加强了中央政府与西南边疆地区的联系。

(三) 进贡方物,力显恭顺之态

明朝统治者从维护自身统治的目的出发,既要考虑到处理好中央政府与边疆民族地区的民族问题,又不愿意放弃对水西土司的统治权。为体现水西土司已归顺中央政府,明王朝要求水西土司履行朝贡述职的义务,朝贡即成为水西土司与中央政府联系的特殊方式。朝贡具有特定的象征意义,水西土司要遣其头目或把事入朝,行朝拜皇帝、进贡方物等礼,即意味着水西土司地区是明王朝版图的一个部分以及中央王朝与水西土司之间是君臣关系。另外,朝贡又是明中央政府对水西土司实施统治与管理的重要方式,水西土司虽是世袭,但土官的袭替,土司必须向朝廷请命,得到朝廷的认可方能袭职。例如,"贵州宣慰使安的,以袭职遣把事阿孔等奉表,贡马二十二匹,谢恩"。[③] 明中央政府通过朝贡,牢牢控制水西土司安氏,使其受命于中央政府。因此朝贡的政治意义十分重大。水西土司安氏也对此做了积极的响应,以显示对中央王朝的忠心。

① (清)黄宅中修、邹汉勋纂,贵州省毕节地区地方志编纂委员会点校:《大定府志·水西安氏本末》,北京:中华书局,2000年版,第953页。

② (清)张廷玉等撰:《明史·列传第二〇四·贵州土司》,长春:吉林人民出版社,2006年版,第5348页。

③ 贵州民族研究所编:《明实录·贵州资料辑录》,贵阳:贵州人民出版社,1983年版,第76页。

表 1　明代前期水西土司朝贡活动简表

朝　贡　时　间	朝　贡　内　容	朝　贡　结　果
洪武五年(1372)	土官宣慰使霭翠来朝，贡马及方物	赐文绮袭衣，霭翠世袭贵州宣慰使
洪武七年(1374)	宣慰使霭翠遣其曹阿必解贡马	赐以袭衣，仍赐霭翠文绮十匹
洪武九年(1376)	宣慰使霭翠遣使贡马	赐霭翠绮、帛六匹，其从人衣、靴有差
洪武十一年(1378)		赐霭翠锦二匹、金龙文绮二匹
洪武十五年(1382)	宣慰使霭翠来朝，贡马二十七匹及毡、衫、环刀等物	赐霭翠衣帽及从者衣服，钞锭，复加赐衣、钞
洪武十六年正月(1383)	宣慰使霭翠遣使来朝，贡马	赐霭翠钞百锭、锦十五匹、金带一
洪武十六年六月(1383)	宣慰使霭翠贡马	赐以文绮、钞锭
洪武十六年九月(1383)	宣慰使霭翠献马	
洪武十七年(1384)	宣慰使霭翠妻奢香率所部土酋来朝，贡方物	赐文锦、绮、帛、珠翠、如意冠、金环、文绮袭衣
洪武十八年(1385)	宣慰使上表，贡马及方物	
洪武二十年(1387)	宣慰使霭翠妻奢香等进马二十三匹	
洪武二十一年六月(1388)	水西土官霭晖遣使贡马	赐钞
洪武二十一年九月(1388)	宣慰使霭翠以蠲其逋租，上表谢恩，贡马	
洪武二十一年九月(1388)	水西土官霭晖等进马	赐钞三百四十锭
洪武二十二年三月(1389)	宣慰使霭翠妻奢香遣把事阿白等进马	赐钞
洪武二十二年十一月(1389)	水西土官奢香遣使进马	赐其使人、把事、通事钞有差
洪武二十四年六月(1391)	宣慰使安的，以袭职，遣把事阿孔等奉表，贡马二十二匹，谢恩	上曰："安的居水西最为诚恪"，命礼部厚赏其使及其从人钞有差
洪武二十四年十二月(1391)	宣慰使安的来朝，贡马	

(续表)

朝贡时间	朝贡内容	朝贡结果
洪武二十五年五月(1392)	宣慰使安的来朝,贡马	赐三品公服并纱罗袭衣、金带,又赐白金三百两、钞五十锭、锦、绮各十匹,把事从人有差
洪武二十五年十月(1392)	宣慰使奢香遣其子妇奢助,及把事允则、陇住等来朝,贡马,谢恩	赐奢香银四百两,锦、绮各十匹,钞五十锭
洪武二十五年十一月(1392)	宣慰使安的等来朝,贡马六十六匹	赐以锦、绮、钞锭;置贵州宣慰司学,设教授一员,训导四员
洪武二十六年正月(1393)	水西女土官奢香遣使贡马及方物	赐宴于会同馆,仍赐文绮、钞
洪武二十六年正月(1393)	宣慰使安的贡方物	赐冠带、袭衣、文绮、钞
洪武二十六年三月(1393)		赐安的白金四百两、钞四百锭、锦、绮各十匹
洪武二十六年十一月(1393)	水西土官遣把事阿夷、阿库贡马六十匹	
洪武二十六年十二月(1393)	宣慰使安的遣人贡马	赐以绮、帛及钞
洪武二十七年正月(1394)	宣慰使安的遣使贡马二十匹	
洪武二十七年十一月(1394)	宣慰使安的贡马二十六匹	免其积岁逋租
洪武二十八年正月(1395)	宣慰使安的进方物、马匹	
洪武二十八年七月(1395)	宣慰使安的贡马	赐白金三百两、钞二百五十锭、夏衣二袭
洪武二十八年九月(1395)	宣慰使安的遣把事阿沙贡马	赐文绮、钞锭
洪武二十九年(1396)	宣慰使安的贡马,谢恩	
洪武三十年(1397)	宣慰使安的遣把事阿沙贡马	赐袭衣、金带、文绮、钞锭
永乐元年正月(1403)	宣慰使安卜葩来朝,贡方物	赐白金、钞、文绮
永乐元年十月(1403)	宣慰使安卜葩来朝,贡马	赐赉
永乐四年(1406)	宣慰使安卜葩遣人贡马十四匹	赐白金、锦、绮

（续表）

朝 贡 时 间	朝 贡 内 容	朝 贡 结 果
永乐六年(1408)	宣慰使安卜葩遣人贡马	赐钞币
永乐七年(1409)	宣慰使安卜葩率所属青山等长官司八十人来朝，贡马	赐安卜葩白金、锦绮、金织衣，赐其长官及兼从有差
永乐十年(1412)	宣慰使安卜葩遣人贡马	赐钞币
永乐十三年(1415)	宣慰使安卜葩等来朝，贡马九十匹	赐钞币
永乐十九年(1421)	宣慰使安卜葩来朝，贡马	赐钞币
永乐二十二年(1424)	宣慰使安中遣人进马	赐安中钞二百五十锭、锦二段、彩币八表里
洪熙元年(1425)	宣慰使安中遣把事阿路贡马及方物	赐钞币、袭衣、靴、袜
宣德元年(1426)	宣慰使安中遣把事王志彬等进马及金银器皿	赐钞、彩币表里、金织袭衣
宣德二年(1427)	宣慰使安中遣舍人贡马	赐钞、彩币、绢、布
宣德三年(1428)	宣慰使安中遣把事蒋贵林来朝，贡马及方物	赐钞、纻丝、袭衣、锦、布
宣德四年(1429)	宣慰使安中遣倒怯等贡驼、马及方物	
宣德五年(1430)二月	宣慰使安中遣弟嘉贡马及方物，贺万寿圣节	赐钞、彩币表里及绢
宣德五年(1430)三月	宣慰使安中遣舍人安比贡马、金银器皿及方物	赐钞、彩币表里及绢
宣德六年(1431)二月	宣慰使安中遣把事袁英进马及方物，贺万寿圣节	赐钞、彩币表里、金织袭衣
宣德六年(1431)三月	宣慰使安中遣把事何敬等来朝，贡马	赐钞、彩币表里
宣德七年(1432)		赐贵州宣慰使安中等二十八人钞、锦绮、彩币表里
宣德九年(1434)	宣慰使安中遣把事胡珉等来朝，贡马	赐钞币

（续表）

朝贡时间	朝贡内容	朝贡结果
宣德十年(1435)	故宣慰使安中男聚来朝贡马及方物	赐彩币
正统三年(1438)	宣慰使安聚来朝，贡马	赐彩币、钞、绢
正统四年(1439)正月	宣慰使司把事舍人者凤来朝，贡马及方物	赐彩币、钞、绢
正统四年(1439)十二月	宣慰使安聚、舍人安陇富遣把事阿杰来朝，贡马	赐彩币
正统六年(1441)	宣慰使司舍人安陇富遣把事阿杰来朝，贡马	赐钞币
正统七年(1442)	宣慰使遣舍人石得新等贡马及方物	赐彩币
正统九年(1444)	宣慰使司遣把事何澄等贡马	赐钞币
正统十年(1445)	安陇富遣舍人贡马及方物	赐宴、彩币表里

注：以上所用资料来自《明实录·贵州资料辑录》。

据上表可知，从明洪武五年(1372)到明正统十年(1445)共七十三年的时间里，水西土司对中央政府的朝贡次数为六十一次，平均每1.2年就向中央政府朝贡一次；特别是在明洪武十六年(1383)，水西土司一年三次向明王朝中央进贡，这一年朱元璋派征南将军颍川侯傅友德、左副将军永昌侯蓝玉、右副将军西平侯沐英率30万大军远征云南，消灭了元梁王把匝剌瓦尔密的势力，平定了云南，建立了云南都指挥使司和云南布政使司，开始经营云南地区。水西土司因此惧怕中央政府，为了向明中央政府表示自己的忠心，一年三次向中央政府进贡。

(四) 服从军事征调，尽显拳拳忠心

“明初，在统一的多民族国家里，水西土司安氏与中央王朝之间基本上保持着一种良好的隶属关系。”①这主要体现在水西土司安氏接受中央政府的军事调遣，为维护民族地区的社会秩序稳定做出了重大贡献。

纵观水西这一时期的军事活动，服从中央政府的军事调遣主要是指协助“征

① 范同寿著：《明清时期水西土司与中央政府的关系》，《贵州社会科学》1980年第2期，第62页。

蛮”，即协助镇压少数民族地区首领的反叛。水西土司为了自身的利益，积极响应明中央政府的征调，镇压其他少数民族的叛乱，“在水西的军事史上，历来都帮助朝廷以图自保”。水西地区所谓的“征蛮”，主要是指征讨西堡蛮、水东蛮、东苗等少数民族的叛乱。在这些大大小小的征讨少数民族叛乱的战争中，水西土司积极派兵镇压。正统十四年(1449)，英宗皇帝敕贵州宣慰使司宣慰使安陇富曰："近者，苗贼反叛，杀掠人民，肆为边患，此皆平日有司官吏不能抚绥所致……闻尔母子同所辖地方，帖然宁谧，又常起调土兵助杀贼寇，足见尔母子能抚绥人民忠敬朝廷之意，深可嘉已。”①据此可知，水西土司为维护边疆民族地区的社会稳定做出了较大的贡献。

(五) 水西土司与中央关系和谐发展的原因

从洪武五年(1372)霭翠归顺至正统十四年(1449)安陇富袭职的初期，历时七十八年。中央历太祖、惠宗、成祖、仁宗、宣宗、英宗六朝，水西经霭翠、奢香、安的、安卜葩、安聚、安陇富六任宣慰使，其中奢香是代袭。这一时期明代的君主们励精图治，积极发展生产，使明初政治清明，社会经济得到恢复和发展。明初的君主们为了进一步巩固自己的统治，从政治、经济、军事等方面来改善与水西土司的关系。

第一，从政治方面来看，明朝初期中央政府对水西土司采取一种极为宽松的羁縻政策。中央政府给予霭翠优厚的政治待遇，朱元璋令霭翠位居贵州各宣慰使之上，这样一来使其他的土司头目都在霭翠的节制之下，从而达到以夷制夷的目的。当水西土司与中央派遣到地方的流官发生冲突时，中央政府则大力支持水西土司。洪武十四年(1381)，贵州都督马晔公然凌辱毒打奢香，企图挑起事端，奢香识破马晔诡计，进京御告马晔，得到朱元璋的大力支持，中央政府于是将马晔逮捕入狱。同时，中央政府还注重培养贵州宣慰使的继承人陇弟(安的)，洪武二十二年(1390)，陇弟来到金陵，请求进入太学学习，朱元璋谕令国子监官员："移风善俗，礼为之本，敷训导民，教为之先，故礼教民与朝廷而后风化达于四海。……尔等善为训教，俾有成就，庶不负远人慕远之心。”②陇弟在金陵学习期间，朱元璋还赐其“安”姓，称其为安的。明政府的这些举措笼络了水西土司安氏的人心，赢得了他们的拥戴。

① 贵州民族研究所编：《明实录·贵州资料辑录》，贵阳：贵州人民出版社，1983年版。
② 同上。

第二，从经济方面来看，水西土司向中央政府进贡方物的同时，中央政府向其回赐丰厚的赏赐(见表1)，并减免赋税。洪武二十一年(1388)，户部奏："贵州宣慰使霭翠，所属租税累岁逋负，蛮人恃其顽险不服输送，请遣使督之。"①朱元璋不但不让户部督促水西地区缴纳赋税，而且还对户部说："蛮人僻远，其知畏朝廷纳赋税，是能遵声教矣！其逋负，岂故为耶？必其岁收有水旱之灾，故不能及时输纳耳。其所逋租，悉行蠲免。今宜定其常数，务从宽减。"②除此以外，朱元璋还一度减免了水西地区的赋税，从洪武十九年(1386)开始，水西地区每年都向中央输送三万石粮食为赋税，到洪武二十一年(1388)，朱元璋与户部定水西地区每年向中央输送三千石。中央政府实行的这些措施不但促进了水西地区经济的发展，而且对维护水西地区的社会稳定起了积极的作用。

第三，从军事方面来看，这一时期，明中央政府与水西土司保持着相对和谐友好的关系，但明政府出于对维护自身统治的需要，为了进一步加强对边疆的控制，在水西地区进行军事部署。首先，明中央政府在水西土司周围地区设置卫、所，驻屯军队守卫。洪武十五年(1382)，明朝在贵阳设置贵州都指挥使司，其后又设置了敷勇卫和镇西卫；洪武十七年(1384)，在水西地区西北置毕节卫；洪武二十一年(1388)，置层台卫，后废层台卫，改为赤水千户所，隶属赤水卫。这些卫、所大多分布在水西地区周围。其次，明中央政府在水西土司地区的西北修筑毕节、七星关、乌撒卫等城池，南面修筑水西城。洪武十五年(1382)，傅友德使吴复筑城于水西之郭张(今黔西县城)，命曰水西城。这些城池和水西土司周围的卫、所连接在一起，基本上对水西形成一个包围圈，在军事上对水西土司起到了震慑作用。

据上我们可以看出，明朝初期中央政府在水西土司地区实行的是一种恩威并施的政策，一方面实行羁縻政策，另一方面又加强军事防范。正是由于明朝中央政府在水西土司地区推行的这一系列政策，巩固了中央政府对水西土司的控制，有利于水西土司与中央政府建立一种和谐友好的关系。

三、明中期水西土司与中央政府的关系

(一) 不听从中央号令

明英宗正统七年(1442)，贵州宣慰使安聚侄安陇富袭职。明英宗天顺二年

① 贵州民族研究所编：《明实录·贵州资料辑录》，贵阳：贵州人民出版社，1983年版。
② 同上。

(1458),贵州东苗诸部叛乱,十三番贼首干把猪等僭称伪号,攻劫都匀等城池。明英宗下令调遣水西土兵与贵州总兵官南和侯方瑛等一同进剿东苗诸部的叛乱,但安陇富没有听从中央的调遣。天顺三年(1459),英宗告诫安陇富:“近因东苗等贼聚众为寇。已敕总兵镇守等官相机剿捕,大抵为尔贵州地方除患。尔为土官,世受朝廷恩宠,袭守斯土,正当殚心竭力,输诚效劳,以助军饷,以佐兵威,殄灭苗寇,宁靖地方。今乃有偷安为计,既不依时运在仓粮米于普定等处,又不肯在司管事,常在水西居住,每遇节令不来行礼,肆志妄为,自取罪戾。”[①]

天顺四年(1460),安陇富卒,安陇富之子安观袭职;明宪宗成化十年(1474),安观因老卸任,安观之子安贵荣向朝廷请示代袭父职,朝廷答应其请示。从霭翠到安观时,贵州宣慰使驻扎在贵阳,无事不得擅自回到水西。成化二十二年(1486),安贵荣向朝廷请示准许其回水西按时巡查水西四十八部,促办贡赋,后来贵州总兵吴经也帮助安贵荣向朝廷请示,朝廷许之。安贵荣回到水西后,逐渐骄傲自大,不受节制。他藐视官军,说省城贵阳只不过是“水西毡衫叠塞耳”。同时,他还在毗那的那威(今织金县官寨乡)建立官衙。明武宗正德三年(1508),安贵荣的部下阿礼、阿贾叛乱,朝廷命令安贵荣征讨,安贵荣三檄始出。安贵荣在洪边打败叛乱的属将阿贾之后,又悄悄地把军队撤出洪边。

(二)安氏家族的分裂及中央政府对此事件的处理

安贵荣因为年老体弱,于明孝宗弘治十四年(1501)向朝廷请示让他的儿子安佐代袭贵州宣慰使,朝廷答应了安贵荣的请求。正德六年(1511),安佐卒,安贵荣复任。正德八年(1513),安贵荣卒,安万钟袭职。安万钟骄纵不法、喜好游猎,被土目乌桂及属民张纯等引诱,酒醉之后常常射人为戏。又常常鞭挞随从角药、抹鬼、阿玉、抹葱四人。正德十六年(1521),安万钟被这四人暗杀。安万钟无子,其三弟安万镒应该袭职。安万镒以还没有抓获杀害安万钟的凶手为由,辞位不就,想让朝廷出面解决这件事情。不料,乌桂与张纯等人把安氏疏族中的普者更名为安万均,诈称是安万钟的亲弟弟上奏告袭。朝廷派遣指挥使胡永远、朱蕃、祖勋前后三次考察。三人受了贿赂以后,隐瞒真实情况,密不上报,但是认为安万均还年幼,让安万钟的妻子奢播摄宣慰使职。愤怒的安万镒于是向云南女土官奢爵借兵,与自己所领的兵合兵一处,准备攻打乌桂等,乌桂也招募军队与

---

① 贵州民族研究所编:《明实录·贵州资料辑录》,贵阳:贵州人民出版社,1983年版,第412页。

安万镒对峙。二人不断向朝廷上疏，中央派遣官员再次考察后，根据巡按御史胡琼等的报告，分别处罚了乌桂、安万镒，流放张纯，削夺了胡永远、朱蕃、祖勋的官爵，仍然以安万镒袭任宣慰使之职。明世宗嘉靖七年(1528)，安万镒卒，其子安仁年幼，朝廷命安万铨代袭宣慰使之职。

嘉靖十八年(1539)，安仁袭职。嘉靖二十六年(1547)，安仁卒，其子安国亨年幼，安万铨再次代袭。嘉靖四十一年(1562)，安国亨袭职，安万铨才退位。安万铨退位时有两个儿子安智和安信，安智出居织金、阿魏，安信留下来辅佐安国亨。

安国亨袭职后，荒淫无道，十分宠幸随从吴珂、吴琼，让老百姓谒见吴珂、吴琼时都要像敬奉他本人一样叩头。又与吴琼之妻若姊通奸。明穆宗隆庆四年(1570)，安信以此事谏，安国亨因此厌恶安信，借故处罚安信赔偿骏马。安信购买吴珂的马偿罚，安国亨知道是吴珂的马后，就把马还给了吴珂。安信十分恼怒，要杀掉吴珂。不料处事不密，安信在酒醉后把此事透露给卜麻必觉，被土目阿户听到后，向安国亨告密，安信遂被安国亨杀死。安智听闻了此事，立即求救于他的姐夫永宁宣抚奢效忠和贵州巡抚王铮。王铮遣总兵安大朝讨伐安国亨，让安智作向导并约定输粮万石为军粮，兵至六广河，而军粮没有按时到位，王铮命安大朝不要进军，然而官兵已经渡过六广河，被安国亨打败。

安智母子上告安国亨杀安信，并且说安国亨蓄意谋反。朝廷官员审理后，罢免了王铮，任命阮文中为巡抚。阮文中尚未到任，安国亨与安智母子之间相互攻战，夺取对方的地盘，安国亨夺得安智管辖地九处，安智夺得安国亨管辖地七处。阮文中未到任时，就有朝廷官员提醒他安国亨不会叛乱，要他慎重对待水西问题。阮文中到任后，不听劝阻，调集大军进行征剿，又被安国亨打败。安国亨两次打败官军，害怕被朝廷诛杀，主动向朝廷请罪，自认杀安信的罪状。最后安国亨和安智皆被革职，命安国亨之子安民暂行宣慰司事。

明神宗万历六年(1578)，贵州巡抚都御史何起鸣为了平息事态和防范水西安氏家族再起纠纷，向中央提出了如下处理意见："照夷俗罚牛外，仍谕奉旨，处分之后，务要感恩悔祸，各安原土，邻界夷民俱各责管事头目，汉把省谕，消释雠怨，共保宗族，不得背盟起衅，如违约起叛，剿除不赦。"至此安氏家族分裂风波平息。

安氏家族的分裂是内部原因和外部原因交错的结果。首先，安氏家族内部矛盾重重。与安万钟的骄纵不法、喜好游猎，酒醉之后常常射人为戏相比，安国亨的骄横跋扈、荒淫无道并不足以导致安氏家族内部的仇杀。安氏家族内乱，其根源在于安万铨两次代袭宣慰一职为后来安氏家族内部的分裂埋下了祸根。安万铨的代袭引起了安国亨的妒恨。同时，安万铨退位时让其子安信留下来辅佐安国亨，另一子则外出经营织金，他的这一举措对安国亨的宣慰使权力构成了威胁，安国亨势必会使用武力清除这一威胁。其次，明中央政府政策的影响。在宣慰使一职继承权上，明中央政府实行扶持强者和坚持嫡长子继承制两种政策。当上一任宣慰使因某些原因无法担任宣慰使一职，但因其嫡长子年幼，尚不能继承宣慰使一职时，中央政府选择扶持强者。等到宣慰使的合法继承人能独立行使宣慰使一职时，中央政府又实行嫡长子继承制。这样一来，形成了代袭宣慰使与合法宣慰使两大集团，双方为了争夺权力各自为营。明中央政府的这一举措加速了水西安氏家族内部的分裂。

（三）安国亨假借贡木索要赏赐

明神宗万历十三年(1585)，播州宣慰使杨应龙因为献大木，得赐飞鱼服。安国亨也请献大木，并且请求归还冠带、诰封，待遇同播州杨氏。神宗皇帝准许。但是后来不见所献大木，贵州巡抚萧彦弹劾安国亨。神宗皇帝大怒，剥夺了赐予安国亨的所有赏赐。安国亨惧怕中央政府，诿罪于木材商。之后，安国亨请求补贡以明不欺，并在朝堂之上污蔑萧彦。神宗皇帝准许了他的请求，并想要治萧彦的罪。大学士申时行等谏言："国亨反噬，轻朝廷。"[①]建议不要满足其愿望，神宗皇帝才没有治萧彦的罪，而改为云南巡抚。万历二十五年(1597)，安国亨卒。次年，其子安疆臣袭职。

安国亨的贡木活动是其自导自演的一场"闹剧"。由于神宗皇帝对安国亨的袒护，以至于贵州巡抚萧彦在面对安国亨在皇帝面前的污蔑时无能为力，安国亨却凭借贡木事件成功挑拨了明统治者与地方官员之间的关系。明中央政府面对安国亨的假贡木事件，并没有严惩安国亨，而是对其实行宽大的处理，这给水西安氏土司释放了一种错误信号，他们认为此时中央政府软弱无能，同时也折射出中央政府对水西土司的无奈。

---

① （清）张廷玉等撰：《明史·列传第一一五·萧彦传》，长春：吉林人民出版社，2006年版，第3965页。

（四）水西土司与中央关系破裂的原因

从英宗天顺二年（1458）安陇富任职后期不听从中央号令，至万历十三年（1585）安国亨假借贡木索要赏赐，历时一百二十八年。由于长期相对稳定的守成局面，使明代的君主们失去了建国之初励精图治的作风，宦官专权，政治腐败，国力日渐衰微。而此时的水西土司经过两百多年的发展，势力逐渐坐大。这一时期水西土司与中央关系的破裂有如下原因。

第一，明朝中期以后，宦官专权，政治日趋黑暗，社会矛盾日益尖锐，中央政府对各地的控制日益放松。宣德十年（1435）正月，宣宗朱瞻基病死，年仅九岁的皇太子朱祁镇继位，是为英宗，年号正统。英宗皇帝十分宠幸宦官王振，王振逐渐把持朝政，大兴土木，对人民的剥削越来越苛重，阶级斗争日益激烈。到正统末年，瓦剌侵犯边境，朝政腐败导致了土木之变，英宗被俘。从英宗皇帝开始宦官专权的现象继续发展，到武宗正德年间宦官专权尤为严重，加剧了社会矛盾，从而导致从正统年间到正德年间各地农民起义不断爆发，其中规模较大的有浙江叶宗留领导的矿工起义、福建邓茂七起义、广东黄萧养起义、大藤峡地区瑶族壮族人民的起义、荆襄流民起义、四川农民起义、河北刘六刘七起义、江西农民起义八次规模较大的农民起义。由于明中央政府忙于镇压各地的农民起义，无暇顾及对水西土司地区的控制，同时各地的农民起义为水西土司所仿效，水西土司遂不听从中央政府的调令。

第二，明中期以后，当水西土司向中央政府提出一些无理要求时，中央政府总是采取妥协与退让的政策，这样一来就给水西土司传递一种错误的信号，认为中央政府已没有最初的强大，自己的实力已经可以和中央政府相抗衡。明宪宗成化二十二年（1486），安贵荣向中央政府提出，按时巡历所部，以催办贡赋为借口准许自己回到水西安氏的本营，以便更好地发展自己的势力，这一无理要求得到中央政府的许可。从此以后，安贵荣逐渐骄傲自大，不受节制，在水西地区另建官衙。后来的安国亨则更加骄横跋扈。明穆宗隆庆三年（1569），云南武定土官风历秘密勾结四川的七个州和水西宣慰使安国亨，准备发动叛乱。知府刘崇寅得知后，多次派人进行抚谕，他们不听，率人偷袭知府衙门。由于城中戒备森严，偷袭没有成功，反被知府刘崇寅打败并擒获了风历。镇巡官得知消息后，上告武定诸臣及水西土司的罪状，朝廷下令诛杀风历，但却没有治安国亨的罪。后来，安国亨杀安信，朝廷两次派军队对其进行征讨，两次都被安国亨打败。安国亨害怕被朝廷诛杀，于是主动承认罪状，赔偿官军所费军粮，朝廷再次赦免了他。

由此可知，正是由于“明中央政府对水西宣慰使的多次试探性的反叛并没有作彻底地解决，而只是一味地妥协、姑息，从客观上纵容了水西地区的反叛”[①]。

第三，明初以来推行的军屯制度，到明中期遭到严重破坏。军屯是一种落后的农奴制的生产方式，军屯士卒对封建国家有很强的人身依附关系。由于军屯是用军队的特殊形式组织起来的，用军事律令强制分配领地、强征粮食，这就使得屯军所受压迫与剥削的程度比一般佃农更为苛酷，使得屯军不断逃亡，贵州的卫所一度出现“军伍日空”[②]的局面。由于卫所制度遭到严重的破坏，明中央政府用来防范和控制水西土司的卫所形同虚设，对水西土司已经失去了震慑作用。

第四，部分朝廷官员在对待水西安氏贵族决策上的失误，使水西安氏贵族与中央产生了隔阂。隆庆四年(1570)，安国亨诛杀安信，引发了安国亨与安智的矛盾，有的官员把此事件定性为水西安氏家族的内乱，有的官员则把它定性为安氏的反叛。为什么有的官员把它定性为反叛，原因是：“小题大做，借题发挥，以平叛为名，大肆杀戮，借此建立功勋，以达到青云直上的目的。”[③]巡抚阮文中尚未到任，就有官员对他介绍说安国亨不会反叛朝廷，要他慎重对待水西问题，阮文中到任后，给安国亨扣上“反叛”的罪名，对其进行征剿。这样一来，使安国亨更加畏惧朝廷，加深了水西土司与中央政府的隔阂。

四、明后期水西土司与中央政府的关系

(一) 安邦彦的反叛

万历三十六年(1608)，安疆臣卒，其弟安尧臣袭职。万历四十四年(1616)，安尧臣卒，由于其子安位年幼，由他的妻子奢社辉摄职任事。

安位的母亲奢社辉是四川永宁宣抚使奢崇明的妹妹。由于安位年幼，其叔父安邦彦摄政，掌握了军权等实际权力。安位袭任之时，贵州巡抚李橒对安位进行敲诈勒索，索取水西安氏的传家宝金盆，制造了矛盾。这为后来水西安氏参加起义埋下了祸根。

天启元年(1621)，朝廷派兵征辽。永宁宣抚使奢崇明按朝廷的调遣出兵三万，令其婿樊龙及弟樊虎带兵前往重庆听令。

---

① 林建筑著：《明代水西彝族及其与中央政权的关系》，呼和浩特：内蒙古大学硕士学位论文，2005年，第25页。

② 贵州民族研究所编：《明实录·贵州资料辑录》，贵阳：贵州人民出版社，1983年版，第225页。

③ 李良品著：《明代贵州水西“安氏之乱”的起因、性质与处置》，《贵州社会科学》2008年第2期。

安邦彦主动向贵州巡抚李橒请求出兵帮助征辽，李橒不准出兵，这加深了水西土司与流官之间的隔阂。而樊龙率军到达重庆后，遭到四川巡抚徐可求无故克扣部队粮饷，造成永宁军进退两难。于是，樊龙以此为借口，发动叛乱，杀死巡抚徐可求和重庆知府章文炳等二十余名官员。安邦彦听到奢崇明在重庆起义后，于天启二年(1622)二月举行起义，恢复"罗甸王"称号，"水西四十八码头与头目安邦俊、鲁连、安若山、陈其愚、陈万典等，蜂起和之"[①]。安邦彦首先攻占毕节、杀死都司杨明廷，随后分兵攻占安顺、平坝，进而围困贵阳，使贵阳被围困长达十余月之久，揭开了水西土司公然反叛明朝腐朽统治的序幕。

(二) 奢、安联兵及其覆灭

天启三年(1623)五月，朱燮元夺取了奢崇明的巢穴永宁(今四川叙永)，击败奢崇明。奢崇明、奢寅父子投奔水西安氏，奢崇明的起义部队与安邦彦的起义部队合在一起，共同战斗。

天启三年(1623)六月，新任总督杨述中主张招抚安邦彦，与新任巡抚王三善意见不合。王三善率兵打过六广河，追击安邦彦的起义部队，直入大方，占领安位的衙门。奢社辉、安位母子烧毁大方老巢，逃到火灼堡，安邦彦逃入织金。安位母子遣使者刘光祚到镇远向总督杨述中请降，杨述中要求安位交出避难水西的奢崇明父子作为条件才予以准降，而王三善却要求连安邦彦一起交给官军处置，若不答应就再对其剿灭。明军因久居大方而缺粮，天启四年(1624)王三善不得不由大方返回贵阳，安邦彦派兵紧追明军进行袭击，先前诈降为内应的安邦彦部将陈其愚杀死王三善，总理鲁钦逃回。朝廷命鲁钦戴罪立功，杨述中被免职。朝廷又派遣蔡复一代替王三善任巡抚，后代替杨述中为总督。之后，奢、安联军又打败了总督蔡复一和总理鲁钦所率领的明军。继任的总督张鹤鸣则躲在城内不敢出兵与奢、安联军作战，奢、安势力又扩张起来，安邦彦自号四裔大长老，奢崇明自号大梁王，其部众悉号元帅。

为了统一指挥，崇祯元年(1628)六月，任朱燮元总领贵、湖、云、川、广五省军务，并兼贵州巡抚。朱燮元作了统一部署："云南兵下乌撒，四川兵出永宁、下毕节，而亲率大军驻陆广，逼大方。"[②]崇祯二年(1629)八月，安邦彦和奢崇明率主

① (清) 谷应泰撰：《明史纪事本末》，北京：中华书局，1977 年版。

② (清) 张廷玉等撰：《明史·朱燮元传》，北京：中华书局，1974 年版。

力部队十余万人攻打赤水，朱燮元命令赤水守将许成名佯败诱敌深入，估计安邦彦部队已抵永宁，急令总兵官林兆鼎从三岔河、副将王国桢从六广河、刘养鲲从遵义进攻大方，安邦彦分兵四应，力不支，安邦彦和奢崇明的主力部队被彻底击溃，二人皆在战场被杀。安邦彦死后，朱燮元派兵四面攻打水西要害之地百余日，杀死万余人、掠夺牲畜数万，又占据了水西粮库。刘养鲲派部队烧毁大方城。次年，安位向明军请降，历时九年之久的奢安之乱最后被平定。

（三）水西土司反叛中央政府的原因

从万历四十四年(1616)安尧臣卒，其子安位年幼，其妻奢社辉摄职任事至崇祯三年(1630)奢安之乱平定，历时一十四年。此时的水西土司经过近两个半世纪的发展，正处于鼎盛时期，然而明政府政治日益腐败，宦官专权、奸佞当道，加之明政府在水西地区实行一系列错误政策，致使水西土司安氏贵族走上反叛道路。

第一，明后期统治集团全面腐败。明神宗病死于万历四十八年(1620)，太子朱常洛继位，是为光宗。光宗执政一个月后死去。新上台的明熹宗朱由校年轻不懂事，于是大权旁落，宦官把持朝政。太监魏忠贤同熹宗的乳母客氏相勾结，招权纳贿，把国事弄得腐败不堪。各省的地方官员对魏忠贤唯唯诺诺，纷纷为他建生祠祈福。朝野的党争便因之加剧。当时有名的东林党，主要由一批比较正直的知识分子构成，他们眼见国事日非，就利用讲学结社，评论朝政，希望熹宗皇帝能够除去奸佞，重整朝纲，实现清明吏治。依附魏忠贤的邪恶势力则结成阉党，对东林党人进行迫害。加之魏忠贤等人贪财，自然上行下效，养成一派贪污风气，官员们上任后，竭力搜刮民脂民膏。官贪吏残，必然加重对百姓的剥削，使社会矛盾进一步激化。

第二，明后期军屯制度被破坏得名存实亡，军队战斗力严重削弱，兵变和逃亡层出不穷，军事纪律严重废弛。无论是在参与对水西安氏家族内乱的平息中，还是在后来镇压奢安之乱的过程中，我们都可以看到明军的战斗力是如此的不堪一击。由于军队战斗力下降，失去了防范和控制水西的基本力量，明中央政府在水西地区的震慑力较前期有了很大的下降，已经不能有效地镇压水西安氏贵族的武装反叛。

第三，明后期统治阶级在水西地区实行高压的民族政策，促成了阶级矛盾与民族矛盾的激化。首先，万历四十四年(1616)，贵州巡抚张鹤鸣对水西境内的各族人民进行了大规模的军事镇压活动，大肆屠杀各族同胞。由于推行高压的民族政策，地方官员的挑衅加剧了原本就激烈的阶级和民族矛盾，水西境内的各民族也被迫加入到反抗明政府的队伍中去。其次，地方官员肆意勒索和敲诈。安位袭任之时，贵州巡抚李樗对安位进行敲诈勒索，索取水西安氏的传家宝金盆，制造了矛盾。这为后来水西安氏参加起义埋下了祸根。

（四）水西土司反叛中央政府的结果

崇祯三年（1630），奢安之乱被平定后，安位派把事周世儒向朱燮元投降。可周世儒一到贵阳就被千户胡朝栋等杀死。但这件事没有影响招抚安位，朱燮元处死了胡朝栋。安位又派遣左之宾到贵阳与朱燮元谈判，朱燮元提出如下条件：一、安位贬爵；二、削水西的水外六目之地归朝廷；三、献出杀死巡抚王三善的凶手；四、重新开通毕节等驿路。安位接受了四个条件，率领水西四十八部土目出降。

除献出水外六目之地外，安位还被从贵州宣慰使贬为水西宣慰使。崇祯十年（1637），安位去世，无子承袭宣慰使，族内纷纷争夺袭任权，朝廷想乘此机会在水西地区实行改土归流，朱燮元上书朝廷应继续在水西地区实行土司制度，并在奏折中分析了利害关系，得到了朝廷的采纳。于是，朝廷任命安万铨之孙安世袭职为宣慰使，并且任延恩知府。安世卒，其子安承宗袭职。永明王时，加封安承宗为御营都督。安承宗卒，其子安坤袭职，永明王加封安坤为光禄寺少卿。

从天启元年（1621）到崇祯三年（1630）历时近九年的时间里，水西土司安氏抗击了几十万明军的围剿，先后击杀了四川巡抚徐可求、贵州巡抚王三善、川贵湖广军务总理鲁钦等明朝重要官员，极大地动摇了明王朝的统治，加速了明王朝的灭亡。明王朝在西南地区的统治也从此走向了衰微。这次战争使明朝与水西土司都两败俱伤，奢安反明之后，贵州宣慰司一蹶不振，土司在贵州的统治日薄西山，朝不保夕，以至于在不久后吴三桂进攻水西时，轻易将水西战败。

五、结语

整个明代，是水西安氏土司发展的重要历史时期。在这一历史时期内，水西土司在政治、经济、军事、文化等领域比前期都有了巨大的进步。特别是在政治制度方面，水西土司政权统治者内部，形成了一套与封建中央王朝和地方政权很不相同的政治制度。这套制度有三个很明显的特征：政权和族权合二为一的宗法制度，军事和行政合二为一的则溪制度[①]，以“九扯九纵”[②]为特征的职官制度。在经济方面，明朝时期由于明中央政府实行“调北征南”的措施，大规模地开发西南边疆地区，使得大批汉人逐渐进入贵州，他们从江苏、江西等发达地区进入贵州，带来较先进的生产技术、产量较高的粮食品种以及大量的劳动力，使水西地区的农业得到发展。据《明实录·贵州资料辑录》载：“天启三年二月甲戌，云南道御史王尊德言：……从龙里经抵省城，斩逐罗人，占据宅溪，得其粮三四万石。”又据《崇祯实录》载：“崇祯元年二月甲辰，四川监军参议曹大爰言：西南土司，安氏为强。……水内、水外，尽皆沃壤。”由以上史料可知，水西地区在整个明朝时期，农业生产得到了较大的发展。在军事方面，水西土司军事组织健全，军队编制与军事行动有序。“军官总称骂色，军队通常以左、中、右三路军为编制，在三军的基础上又细分为六路和九路，各军由一骂色统领。”[③]军队战斗力强。正是因为以上因素，处理好水西土司与中央政府的关系，维护西南边疆地区政局的稳定成为明朝历代统治者需要解决的问题。

水西土司与中央政府关系的好与坏，首先是由双方的综合实力所决定的，其次也与明朝统治者、地方官员和少数民族地区的首领采取的政策息息相关。当中央政府处于强盛时期，他们就归顺中央政府，以求自保，一旦中央政府腐败无能，他们就开始不服从中央政府的命令甚至武装反叛。于是水西安氏土司与明朝中央政府之间的关系呈现出既有和谐友好的一面，又有摩擦的一面的状态。“这是土司制度下不可能改变的事实，要改变这种状态，只有彻底地改土归流才能完成。”[④]

---

① 则溪制度：是行政与军事合一的组织制度，是水西整个统治结构中最有特色的组织制度，流行于明代安氏兴盛时期。“则溪”为彝语，被史志译为宅吉、宅溪、者启等，是仓库的意思，主要功能是收藏粮食、钱帛等。

② 九扯九纵：它是水西职官制度的总体称呼，是同一事物的两个方面。论其职能则有九个办事机构，分别居处在九室；论其级别则自上而下分为互相统属的九个品级，两个方面结合统称为九扯九纵。它是水西土司政权的独创。

③ 王明贵、王继超主编：《水西简史》，贵阳：贵州民族出版社，2011年版，第82页。

④ 顾霞著：《明代滇东北彝族土司与中央王朝的关系》，《昭通师范高等专科学校学报》2011年第6期，第4页。